Michaela Rung-Kraus
Claudia Schulte zur Surlage

Kaufmann/Kauffrau für Büromanagement

Lerntrainer Wahlqualifikation Modul Personalwirtschaft – mit Übungen –

Bestell-Nr. 2311

u-form Verlag · Hermann Ullrich GmbH & Co. KG

Deine Meinung ist uns wichtig!

Du hast Fragen, Anregungen oder Kritik zu diesem Produkt?
Das u-form Team steht dir gerne Rede und Antwort.
Einfach eine kurze E-Mail an **feedback@u-form.de**

8. Auflage 2025 · ISBN 978-3-95532-311-0

© u-form Verlag | Hermann Ullrich GmbH & Co. KG
Cronenberger Straße 58 | 42651 Solingen
Telefon: 0212 22207-0 | Telefax: 0212 22207-63
Internet: www.u-form.de | E-Mail: uform@u-form.de

Alle Rechte liegen beim Verlag bzw. sind der Verwertungsgesellschaft Wort, Untere Weidenstraße 5, 81543 München, Telefon 089 514120, zur treuhänderischen Wahrnehmung überlassen. Damit ist jegliche Verbreitung und Vervielfältigung dieses Werkes – durch welches Medium auch immer – untersagt.

Inhalt

Vorwort ... 5

Lernen mit Freunden ... 7

Stark sein! Persönliche Kompetenzen ... 9

1. Personalwirtschaft - Grundlagen
- 1.1 Die Personalwirtschaft als Funktionsbereich ... 10
- 1.2 Die Personalorganisation ... 17
- 1.3 Rechtliche Rahmenbedingungen ... 22

2. Personalverwaltung
- 2.1 Datenverwaltung und Datenschutz ... 57
- 2.2 Personaleinstellung ... 66
- 2.3 Personalentlohnung ... 76
- 2.4 Personalstatistik ... 90

3. Personalplanung
- 3.1 Grundlagen ... 97
- 3.2 Personalbestandsplanung ... 99
- 3.3 Personalbedarfsplanung ... 102
- 3.4 Personaleinsatzplanung ... 105
- 3.5 Urlaubsplanung ... 110

4. Personalbeschaffung und -einführung
- 4.1 Personalbeschaffung ... 114
- 4.2 Personaleinführung ... 126

5. Personalfreisetzung
- 5.1 Beendigung von Arbeitsverhältnissen ... 131
- 5.2 Das Arbeitszeugnis ... 138

6. Berufsbildung und Personalentwicklung
- 6.1 Betriebliche Bildungsarbeit ... 143
- 6.2 Personalentwicklung ... 144
- 6.3 Mitarbeiterbeurteilung und Potenzialanalyse ... 150
- 6.4 Berufsausbildung ... 155

7. Gesundheit der Mitarbeiter
- 7.1 Gesundheitsförderung ... 159
- 7.2 Handlungsfelder ... 161
- 7.3 Maßnahmen ... 162

Anhang ... 166
- Abkürzungen ... 167
- Fremdwörterlexikon ... 168
- Quellen für Gesetzestexte ... 169

Lösungen ... 171

© u-form Verlag – Kopieren verboten!

Verzeichnis der Übungen

Übung 1 Personalorganisation ... 20
Übung 2 Betriebsrat und JAV ... 36
Übung 3 Jugendarbeitsschutz ... 41
Übung 4 Leitfaden Mutterschutz ... 43
Übung 5 Schwerbehinderte Personen ... 47
Übung 6a Einzelarbeitsvertrag (unbefristeter Arbeitsvertrag) ... 51
Übung 6b Einzelarbeitsvertrag (befristeter Arbeitsvertrag) ... 53
Übung 7 Befugnisse von Mitarbeitern ... 56
Übung 8a Personalstammdatenblatt (Personalbogen) ... 60
Übung 8b Personalstammdatenblatt – Datenschutz und Datensicherheit ... 60
Übung 9 Personalakte (Gliederung) ... 62
Übung 10 Leitfaden Personalakte ... 65
Übung 11 Anmeldung zur Sozialversicherung ... 70
Übung 12 Fehlzeitenquote ... 74
Übung 13 Erstellung von Lohn- und Gehaltsabrechnungen ... 88
Übung 14 Personalstatistik ... 95
Übung 15 Personalbestandsplanung ... 100
Übung 16 Personalbedarfsplanung ... 104
Übung 17a Personaleinsatzplanung ... 106
Übung 17b Urlaubsplanung ... 110
Übung 18 Personalbeschaffung ... 118
Übung 19 Personalanzeige ... 121
Übung 20a Von der Stellenanzeige zur Personaleinführung ... 129
Übung 20b Absage ... 130
Übung 20c Einarbeitungsplan ... 130
Übung 21 Kündigung ... 137
Übung 22 Arbeitszeugnis ... 142
Übung 23 Personalentwicklung ... 149
Übung 24 Beurteilungsbogen ... 153
Übung 25 Ein Report zum Thema Ausbildung ... 158
Übung 26 Gesundheit der Mitarbeiter ... 164

Hinweis

Vertiefende Inhalte, Beispiele und Übungen kannst du hier herunterladen:

www.u-form.de/addons/2311-2025.zip

© u-form Verlag – Kopieren verboten!

Vorwort

Hilfe, die Lernmonster kommen! Diese Horrorvorstellung kennen die meisten Schüler, wenn sie ihre Lehrbücher aufschlagen, und ihnen Texte aus Kleinstbuchstaben entgegenspringen, die sie fünf Mal lesen müssen, um sie zu verstehen. Da ist die Motivation schnell im Keller.

Die u-form PLUS Reihe ist anders. Wir erklären Dir das Fachwissen und selbst komplizierte Zusammenhänge anschaulich und in einer verständlichen Sprache.

In diesem Modulheft vertiefst Du Dein Wissen für die Wahlqualifikation **Personalwirtschaft**. Wir haben den Prüfungsstoff in gut strukturierte Bausteine zerlegt, damit Du Schritt für Schritt vorgehen kannst.

Die Übungen beziehen sich auf betriebliche Aufgaben und Abläufe. Das macht sie zu einem anschaulichen Training für die Themen des **Fallbezogenen Fachgesprächs**. Mit einem Anteil von 35 Prozent hat dieses einen erheblichen Einfluss auf Deine Endnote. Du musst dabei vermitteln, dass Du komplexen, berufstypischen Aufgaben gewachsen bist.

Laut Ausbildungsrahmenplan Abschnitt B, Nr. 6 (= Personalsachbearbeitung sowie Personalbeschaffung und -entwicklung) ergeben sich für das Fallbezogene Fachgespräch schwerpunktmäßig folgende Themen: Personalplanung (Personaleinsatz / Personalbestand / Personalbedarf), Personalbeschaffung und -versetzung, Personaleinstellung und -einführung, Personalverwaltung und -entlohnung, Personalentwicklung und -betreuung sowie Personalentlassung.

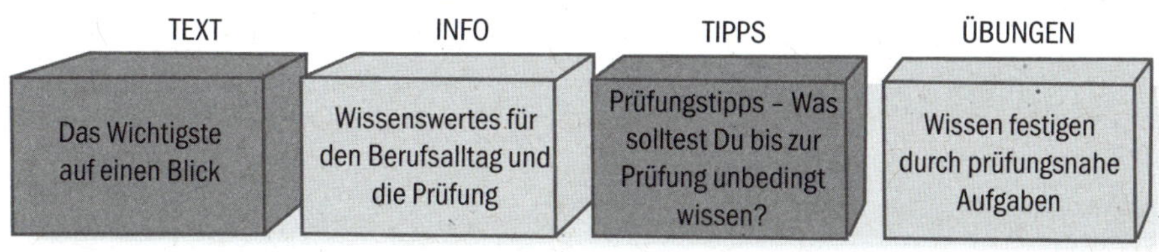

© u-form Verlag – Kopieren verboten!

Die Qual der Wahl

Du kannst für die Prüfung übrigens zwischen zwei Prüfungsarten wählen:

1. **Report-Variante:** Du schreibst in jeder der beiden Wahlqualifikationen einen maximal dreiseitigen Report über eine durchgeführte betriebliche Fachaufgabe. Der Prüfungsausschuss legt dann zur Prüfung fest, über welche WQ die mündliche Prüfung abgehalten wird.
2. **Klassische Variante:** Du erhältst zwei praxisbezogene Aufgaben zur Auswahl und entscheidest, welche Du bearbeiten und dann besprechen möchtest.

Die Prüfungszeit setzt sich aus 15 Minuten Vorbereitung und 20 Minuten Fachgespräch zusammen – das ist zu schaffen, eine Prüfung ist kein Monster!

Viel Spaß beim Lernen wünscht Dir

Dein u-form PLUS Team

© u-form Verlag – Kopieren verboten!

Leichter zur Prüfung mit Jan, Lara, Anna, Erkan und Kim

Die u-form PLUS Lerngruppe - Lernen mit Freunden

Hallo liebe Auszubildende, hallo lieber Auszubildender, wir sind Jan, Lara, Anna, Erkan und Kim.

Jan

Auszubildender Kaufmann für Büromanagement

Heitz Elektro e. K.

Lara

Auszubildende Kauffrau für Büromanagement

Knallbunt GbR (Werbe- und Eventagentur)

Anna

Auszubildende Kauffrau für Büromanagement

Nett und Weber GmbH & Co. KG (Web & Network Solutions)

Erkan

Auszubildender Kaufmann für Büromanagement

Bussberg Büromöbel GmbH

Kim

Auszubildende Kauffrau für Büromanagement

Tentor Steel AG

Wir haben Dich schon auf den Lernkarten PLUS begleitet. Jetzt starten wir gemeinsam durch zum Endspurt. Der zweite Teil der Abschlussprüfung naht und mit ihm die mündliche Prüfung auf der Basis einer der Wahlqualifikationen. Wir haben für Dich wieder zahlreiche Tipps gesammelt und berichten darüber hinaus von einigen Herausforderungen, die wir selbst während unserer Ausbildung gemeistert haben.

Mit der Entscheidung für eine Wahlqualifikation hast Du Dich dazu entschieden, in diesem Fachgebiet ein Profi zu werden. Wir möchten Dich auf diesem Weg begleiten und Dich hierbei unterstützen.

Alle Personen, Unternehmen und Handlungen im Text sind frei erfunden. Eventuelle Ähnlichkeiten mit realen Personen sind rein zufällig.

© u-form Verlag – Kopieren verboten!

Die IHK verlangt, genau wie unser Berufsalltag, dass wir selbstständig arbeiten und komplexe, das heißt mehrschichtige und umfangreiche Aufgaben lösen. Gar nicht so leicht, das alles hinzukriegen, aber mit dem Wissen und den Übungen aus diesem Modulheft haben wir die Chance, es zu schaffen. Fleiß gehört natürlich auch dazu.

Wir drücken Dir die Daumen!

Jan, Lara, Anna, Erkan und Kim

© u-form Verlag – Kopieren verboten!

Fit für den Berufsalltag!

Die Personalwirtschaft erfordert – wie jeder andere Unternehmensbereich auch – ein hohes Maß an fachlichen und sozialen Kompetenzen.

Selbstsicherheit	sich selbst vertrauen • selbstsicher auftreten • Wünsche und Bedürfnisse aussprechen
Entscheidungsfähigkeit	Alternativen abwägen • schnell und ohne Zweifel Entscheidungen treffen
Eigeninitiative	aus eigenem Antrieb heraus handeln • etwas selbst in die Hand nehmen
Selbstmanagement	seine Zukunft gestalten • Ziele setzen • Arbeitsalltag planen und sich selbst organisieren
Stressbewältigung	gelassen reagieren • Probleme lösen • sich nicht unter Druck setzen
Handlungskompetenz	Fachwissen anwenden • Methoden einsetzen • sozial angemessen verhalten
Zielstrebigkeit	Ziele festlegen • Ziele fokussieren
Ordnung	Ordnungssysteme schaffen • Chaos verhindern • Überblick behalten
Kommunikationsstärke	sich gut verständigen können • andere überzeugen • Konflikte lösen
Krisenmanagement	Tiefen & Krisen bewältigen • nach Rückschlägen mit Freude weitermachen • nicht aufgeben
Persönlichkeitsanalyse	sich seiner Eigenschaften bewusst sein • sich akzeptieren • das Beste aus sich herausholen
Zeitmanagement	Arbeitsabläufe planen und priorisieren • Puffer und Pausen einrechnen

© u-form Verlag – Kopieren verboten!

Einleitung

Personalwirtschaft als betriebliche Funktion • Themenbereiche

Die Personalwirtschaft – ein Teil des Ganzen

Die Personalwirtschaft ist die betriebliche Funktion in einem Unternehmen, die mit dem Aufgabenbereich rund um das Personal in Verbindung steht. Dabei geht es in erster Linie um Planungs- und Verwaltungstätigkeiten, aber auch darum, sich um die in einem Unternehmen beschäftigten Menschen angemessen zu kümmern; und zwar so, dass sie gerecht bezahlt werden, sich stetig weiterentwickeln können und fit und gesund bleiben.

Zwei Seiten der Medaille

In der Personalarbeit müssen stets zweierlei Interessen berücksichtigt werden: die der Unternehmen, für die das Personal tätig ist; und die des Personals, das eine Leistung für das Unternehmen erbringt. Nur wenn sich beide Seiten richtig und angemessen verhalten, sind alle zufrieden – eine wesentliche Voraussetzung für eine lange und gute Beziehung zwischen Unternehmen und dem hierfür tätigen Personal.

Zur Personalwirtschaft gehören im Großen und Ganzen die klassischen Themenbereiche Personalplanung, Personalverwaltung, Personalbeschaffung, Personaleinstellung, Personalentwicklung und Personalfreisetzung. Hinzu gesellt sich ein weiteres, heute als sehr wichtig angesehenes Thema: die Gesundheit der Mitarbeiter.

© u-form Verlag – Kopieren verboten!

Einleitung

Personalwirtschaft als betriebliche Funktion • Themenbereiche

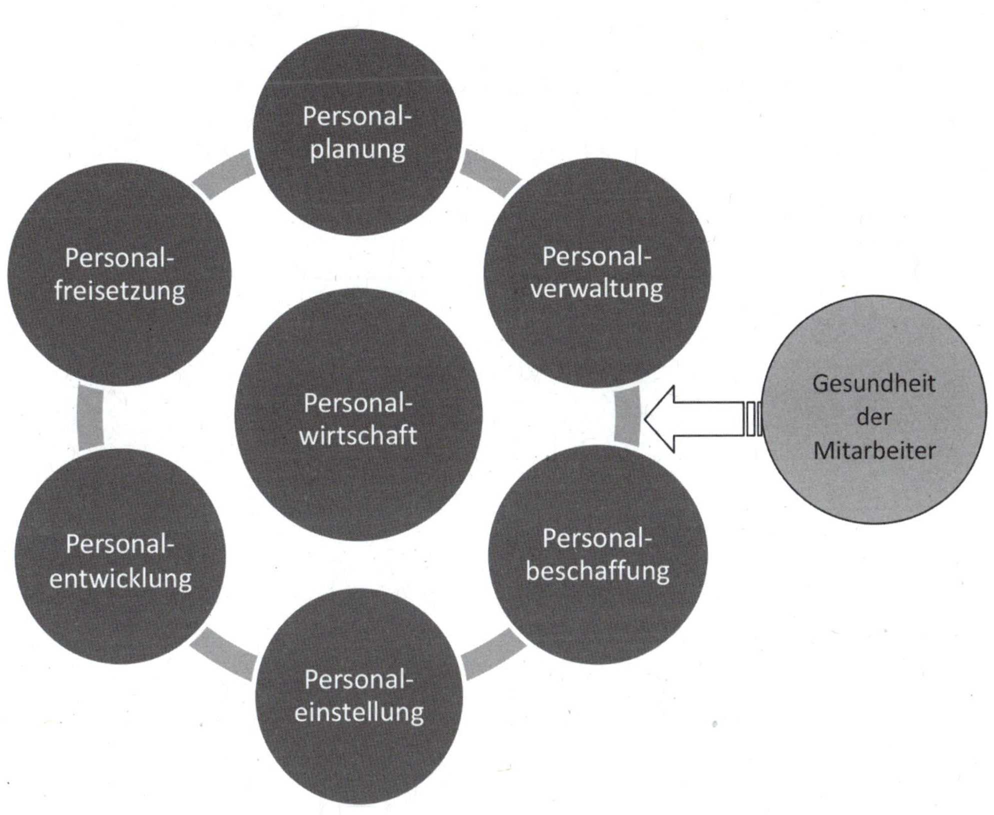

© u-form Verlag – Kopieren verboten!

Einleitung

Personalwirtschaft als betriebliche Funktion • Themenbereiche

Ein Teil des Ganzen

Häufig ist die Personalwirtschaft dem Verwaltungsbereich unterstellt, jedoch mitunter auch nebengeordnet. Sie kann auch der Geschäftsführung direkt unterstellt sein. Je nach Organisationsstruktur sind auf den verschiedenen Ebenen unterschiedliche Funktionsbereiche eingegliedert. Hier ein Beispiel (von vielen Möglichkeiten):

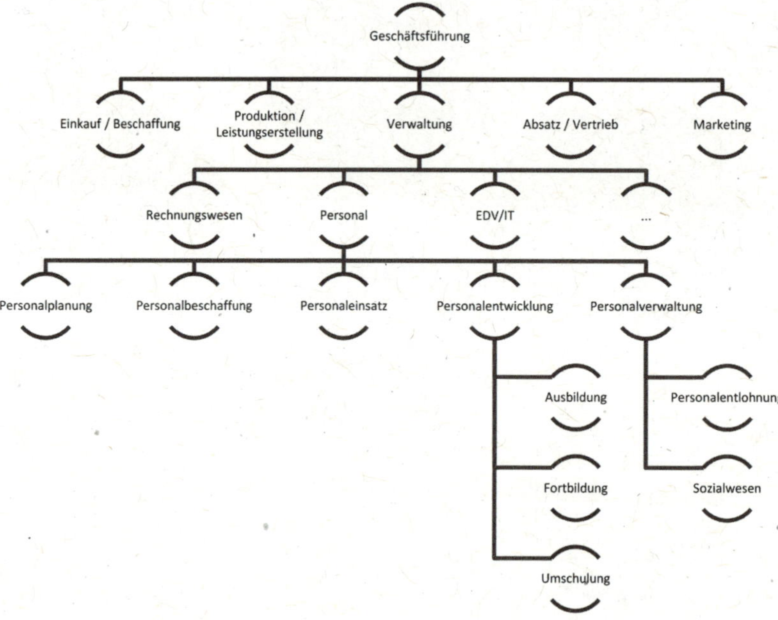

© u-form Verlag – Kopieren verboten!

Welche Ziele verfolgt die Personalwirtschaft?

Damit ein Unternehmen seine übergeordneten Ziele verfolgen kann (z. B. Gewinnerzielung/-erhöhung, Wettbewerbsfähigkeit, Wachstum etc.), ist es auf den Produktionsfaktor Arbeit angewiesen. Dieser muss optimal eingesetzt werden; was bedeutet, dass sichergestellt werden muss, dass stets genügend qualifizierte und motivierte Mitarbeiter zur Erledigung der Aufgaben im Unternehmen zur Verfügung stehen.

Um dies zu gewährleisten, müssen die Mitarbeiter verwaltet (Personalverwaltung), richtig eingesetzt bzw. eingestellt (Personalplanung und -einsatz), rechtzeitig und angemessen bezahlt (Personalentlohnung) oder in geeignetem Maße gefördert und geschult werden (Personalentwicklung).

Außerdem kommt es darauf an, die Mitarbeiter richtig zu lenken und zu führen. Diese Aufgabe obliegt ähnlich wie die Personalförderung durch Coaching und Mentoring in der Regel den Führungskräften oder wird von leitenden oder hochkompetenten Angestellten übernommen. Alle anderen Bereiche werden grundsätzlich delegiert oder liegen in der Verantwortung von speziell hierfür eingestellten Mitarbeitern. Zu diesen gehören unter anderem Kaufleute für Büromanagement, die sich für die Wahlqualifikation Personalwirtschaft entschieden haben.

Neben wirtschaftlichen verfolgt die Personalwirtschaft auch **soziale** Ziele, wie z. B. die Sicherung von Arbeitsplätzen, die Schaffung einer menschenfreundlichen Arbeitsumgebung und Gerechtigkeit bei der Entlohnung. Zunehmend rückt auch das Interesse an der **Gesundheitsförderung von Mitarbeitern** immer stärker in den Vordergrund.

© u-form Verlag – Kopieren verboten!

Einleitung

Personalwirtschaft als betriebliche Funktion • Aufgabenbereiche

Was ist zu tun? Aufgabenbereiche der Personalwirtschaft

Im Personalwesen eines Unternehmens fallen ganz viele verschiedene Aufgaben an – eine Herausforderung, der sich Kaufleute für Büromanagement mit der Wahlqualifikation Personalwirtschaft stellen müssen; schließlich hat man es hier mit Menschen und nicht mit irgendwelchen leblosen Dingen zu tun: Dies erfordert eine hohes Maß an Sensibilität und Einfühlungsvermögen, hinzu kommt eine Vielzahl an fachlichen Qualifikationen, die im Bereich der Personalwirtschaft erforderlich sind. Und das alles gehört dazu:

Personalplanung: Zu dieser gehören die Personalbestandsplanung, Personalbedarfsplanung, Personaleinsatzplanung, Personalveränderungsplanung, die Personalentwicklungsplanung und die Personalkostenplanung.

Personaleinsatz: Dieser Bereich beschäftigt sich mit den Gebieten Arbeitsplatz (Aufgaben und Tätigkeiten), Arbeitszeit sowie Arbeitsort.

Personalbeschaffung: Bei dieser geht es um Themenbereiche wie die Personalanforderungen oder die Personalsuche (z. B. interne und externe Beschaffung, Bewerbungsverfahren und Bewerberauswahl).

Personaleinstellung: Hier geht es um Arbeitsverträge und die Personaleinführung.

Personalverwaltung: Hier sind die Tätigkeitsschwerpunkte Meldungen, ggf. Kündigungen und Versetzungen, allgemeine Korrespondenz sowie die Datenverwaltung, das heißt zum Beispiel die Erfassung von Personalstammdaten, das Führen von Personalakten und -karteien etc.

Personalentlohnung: Hierzu gehören die Lohnfindung, die Abrechnung sowie die Auszahlung von Löhnen und Gehältern, auch die Festlegung der Lohnformen sowie die Ermittlung der Entgelthöhe sowie der Sozialleistungen. Man spricht in diesem Aufgabenbereich auch von Personalabrechnung.

Tipp von Kim

Zu wissen, welche Aufgaben zur Personalwirtschaft gehören, ist eine immer wieder gerne gestellte Standardfrage in mündlichen Prüfungen. Merke Dir in solchen Fällen mindestens vier, am besten jedoch sechs Beispiele.

© u-form Verlag – Kopieren verboten!

Personalfreistellung/-freisetzung: Hier geht es um die Beendigung von Arbeitsverhältnissen, das heißt z. B. um Aufhebungsverträge oder um Kündigungen, ebenso um die Ausstellung von Arbeitszeugnissen und die Bereitstellung von Unterlagen, die einem Mitarbeiter nach seiner Entlassung ausgehändigt werden müssen.

Personalentwicklung: Darunter versteht man die Mitarbeiterförderung (Coaching, Mentoring) und Mitarbeiterbildung (Ausbildung, Fortbildung, Umschulung).

Personalführung: Hierbei geht es um Führungsstile, Führungstechniken, Führungsmodelle und Führungsmittel (in der Regel den Vorgesetzten vorbehalten, jedoch mitunter auch im Kollegenkreis wichtig).

Personalbetreuung: Auch als Personalservice oder Mitarbeiterbetreuung bezeichnet, versteht man darunter die Beratung und Begleitung des Personals in einem Unternehmen. Wenngleich dieser Aufgabenbereich nicht immer genannt wird, so werden mit ihm zunehmend verschiedene Funktionen verbunden, die mit der Personalabteilung in Verbindung gebracht werden und die im Besonderen der Fürsorgepflicht von Arbeitgebern zugutekommen. Das können sein: Sozialbetreuung (z. B. medizinische Betreuung, Versorgung durch z. B. Berufskleidung), Sachmittelbewilligung (z. B. Vermittlung einer Betriebswohnung), Sachmittelnutzung (z. B. Dienstfahrzeug). Die Personalbetreuung kann sich einerseits auf administrative (verwaltende) Aufgaben beziehen oder auf die Betreuung in Bezug auf Gleichbehandlung, Eingliederung, Rückkehrgespräche oder Mobbing.

© u-form Verlag – Kopieren verboten!

Einleitung

Kleines Lexikon der Personalwirtschaft

Personalwesen: Umsetzung personalwirtschaftlicher Aufgaben in der Betriebsorganisation eines Unternehmens (z. B. durch die Personalabteilung – wenn vorhanden)

Personalverwaltung: Funktionsbereich der Personalarbeit, die verwaltende Aufgaben übernimmt (z. B. Meldungen, Lohn- und Gehaltsabrechnungen, Abrechnungen, Korrespondenz, Datenverwaltung)

Personalpolitik: Grundsätze und Leitlinien eines Unternehmens, die mit dem Personal in Verbindung stehen (z. B. Vorschlagswesen, Entlohnungsformen etc.)

Personalcontrolling: Durchführung und Kontrolle umfassender Personalplanungen und Personalsteuerung zur Erreichung wirtschaftlicher Ziele (Kostensenkung, Erhöhung der Produktivität, Qualitätsmanagement)

Personalführung: Umgang der Vorgesetzten mit Mitarbeitern mithilfe von Führungsmethoden zum Erreichen bestimmter Unternehmensziele

Personalorganisation: Organisation des Personalwesens in einem Unternehmen (Organigramme, Stellenpläne)

Personalmarketing: Manchmal mit Personalbeschaffung gleichgesetzt; doch in der Regel weiter gefasst. Es geht um eine adressatengerechte, umfassende und auf die Bedürfnisse von potenziellen Bewerbern ausgerichtete Personalbeschaffung und gleichzeitig um eine Darstellung des Unternehmens als attraktiver Arbeitgeber.

Personalmanagement: Auch als Human Ressource Management bezeichnet. Das Personalmanagement (PM) umfasst sämtliche Maßnahmen, Instrumente und Planungen im Hinblick auf die gesamte Mitarbeiterschaft eines Unternehmens unter besonderer Berücksichtigung der Unternehmensziele und der Unternehmensphilosophie.

Tipp von Lara

Kannst Du noch erklären, was eine Aufbau- und was eine Ablauforganisation ist? Es könnte auch in der Prüfung abgefragt werden, da es zum Standardwissen von Kaufleuten gehört. Wiederhole auch die Themen aus dem Lerntrainer Basismodul.

© u-form Verlag – Kopieren verboten!

Einordnung des Personalwesens im Unternehmen

Aufbauorganisation • Organigramme

Eingebettet in das Unternehmen

Auf welche Art das Personalwesen in einem Unternehmen eingeordnet bzw. eingegliedert ist, hängt grundsätzlich von der **Zweckmäßigkeit** ab. Auch von der Größe der Unternehmen: Während in Kleinbetrieben die mit dem Personal verbundenen Aufgaben und Entscheidungen in der Regel vom Inhaber bzw. Geschäftsführer erledigt werden, herrschen in mittleren und großen Betrieben – je nach Anforderung – durchaus komplexere Strukturen vor.

Es gibt viele verschiedene Möglichkeiten, das Personalwesen innerhalb der Aufbauorganisation in die Organisationsstruktur eines Unternehmens einzubinden, wie folgende Organigramme veranschaulichen:

Beispiel 1: Die Personalfunktion ist einem übergeordneten Funktionsbereich (z. B. Verwaltung) untergeordnet:

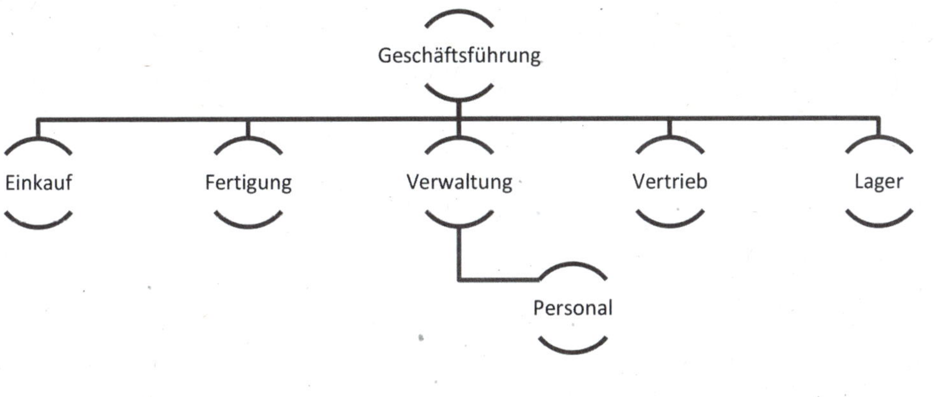

Tipp von Anna

Stell' Dich darauf ein, dass Du in der mündlichen Prüfung gegebenenfalls nach den verschiedenen Arten der Aufbauorganisation gefragt wirst, denn es gehört zum Basiswissen der Kaufleute für Büromanagement.

Zur Erinnerung hier die Antwort:

- Einliniensystem
- Mehrliniensystem
- Stabstellenorganisation
- Matrixorganisation

Wiederhole auch noch einmal die besonderen Merkmale sowie die Vor- und Nachteile der einzelnen Systeme.

© u-form Verlag – Kopieren verboten!

Einordnung des Personalwesens im Unternehmen

Aufbauorganisation • Organigramme

Beispiel 2: Die Personalfunktion ist direkt der Geschäftsleitung unterstellt:

Beispiel 3: Der Personalleiter ist Mitglied der Geschäftsleitung:

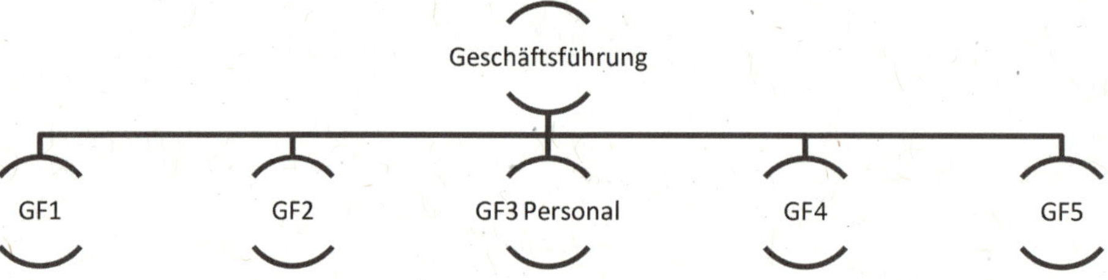

© u-form Verlag – Kopieren verboten!

Einordnung des Personalwesens im Unternehmen

Aufbauorganisation • Organigramme

Beispiel 4: Die Gliederung erfolgt in den meisten Fällen nach **Funktionen** (vgl. Klammermarkierung oben). Auch die Untergliederung nach **Objekten** (vgl. Klammermarkierung unten) gehört zu den klassischen Varianten, die von Unternehmen gewählt werden.

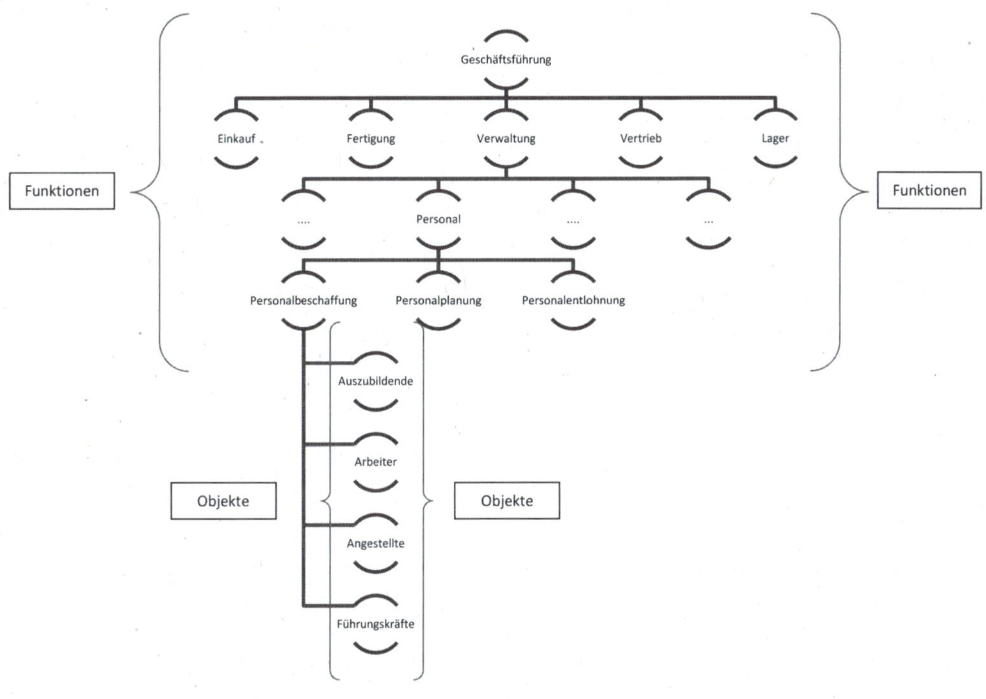

© u-form Verlag – Kopieren verboten!

Einordnung des Personalwesens im Unternehmen

Aufbauorganisation • Organigramme

ÜBUNG 1: Personalorganisation

Erkan ist Auszubildender der Firma Bussberg Büromöbel GmbH. Das Unternehmen ist in den letzten Jahren stark gewachsen, weshalb auch im Personalwesen eine Reorganisation fällig wird. Erkan soll hierfür ein Modell entwickeln, das für die Bussberg GmbH geeignet sein könnte und das die Konflikte, die zunehmend zwischen der Geschäftsleitung und der Personalstabsstelle vorherrschen, beseitigt. Das zurzeit gültige Organigramm zur Aufbauorganisation der Bussberg GmbH soll hierzu modifiziert werden.

Erarbeiten Sie einen Vorschlag, wie eine sinnvolle Modifikation aussehen könnte. Erläutern Sie in einem halbseitigen DIN-A 4-Text, welche Änderungen Sie vorgenommen haben. Begründen Sie Ihren Vorschlag und erklären Sie, welche Vorteile mit der neuen Personalorganisation verbunden sind. Gehen Sie aber auch auf mögliche Schwächen ein.

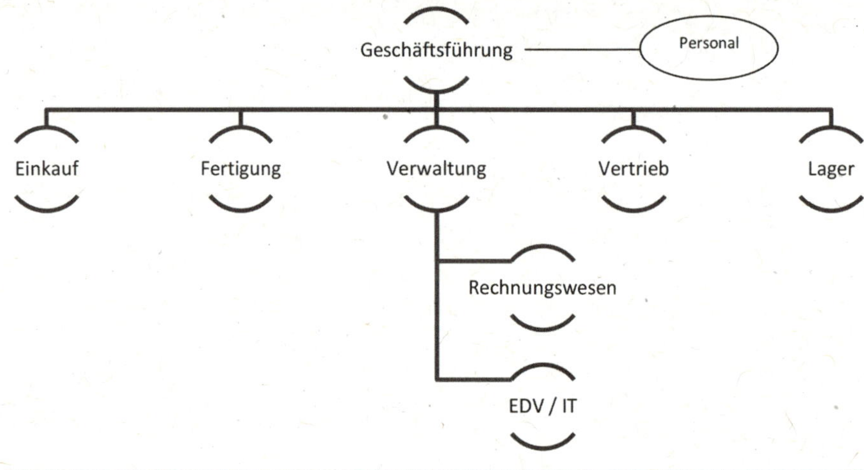

Tipp von Erkan

Dieses Thema eignet sich auch sehr gut für einen Report: Die Reorganisierung der Unternehmensstruktur im Hinblick auf die Eingliederung des Personalwesens zur Verbesserung der Personalarbeit.

© u-form Verlag – Kopieren verboten!

Einordnung des Personalwesens im Unternehmen

Aufbauorganisation • Organigramme

INFO

Einen neuen Ansatz in der Personalorganisation bildet das Referentensystem, das quasi die Spartenorganisation im Bereich des Personalwesens umsetzt. Im Referentensystem sind Personalreferenten für bestimmte Mitarbeiter (z. B. aus einem Bereich oder einem Werk) vollumfänglich verantwortlich, und zwar von deren Einstellung bis zu deren Ausscheiden. Sie werden unter Umständen von Fachleuten unterstützt, die bestimmte Bereiche innerhalb des Personalwesens übernehmen; wie z. B. die Personalentlohnung oder bei Aufgaben, die in Zusammenhang mit der Gesundheit der Mitarbeiter oder dem Sozialwesen stehen (z. B. für Sozialleistungen, die betriebliche Gesundheitsförderung, betriebsärztliche Versorgung etc.).

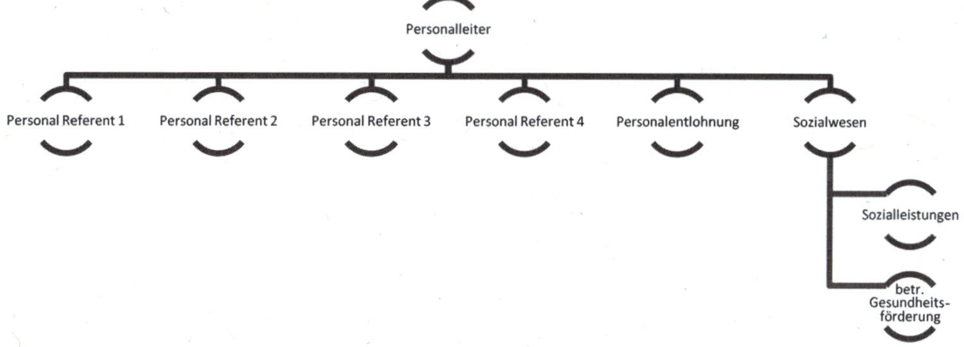

© u-form Verlag – Kopieren verboten!

Gesetze im Überblick

Gesetze von A-Z

Nicht ohne Gesetze

Kein Mensch muss Gesetze auswendig kennen, doch jeder, der sich mit dem Bereich Personalwirtschaft intensiver auseinandersetzen möchte, sollte wissen, wo er nachschauen kann, wenn es um wichtige rechtliche Angelegenheiten geht. Folgende Tabelle gibt hierüber Auskunft (vgl. auch die im Anhang angegebenen Links zu den Gesetzestexten im Internet):

	Beschaffung	Einstellung	Planung/ Einsatz	Verwaltung	Urlaubsplanung	Entlohnung	Freisetzung	Entwicklung
AGG = Allg. Gleichbehandlungsgesetz = „Antidiskrimierungsgesetz“	x	x	(x)				x	(x)
ArbSchG = Arbeitsschutzgesetz		x	x					(x)
ArbPlSchG = Arbeitsplatzschutzgesetz			x					(x)
ArbStättV = Arbeitsstättenverordnung			x					(x)
BGB = Bürgerliches Gesetzbuch (Vollmachten und Kündigungen)			x				x	
BEEG = Bundeselterngeld- und Elternzeitgesetz			x		x		x	
BetrVG = Betriebsverfassungsgesetz	x	x	x	x	x	x	x	x
BDSG = Bundesdatenschutzgesetz	x	x	x	x	x	x	x	x
DSGVO = Datenschutz-Grundverordnung	x	x	x	x	x	x	x	x

© u-form Verlag – Kopieren verboten!

Gesetze im Überblick

Gesetze von A-Z

	Beschaf-fung	Einstel-lung	Planung/ Einsatz	Verwal-tung	Urlaubs-planung	Entloh-nung	Freiset-zung	Entwick-lung
BUrlG = Bundesurlaubsgesetz		x	x		x			
HGB = Handelsgesetzbuch (Befugnisse)			x					
Heimarbeitsgesetz (HAG)		x	x	x		x	x	
KSchG = Kündigungsschutz-gesetz							x	
MiLoG = Mindestlohngesetz						x		
MuSchG = Mutterschutzgesetz		x	x		x	x	x	
JArbSchG = Jugendarbeitsschutz-gesetz		x	x		x	x		
BBiG = Berufsbildungsgesetz	x	x	x		x*	x	x	
NachwG = Nachweisgesetz		x						
Teilzeit- und Befristungsgesetz (TzBfG)	(x)	x					x	
SGB IX = Sozialgesetzbuch (Schwerbehindertenrecht)	x	x			x	x	x	
EntgFG: Entgeltfortzahlungs-gesetz						x		

* Urlaub und Freistellung für den Berufsschulunterricht

© u-form Verlag – Kopieren verboten!

Wichtige Gesetze im Personalbereich (Auswahl)

Nachweisgesetz • Teilzeit- und Befristungsgesetz

Tipp von Lara

Bleib auf dem Laufenden. Jedes Jahr gibt es Neuerungen, die in der Personalwirtschaft berücksichtigt werden müssen.

Das Nachweisgesetz: Arbeitgeber müssen ihren Mitarbeitern seit August 2022 mehr Informationen mitteilen und schriftlich aushändigen als bisher, nämlich z. B.:

- mind. Fristen und Schriftform für Kündigungen
- Frist für Kündigungsschutzklage
- Zusammensetzung und Höhe des Arbeitsentgelts
- vereinbarte Arbeitszeit (inkl. Ruhepausen)
- Dauer der Probezeit

und falls vereinbart / zugesagt:

- Anordnung von Überstunden
- Ansprüche auf Fortbildungen
- Wahl des Arbeitsortes durch den Arbeitnehmer
- Name und Anschrift des Versorgungsträgers zur betrieblichen Altersversorgung

Nicht zu vergessen!

Neben den bereits seit langem bekannten Gesetzen wie etwa dem Arbeitsschutz-, dem Mutterschutz- oder Jugendarbeitsschutzgesetz gibt es aktuell noch weitere, etwas jüngere Gesetze, die gerade in der Personalwirtschaft von großer Bedeutung sind: das Nachweisgesetz und das Teilzeit- und Befristungsgesetz, durch die EU-Richtlinien umgesetzt wurden, ebenso das Allgemeine Gleichbehandlungs- sowie das Bundeselterngeld- und Elternzeitgesetz. Auch das Sozialgesetzbuch, das Gesetze zu Sonderrechten von Schwerbehinderten beinhaltet, hat an Aktualität nicht verloren.

Nachweisgesetz (Gesetz über den Nachweis der für ein Arbeitsverhältnis geltenden wesentlichen Bedingungen = NachwG)

Arbeitnehmer haben ein Recht darauf, die wichtigsten Bedingungen des Arbeitsverhältnisses in schriftlicher Form und vom Arbeitgeber unterschrieben vorgelegt zu bekommen (vgl. hierzu auch das Kapitel zum „Einzelarbeitsvertrag"). Zwar ist der Arbeitsvertrag bei einem Versäumnis von Seiten des Arbeitgebers rechtsgültig, doch haben Arbeitnehmer in einem solchen Fall zusätzlich Rechte, auf die sie beharren können: z. B. ein Zurückbehaltungsrecht in Bezug auf ihre Arbeitsleistung und Recht auf Schadensersatzforderungen, wenn sie z. B. tarifliche Ausschlussfristen versäumen, auf die sie laut Nachweisgesetz hätten hingewiesen werden müssen.

Teilzeit- und Befristungsgesetz (TzBfG)

Das Gesetz regelt die Zulässigkeit und die rechtlichen Bedingungen von Teilzeitbeschäftigungen, mit dem Ziel, Arbeitnehmer, die in solchen Verträgen beschäftigt werden, zu schützen (z. B. vor Diskriminierung und Benachteiligung).

© u-form Verlag – Kopieren verboten!

Wichtige Gesetze im Personalbereich (Auswahl)

Allgemeines Gleichbehandlungsgesetz • Bundeselterngeld- und Elternzeitgesetz • SGB IX

Allgemeines Gleichbehandlungsgesetz (AGG)

Das als Antidiskriminierungsgesetz bekannte Gesetz hat zum Ziel „Benachteiligungen aus Gründen der Rasse oder wegen der ethnischen Herkunft, des Geschlechts, der Religion oder Weltanschauung, einer Behinderung, des Alters oder der sexuellen Identität [zu] verhindern und [zu] beseitigen". Liegen Diskriminierungsvorfälle vor, so haben die betroffenen Personen das Recht, gerichtlich Ansprüche geltend zu machen.

Bundeselterngeld- und Elternzeitgesetz (BEEG)

Eltern haben nach Geburt eines Kindes für max. 14 Monate das Recht auf Elterngeld. Dieses Geld hat zum Ziel, den Wegfall des Einkommens, der durch die Betreuung des neu geborenen Kindes entsteht (= Elternzeit), auszugleichen. Die Höhe des Elterngeldes ist von Fall zu Fall unterschiedlich (min. 300 Euro bis max. 1800 Euro / Monat). Das Elterngeld kann durch das ElterngeldPlus variiert werden, durch das ein längerer Geldbezug, der über die 14 Monate hinausgeht, durch die Halbierung des berechneten Elterngeldes erfolgen kann. Hierfür zuständig sind die in den Bundesländern eingerichteten Elterngeldstellen. Besonders wohlhabende Eltern, deren Einkommen so hoch ist, dass es die Einkommensgrenze im Bemessungszeitraum überschritten hat, erhalten allerdings kein Elterngeld.

Sozialgesetzbuch 9 (SGB IX)

Im Sozialgesetzbuch 9 (SGB IX) sind unter anderem die Sonderrechte von Schwerbehinderten festgehalten. Als schwerbehindert gelten Personen, die einen Grad der Behinderung (GdB) von mindestens 50 haben. Damit das SGB IX für einen Schwerbehinderten gilt, muss dieser seinen Wohnsitz, den gewöhnlichen Aufenthalt oder seine Beschäftigung an einem Arbeitsplatz rechtmäßig in Deutschland haben. Es regelt zum Beispiel die Beschäftigungspflicht und andere weitergehende Pflichten der Arbeitgeber, den Kündigungsschutz, die Aufgaben der betrieblichen Helfer, die begleitende Hilfe im Arbeits- und Berufsleben, den Zusatzurlaub für Schwerbehinderte und die Freistellung von Mehrarbeit, die Förderung der Werkstätten für Behinderte (WfB) sowie die Nachteilsausgleiche.

© u-form Verlag – Kopieren verboten!

Tarifverträge und Betriebsvereinbarungen

Tarifverträge • Tarifvertragsparteien • Tarifautonomie

Recht im Rahmen (des Personalwesens)

Statt 40 Stunden Arbeitszeit pro 5-Tage-Woche nur 35 Stunden, statt 20 Tagen Urlaub 30 Tage, Urlaubsgeld in Höhe von 50 % des Monatsentgeltes, Weihnachtsgeld und die Übernahme von Auszubildenden in einen unbefristeten Arbeitsvertrag: Solche Regelungen sind speziellen Rahmenverträgen – den Tarifverträgen – zu verdanken. Sie spielen in der Personalwirtschaft, ebenso wie Betriebsvereinbarungen, eine große Rolle, da in ihnen viele personalrelevante Regelungen getroffen werden. Sie müssen stets in vollem Umfang mitberücksichtigt werden.

Frei verhandelt!

Tarifverträge werden von den Tarifvertragsparteien – das sind die Arbeitgeberverbände auf der einen Seite sowie die Gewerkschaften auf der anderen Seite – ohne staatliche Einwirkung und in eigener Verantwortung (= **Tarifautonomie**) abgeschlossen.

Durch Tarifverträge werden verbindliche Regelungen getroffen, mit denen Rechte und Pflichten der Arbeitgeber und der Arbeitnehmer festgesetzt werden. Sie betreffen zum Beispiel die Form und Höhe der Vergütung, die Arbeitszeiten, den Jahresurlaub oder andere soziale Leistungen wie beispielsweise das Urlaubsgeld. Werden in Einzelarbeitsverträgen abweichende Regelungen getroffen, so sind diese nur dann rechtskräftig, wenn sie für den Arbeitnehmer **günstiger** sind als diejenigen des Tarifvertrages. Man nennt dies das so genannte **Günstigkeitsprinzip**.

Da sich die Tarifvertragsparteien (also die Arbeitgeberverbände und die Gewerkschaften) an die Regelungen in den Tarifverträgen halten müssen, spricht man von **Tarifbindung**.

Man unterscheidet grundsätzlich zwei verschiedene Arten von Tarifverträgen: den **Manteltarifvertrag** sowie den **Entgelttarifvertrag**. Während der Manteltarifvertrag allgemeine Bedingungen zu z. B. Arbeitszeit, Urlaubsanspruch, Entlohnung für Mehrarbeit, Probezeiten und Kündigungsfristen beinhaltet und grundsätzlich für einen längeren Zeitraum, das heißt für mehrere Jahre, abgeschlossen wird, werden im Entgelttarifvertrag Regelungen zu den Löhnen, den Gehältern, zu Urlaubsgeld und Sonderzahlungen getroffen, die meist jährlich erneuert werden.

INFO

An Tarifverträge sind nur die Vertragsparteien gebunden. Nicht-tarifgebundene Unternehmen müssen sich nicht unbedingt daran halten. Für diese gelten die gesetzlichen Regelungen. Dennoch kann auch in solchen Unternehmen, so zum Beispiel in Einzelarbeitsverträgen, die Anwendung von Tarifverträgen zwischen Arbeitnehmer und Arbeitgeber vereinbart werden. Es gibt sogar die Möglichkeit, dass Tarifvertragsparteien einen Antrag stellen, dass Tarifverträge für allgemein verbindlich erklärt werden. Ein solcher Antrag muss beim Bundesministerium für Arbeit und Soziales gestellt werden. Wird ein solcher Antrag genehmigt, so müssen sich auch nicht-tarifgebundene Unternehmen an die Regelungen halten (= Allgemeinverbindlichkeitserklärung).

© u-form Verlag – Kopieren verboten!

Entstehung eines Tarifvertrags

Beispiel: öffentlicher Dienst

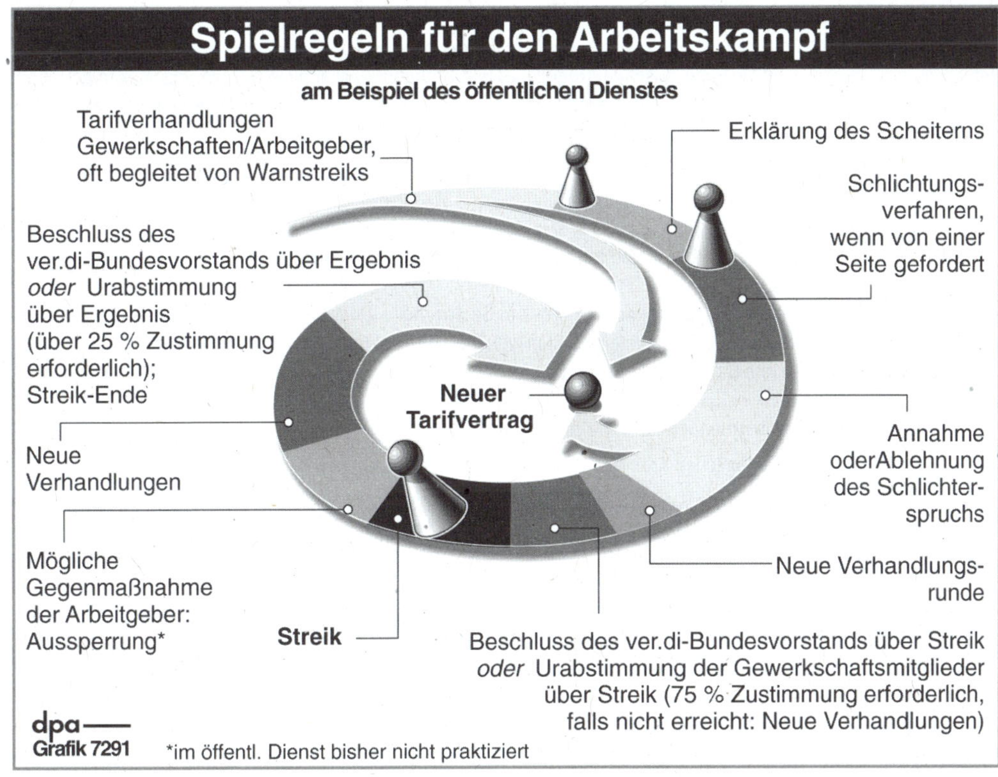

Betriebsvereinbarungen laut Betriebsverfassungsgesetz (BetrVG)

Betriebsvereinbarungen • Einigungsstelle • Günstigkeitsprinzip

Vertrag ist Vertrag!

Betriebsvereinbarungen sind Verträge zwischen Arbeitgeber und Betriebsrat. Durch sie werden Regelungen getroffen, die für einen Betrieb gelten und durch die Tarifverträge individuell angepasst werden. Betriebsvereinbarungen müssen schriftlich formuliert und von beiden Seiten unterschrieben werden. Außerdem müssen Betriebsvereinbarungen im Betrieb allen zugänglich gemacht werden, sodass sich jeder Mitarbeiter hierüber informieren kann.

Freiwillig oder gezwungen?

Man unterscheidet zwischen **erzwingbaren** und **freiwilligen Betriebsvereinbarungen**:

Erzwingbar sind Betriebsvereinbarungen dann, wenn es um Sachverhalte geht, bei denen der Betriebsrat Mitbestimmungsrecht hat. Hier geht es um soziale Angelegenheiten (vgl. § 87 BetrVG) und um die wirtschaftliche Mitbestimmung (vgl. § 112 a BetrVG). Konkrete Beispiele hierfür sind:

- Betriebsordnung und Arbeitnehmerverhalten
- Beginn und Ende der täglichen Arbeitszeit inklusive der Pausen
- Arbeitszeitverteilung auf die Wochentage, betriebliche Lohngestaltung
- Richtlinien des betrieblichen Vorschlagswesens
- Sozialplan bei Betriebsänderungen und Personalabbau

Und wenn sich die Seiten nicht einig sind, kann bei Unstimmigkeiten eine Einigungsstelle eingerichtet werden.

Freiwillige Betriebsvereinbarungen beziehen sich auf alle möglichen Angelegenheiten, so zum Beispiel auf Maßnahmen zur Verhütung von Arbeitsunfällen, auf den Gesundheitsschutz etc. Wichtig hierbei ist: Gesetzliche und tarifliche Regelungen können nicht Gegenstand von Betriebsvereinbarungen sein, außer der Tarifvertrag lässt solche explizit (= ausdrücklich) zu.

Was hat Vorrang?

Grundsätzlich der Tarifvertrag vor dem Individualarbeitsvertrag. Sind in den Arbeitsverträgen jedoch bessere Bedingungen vereinbart, gelten diese, da hier das **Günstigkeitsprinzip** zum Tragen kommt. Gleiches gilt für das Verhältnis von Betriebsvereinbarung und Individualarbeitsvertrag.

© u-form Verlag – Kopieren verboten!

Die Rolle des Betriebsrates in der Personalwirtschaft

Wahl • Amtszeit

Gut vertreten! Der Betriebsrat – die gewählte Vertretung der Arbeitnehmer

Jeder Arbeitnehmer sollte wissen: In jedem Unternehmen, das mindestens fünf ständig wahlberechtigte Arbeitnehmer beschäftigt, von denen drei wählbar sind, kann ein **Betriebsrat** gewählt werden.

Wahlberechtigt (= aktives Wahlrecht) sind alle Arbeitnehmer, die dem Betrieb angehören und das 16. Lebensjahr vollendet haben (also ab einem Alter von 16 Jahren). Es bezieht sich demnach auf festangestellte Mitarbeiter, aber auch auf Leiharbeitnehmer, die voraussichtlich länger als 3 Monate im Unternehmen eingesetzt werden.

Wählbar (= passives Wahlrecht) sind alle wahlberechtigten Arbeitnehmer, die das 18. Lebensjahr vollendet haben (also ab einem Alter von 18 Jahren) und die dem Betrieb länger als 6 Monate angehören.

Leitende Angestellte sind vom aktiven und passiven Wahlrecht ausgeschlossen.

Die Amtszeit des Betriebsrates beträgt 4 Jahre.

Die Zahl der Betriebsratsmitglieder und dessen Zusammensetzung hängt von der Größe des Betriebes und den Arten der Beschäftigungen sowie dem Geschlechterverhältnis ab, was im Betriebsverfassungsgesetz geregelt ist. Wenn der Betriebsrat neun oder mehr Mitglieder hat, wird ein **Betriebsausschuss** gebildet. Dieser führt die laufenden Geschäfte.

INFO

Betriebsratsmitglieder gehören zu den Personengruppen, die einen besonderen Kündigungsschutz genießen. Eine ordentliche Kündigung ist während der Amtszeit eines Betriebsratsmitgliedes und bis zu 1 Jahr danach nicht zulässig.

Die außerordentliche Kündigung eines Betriebsratsmitgliedes ist zwar noch möglich, benötigt jedoch während seiner Amtszeit die Zustimmung des Betriebsrates (nach der Amtszeit geht die außerordentliche Kündigung auch ohne die Zustimmung des Betriebsrates).

Seit Juli 2021 gibt es das so genannte Betriebsrätemodernisierungsgesetz, das sowohl die Mitbestimmungsrechte der Betriebsräte stärkt als auch die Arbeit der Betriebsräte erleichtert. Auch für die JAV (vgl. die nachfolgenden Seiten) gibt es wichtige Änderungen zum Vorteil der Jugendlichen und Auszubildenden.

© u-form Verlag – Kopieren verboten!

Die Rolle des Betriebsrates in der Personalwirtschaft

Aufgaben • Beteiligungsrechte

Und was macht der Betriebsrat?

Der Betriebsrat vertritt die Interessen der Arbeitnehmer dem Arbeitgeber gegenüber. Das können personelle, wirtschaftliche oder soziale Angelegenheiten sein. Der Betriebsrat hat laut §§ 87 ff BetrVG verschiedene Beteiligungsrechte, die in Mitwirkungsrechte- und Mitbestimmungsrechte unterschieden werden.

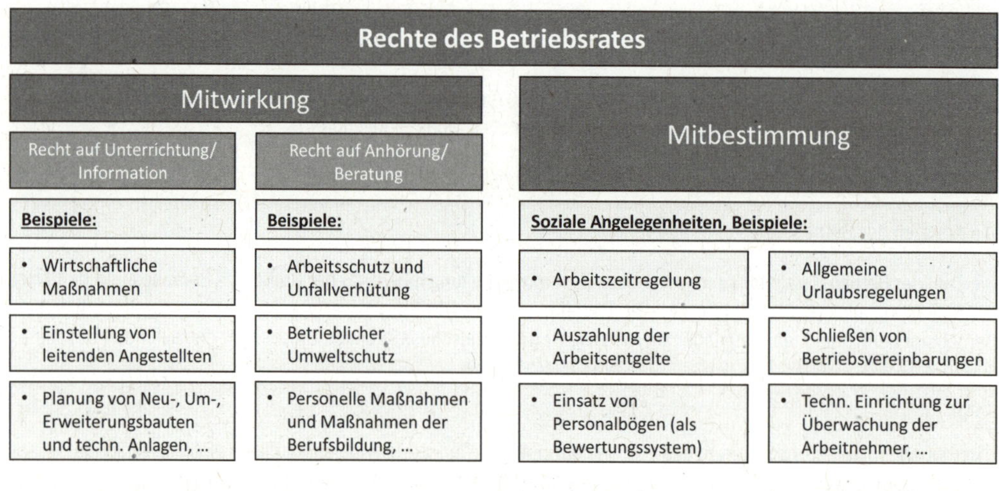

© u-form Verlag – Kopieren verboten!

Mitwirkung und Mitbestimmung – wo liegt der Unterschied?

Wenn es einen Betriebsrat in einem Unternehmen gibt, müssen seine Mitwirkungs- und Mitbestimmungsrechte berücksichtigt werden. Der Betriebsrat hat bei personalwirtschaftlichen Fragen viel zu sagen und darf in bestimmten Fällen auch Entscheidungen treffen.

Mitwirkung heißt, dass der Betriebsrat das Recht hat (vgl. Schaubild) über geplante Änderungen *informiert* zu werden. In einigen Fällen hat er zudem das Recht darauf, den Arbeitgeber zu *beraten* und ihm *Vorschläge* zu unterbreiten. Allerdings kann der Arbeitgeber auch ohne ausdrückliche Zustimmung des Betriebsrates eine Entscheidung durchsetzen.

Mitbestimmung bedeutet, dass der Betriebsrat in vielen sozialen Angelegenheiten seine *Zustimmung* zu geplanten Änderungen geben muss, damit sie durchgeführt werden können. Er kann diese erteilen oder verweigern. Im Klartext bedeutet das: Der Arbeitgeber darf bei Nichtzustimmung des Betriebsrates bestimmte Maßnahmen nicht verwirklichen.

Kommt es zu keiner Einigung zwischen Arbeitgeber und Betriebsrat, so entscheidet eine **Einigungsstelle** (§§ 76 ff. BetrVG).

© u-form Verlag – Kopieren verboten!

Die Rolle des Betriebsrates in der Personalwirtschaft

Mitwirkungsrechte und Mitbestimmungsrechte

Mitwirkungsrechte

Unterrichtungs- und Informationsrecht: Es gilt für *wirtschaftliche* und *personelle* Angelegenheiten, wie zum Beispiel Arbeitsschutz, Gestaltung von Arbeitsplatz und Arbeitsabläufen sowie deren Veränderungen. Auch die Personalplanung gehört dazu: Gemäß § 92 BetrVG muss der Arbeitgeber den Betriebsrat über die Personalplanung, den aktuellen und zukünftigen Personalbedarf und über die damit verbundenen Personalmaßnahmen und Maßnahmen der Berufsbildung rechtzeitig und umfassend informieren. Der Arbeitgeber muss dem Betriebsrat zum Beispiel auch sämtliche Unterlagen vorlegen, die bei der Personalplanung verwendet wurden.

Anhörungs- und Beratungsrecht: Der Betriebsrat hat z. B. das Recht, dem Arbeitgeber gemäß § 92 BetrVG vorzuschlagen, eine Personalplanung ein- und durchzuführen, falls eine solche im Unternehmen noch nicht realisiert wird. Gemäß § 102 BetrVG hat der Betriebsrat auch das Recht, angehört zu werden, bevor der Arbeitgeber in Aktion tritt. Dies ist bei Kündigungen der Fall. Der Betriebsrat kann hier begründet widersprechen.

INFO

Auch im Falle von Betriebsänderungen aufgrund von Einschränkung, Stilllegung oder Verlegung eines Betriebes, im Falle von Zusammenschlüssen, Änderungen der Betriebsorganisation oder Einführung von anderen Fertigungsverfahren muss der Betriebsrat rechtzeitig und umfassend informiert werden und hat das Recht zu beraten (§ 111 BetrVG). Gegebenenfalls ist ein Sozialplan zu erarbeiten.

Was ist eigentlich ein Sozialplan?

In einem Sozialplan werden Regelungen getroffen, mit deren Hilfe im Falle von Betriebsänderungen Arbeitnehmer wirtschaftlich entschädigt werden sollen (z. B. durch Abfindungen).

© u-form Verlag – Kopieren verboten!

Mitbestimmungsrechte

Das Mitbestimmungsrecht gilt in *sozialen* Angelegenheiten (vgl. § 87 BetrVG). Der Betriebsrat hat zum Beispiel auf folgende Bereiche Einfluss:

- Ordnung des Betriebes und Verhalten der Arbeitnehmer im Betrieb
- Beginn und Ende der täglichen Arbeitszeit und Pausen sowie Verteilung der Arbeitszeit auf die Wochentage
- Zeit, Ort und Art der Auszahlung der Arbeitsentgelte
- Urlaubsplanung
- Einführung von technischen Einrichtungen, um die Arbeitnehmer zu überwachen (z. B. Zeiterfassungssystem, Videokameras, ...)
- Personalfragebögen und Beurteilungsgrundsätze

Die Zustimmung des Betriebsrates ist insbesondere erforderlich bei:

- Auswahlrichtlinien (z. B. geforderter Schulabschluss, Fähigkeiten, ...) bei Einstellungen, Versetzungen, Umgruppierungen und Kündigungen
- Einstellung neuer Mitarbeiter

Das bedeutet: Wenn der Betriebsrat innerhalb einer Woche schriftlich widerspricht, darf der Arbeitgeber die Auswahlrichtlinien nicht verwenden und keine Einstellungen, Versetzungen etc. vornehmen. Verstreicht die Frist, so gilt dies als Zustimmung (§ 99 BetrVG).

© u-form Verlag – Kopieren verboten!

Die Rolle der Jugend- und Auszubildendenvertretung in der Personalwirtschaft

Wahl • Amtszeit

Wir sind stark! Die JAV als die gewählte Vertretung der Jugendlichen

Auch die Jugendlichen haben etwas zu sagen. Damit ihre Stimme gehört wird, gibt es die JAV. Die Jugend- und Auszubildendenvertretung ist eine dem Betriebsrat nachgeordnete Vertretung, die dann gewählt werden kann, wenn das Unternehmen einen Betriebsrat hat und wenn in dem Unternehmen mindestens fünf Auszubildende oder jugendliche Arbeitnehmer beschäftigt sind.

Die JAV wählen dürfen alle jugendlichen Arbeitnehmer unter 18 Jahren und alle Auszubildenden (= aktives Wahlrecht).

Gewählt werden dürfen alle Auszubildenden und alle Arbeitnehmer unter 25 Jahren, sofern sie nicht bereits Betriebsratsmitglieder sind (= passives Wahlrecht).

Je nach Anzahl der Jugendlichen und Auszubildenden im jeweiligen Unternehmen können 1 bis 15 Vertreter gewählt werden. Die Amtszeit beträgt im Gegensatz zum Betriebsrat, der auf 4 Jahre gewählt wird, lediglich 2 Jahre.

INFO

Nach dem Betriebsrätemodernisierungsgesetz von 07/2021 fällt die Altersbegrenzung für das Wahlrecht bei Auszubildenden weg. So können nun in mehr Betrieben, in denen ein Betriebsrat existiert, JAVs gewählt werden. Denn: Auszubildende sind „zur Berufsausbildung beschäftigt“ und hierzu gehören neben den klassischen Auszubildenden auch Volontäre/-innen, Umschüler/-innen sowie Teilnehmer/-innen an berufsvorbereitenden Maßnahmen. Hinzu kommen auch noch die Praktikant/-innen.

© u-form Verlag – Kopieren verboten!

Und was macht die JAV?

Zum Beispiel das:

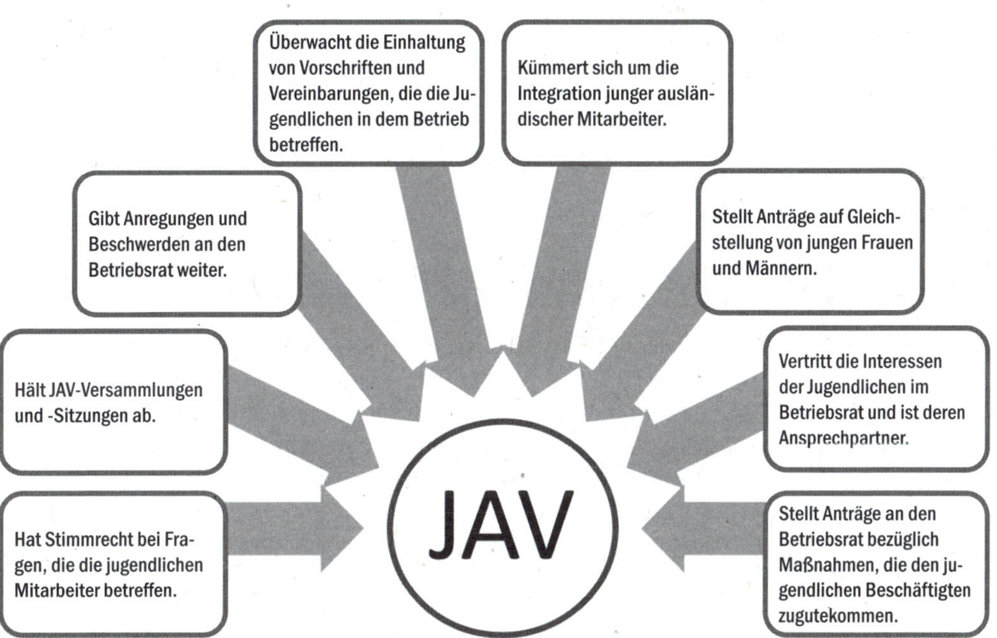

© u-form Verlag – Kopieren verboten!

Der Betriebsrat und die JAV

Alles im Blick

Es gibt viel zu tun!

Auch wenn der Betriebsrat eher im Hintergrund agiert und im täglichen Geschäfts- und Berufsalltag nicht immer gleich sichtbar ist, so ist er doch für jede Menge Aufgaben zuständig. Um sich einen Überblick über die immens vielen Verantwortungsbereiche des Betriebsrates zu verschaffen, hilft ein Blick in das Betriebsverfassungsgesetz; leider kein Buch zum Schmökern, sondern seitenweise Paragrafen. Das Wichtigste zu den Mitwirkungs- und Mitbestimmungsrechten steht in den §§ 87 bis 112. Ein Blick in diese Teile des Gesetzesbuches lohnt sich. Und hier ein kleiner Ansporn, sich dieser Aufgabe einmal in Ruhe anzunähern:

ÜBUNG 2: Betriebsrat und JAV

Nach 12 Monaten Ausbildung möchte die 18-jährige Kim aktiv in der JAV oder im Betriebsrat der Tentor Steel AG mitarbeiten und sich für eine dieser Vertretungen zur Wahl stellen lassen. Bitte prüfen Sie für Kim anhand des Betriebsverfassungsgesetzes folgende Sachverhalte:

a) Darf Kim für die JAV oder den Betriebsrat gewählt werden? Bitte erläutern Sie Ihre Entscheidung.

b) Kims Kollegin und Freundin Tina Mauser, 20 Jahre alt, ist eine ausgelernte Industriekauffrau und von einem anderen Arbeitgeber zur Arbeitsleistung für 2 Monate überlassen. Kann sie Kim wählen? Bitte erläutern Sie, wer für die JAV und den Betriebsrat das aktive Wahlrecht besitzt.

c) Kim macht sich Gedanken darüber, welche Aufgaben genau der Betriebsrat wahrnimmt. Was können Sie Kim anhand des § 80 BetrVG dazu sagen, und welche besonderen Personengruppen stehen nach § 80 BetrVG im Fokus des Betriebsrates?

d) Der Betriebsrat hat Mitbestimmungs- und Mitwirkungsrecht. Kim ist sich nicht sicher, welche Personalbelange zu welchem Recht gehören. Helfen Sie ihr anhand des BetrVG zu entscheiden, bei welcher der genannten Angelegenheiten in der folgenden Tabelle es sich um ein Mitbestimmungsrecht oder ein Mitwirkungsrecht handelt, indem Sie jeweils ein Kreuz setzen.

Fortsetzung auf den nächsten beiden Seiten

© u-form Verlag – Kopieren verboten!

Fortsetzung Übung 2

Angelegenheiten (sozial, personell, arbeitsorganisatorisch, wirtschaftlich)	Paragraf	Mitwirkungsrecht	Mitbestimmungs-recht
Ordnung und Verhalten	§ 87 Abs. 1		
Arbeits- und Umweltschutz	§ 89		
Durchführung von Bildungsmaßnahmen	§ 98 Abs. 1		
Auszahlung der Arbeitsentgelte	§ 87 Abs. 4		
Urlaubsgrundsätze	§ 87 Abs. 5		
Kündigung	§ 102		
Ausschreibung von Arbeitsplätzen	§ 93		
Verwaltung von Sozialeinrichtungen des Betriebes	§ 87 Abs. 8		
Einstellung von leitenden Angestellten	§ 105		
Entlohnungsgrundsätze	§ 87 Abs. 10		
Festsetzung von Akkord- und Prämiensätzen	§ 87 Abs. 11		
Versetzung	§ 99		
Durchführung von Gruppenarbeit	§ 87 Abs. 13		
Personalfragebogen	§ 94		
Personalplanung	§ 92		
Tägliche Arbeitszeit	§ 87 Abs. 2		
Beschäftigungssicherung	§ 92 a		
Zuweisung / Kündigung von Wohnräumen	§ 87 Abs. 9		
Vorübergehende Veränderung der Arbeitszeit	§ 87 Abs. 3		
Aufstellung von Beurteilungsgrundsätzen	§ 94		
Auswahlrichtlinien bei Einstellungen, Versetzungen etc.	§ 95		

© u-form Verlag – Kopieren verboten!

Der Betriebsrat und die JAV

Alles im Blick

INFO

Das Betriebsverfassungsgesetz regelt nicht nur die Mitwirkungs- und Mitbestimmungsrechte des Betriebsrates, sondern auch **Rechte der einzelnen Arbeitnehmer**. Gut zu wissen, oder? Wer sich §§ 81 ff. des BetrVG genauer ansieht, weiß, dass jeder Arbeitnehmer/jede Arbeitnehmerin das Recht auf Unterrichtung und Anhörung hat, und zwar die eigenen Aufgaben und Verantwortungen, die Art der Tätigkeiten sowie die Einordnung in die Arbeitsabläufe, ebenso die Unfall- und Gesundheitsgefahren betreffend. Auch hat er/sie das Recht auf Anhörung und Erörterung von betrieblichen, ihn selbst betreffenden Angelegenheiten, sowie das Recht, Vorschläge für die Gestaltung des Arbeitsplatzes und des Arbeitsablaufes zu machen. Außerdem: das Recht auf Einsicht in seine Personalakte und das Recht auf Beschwerde im Falle von Benachteiligungen, ungerechter Behandlung und sonstigen Beeinträchtigungen.

Fortsetzung Übung 2

Angelegenheiten (sozial, personell, arbeitsorganisatorisch, wirtschaftlich)	Paragraf	Mitwirkungsrecht	Mitbestimmungsrecht
Förderung der Berufsbildung	§ 96		
Maßnahmen der Berufsbildung	§ 97		
Technische Einrichtungen zur Leistungsüberwachung	§ 87 Abs. 6		
Durchführung betrieblicher Bildungsmaßnahmen	§ 98		
Eingruppierung, Umgruppierung von Mitarbeitern	§ 99		
Vorläufige personelle Maßnahmen	§ 99, 100, 101		
Verhütung von Arbeitsunfällen/Berufskrankheiten	§ 87 Abs. 7		
Außerordentliche Kündigung von Betriebsratsmitgliedern	§ 103		
Betriebliches Vorschlagswesen	§ 87 Abs. 12		
Neu-, Um- und Erweiterungsbauten technischer Anlagen	§ 90		
Verstoß gegen gesicherte arbeitswissenschaftliche Erkenntnisse	§ 91		
Wirtschaftsausschuss	§§ 106 ff.		
Betriebsänderung	§ 111 und 91		
Interessensausgleich	§ 112 Abs. 1		
Sozialplan	§ 112, 112a		

© u-form Verlag – Kopieren verboten!

Ein Hoch auf die Jugendlichen

Junge Menschen stehen am Beginn eines langen Lebensweges. Sie haben bereits einige Hürden erfolgreich gemeistert. Dennoch werden sie auch in Zukunft noch die ein oder andere Aufgabe oder Herausforderung zu bewältigen haben. Nicht nur aus diesem Grunde sollten Jugendliche wertgeschätzt und in ihrer Persönlichkeit ernst genommen werden. Gleichzeitig verdienen sie einen schonenden Umgang und einen besonderen Schutz, denn schließlich sind sie noch mitten in einer wichtigen Entwicklungsphase, die sowohl den Körper als auch den Geist betrifft. Und weil dies so wichtig ist und gerade das Berufsleben so einiges abverlangt, gibt es das Jugendarbeitsschutzgesetz.

Wer Jugendliche in einem Betrieb beschäftigen möchte, muss sich dringend – und dies sehr intensiv – mit dem Jugendarbeitsschutz auseinandersetzen. In diesem Gesetz sind alle wesentlichen Regelungen schriftlich festgehalten, die bei minderjährigen Jugendlichen, das heißt bei beschäftigten Personen unter 18 Jahren, berücksichtigt werden müssen. Wichtig ist: Kinder unter 15 Jahren dürfen mit wenigen Ausnahmen gar nicht beschäftigt werden. Das wäre Kinderarbeit, und diese ist in Deutschland strengstens verboten.

Das Jugendarbeitsschutzgesetz

Jeder, der im Personalwesen eines Unternehmens tätig ist, in dem auch minderjährige Jugendliche beschäftigt werden, muss die wesentlichen Inhalte des Jugendarbeitsschutzgesetzes kennen. Leider reicht es hierbei nicht aus, mal das eine, mal das andere zu wissen. **Alle** Inhalte sind – je nach Situation und Sachlage – von großer Bedeutung. Auch wenn es den Führungskräften und Geschäftsinhabern obliegt, die gesetzlichen Regelungen einzuhalten, sollten auch die schwerpunktmäßig in der Personalwirtschaft Beschäftigten wissen, womit sie es hier zu tun haben.

> **INFO**
> Das Jugendarbeitsschutzgesetz ist vor allem für das Berufsleben wichtig. Doch sind Jugendliche im Allgemeinen noch zusätzlich durch das Jugendschutzgesetz und das Jugendgerichtsgesetz geschützt.

© u-form Verlag – Kopieren verboten!

Jugendliche im Betrieb

Jugendarbeitsschutzgesetz (JArbSchG)

§ 4 Arbeitszeit

(1) Tägliche Arbeitszeit ist die Zeit vom Beginn bis zum Ende der täglichen Beschäftigung ohne Ruhepausen (§ 11).

(2) Schichtzeit ist die tägliche Arbeitszeit unter Hinzurechnung der Ruhepausen (§ 11).

....

(4) Für die Berechnung der wöchentlichen Arbeitszeit ist als Woche die Zeit von Montag bis einschließlich Sonntag zu Grunde zu legen. Die Arbeitszeit, die an einem Werktag infolge eines gesetzlichen Feiertags ausfällt, wird auf die wöchentliche Arbeitszeit angerechnet.

§ 8 Dauer der Arbeitszeit

(1) Jugendliche dürfen nicht mehr als 8 Stunden täglich und nicht mehr als 40 Stunden wöchentlich beschäftigt werden.

(2) Wenn in Verbindung mit Feiertagen an Werktagen nicht gearbeitet wird, damit die Beschäftigten eine längere zusammenhängende Freizeit haben, so darf die ausfallende Arbeitszeit auf die Werktage von 5 zusammenhängenden, die Ausfalltage einschließenden Wochen nur dergestalt verteilt werden, dass die Wochenarbeitszeit im Durchschnitt dieser 5 Wochen 40 Stunden nicht überschreitet. Die tägliche Arbeitszeit darf hierbei 8 ½ Stunden nicht überschreiten.

(2a) Wenn an einzelnen Werktagen die Arbeitszeit auf weniger als 8 Stunden verkürzt ist, können Jugendliche an übrigen Werktagen derselben Woche 8 1/2 Stunden beschäftigt werden.

§ 13 Tägliche Freizeit

Nach dem Ende der täglichen Arbeitszeit dürfen Jugendliche nicht vor Ablauf einer ununterbrochenen Freizeit von mindestens 12 Stunden beschäftigt werden.

§ 14 Nachtruhe

(1) Jugendliche dürfen nur in der Zeit von 6 bis 20 Uhr beschäftigt werden.

(2) Jugendliche über 16 Jahre dürfen 1. im Gaststätten- und Schaustellergewerbe bis 22 Uhr, 2. in mehrschichtigen Betrieben bis 23 Uhr, 3. in der Landwirtschaft ab 5 Uhr oder bis 21 Uhr, 4. in Bäckereien und Konditoreien ab 5 Uhr beschäftigt werden.

(3) Jugendliche über 17 Jahre dürfen in Bäckereien ab 4 Uhr beschäftigt werden.

Tipp von Jan

Markiere Dir wichtige Inhalte, die Du Dir merken sollst, mit einem farbigen Marker!

© u-form Verlag – Kopieren verboten!

ÜBUNG 3: Jugendarbeitsschutz

Kim hat die Wahlqualifikation Personalwirtschaft gewählt und ist seit 5 Monaten schwerpunktmäßig in der Personalabteilung der Tentor Steel AG tätig. In diesem Unternehmen sind zahlreiche Mitarbeiter beschäftigt, die besonderen Regelungen unterworfen sind oder besonderen Schutz genießen, so z. B. auch Jugendliche. Da Kim gelegentlich für die Anstellung von jungen Menschen im Bereich der Ferienjobs zuständig ist und dabei auch Einsatzpläne erstellen muss, sollte sie die diesbezüglich geltenden Regelungen zum Schutz der Jugendlichen kennen.

Nennen Sie ihr den hierfür passenden Gesetzestext und tragen Sie die relevanten gesetzlichen Regelungen zusammen, die für Kim von Bedeutung sein können, wie z. B.

- Altersbegrenzung
- Arbeitszeit
- Pausenregelung
- Ruhezeit zwischen den Arbeitstagen
- Arbeit an Sonn- und Feiertagen
- Urlaubsanspruch

© u-form Verlag – Kopieren verboten!

Frauen im Betrieb

Gleichbehandlung • Gleichberechtigung • Diskriminierungsschutz • Mutterschutzgesetz

Frau gleich(t) Mann

Alle Menschen sind gleich viel wert: ein Grundsatz unserer modernen, westlich geprägten Gesellschaft. Er bezieht sich auch auf die Geschlechter und gilt insbesondere für die Arbeitswelt – oder sollte zumindest gelten.

Deshalb ist die Gleichbehandlung bzw. Gleichberechtigung von Frauen ein nach wie vor wichtiges Thema, mit dem sich Unternehmen und die hierin tätigen Menschen Tag für Tag beschäftigen müssen. Viel hat sich in diesem Bereich bereits getan, und doch scheinen wir in puncto Gleichberechtigung von Mann und Frau noch nicht am Ziel angekommen zu sein.

Um einer von Männern dominierten Arbeitswelt entgegenzusteuern, Frauen vor Diskriminierung zu schützen und um ihre Gleichstellung zu fördern, wurden gesetzliche Grundlagen geschaffen: das Allgemeine Gleichbehandlungsgesetz (AGG), der Gleichbehandlungsgrundsatz Art. 3 und 6 des GG, das Frauenfördergesetz des Bundes (FFG) sowie der Länder, ebenso wie das Bundesgleichstellungsgesetz (BGleiG) tragen hierzu wesentlich bei.

Zum Schutz der Mütter und der Babys: Das Mutterschutzgesetz

Eine Schwangerschaft und eine Geburt sind das Natürlichste auf der Welt, dennoch ist beides eine äußerst sensible Angelegenheit, die auch gesundheitliche Gefahren in sich birgt und sogar Menschenleben kosten kann: das Leben der Mütter sowie der un- bzw. neugeborenen Babys. Diese gilt es zu schützen. Hierfür steht das Mutterschutzgesetz.

Da gerade in der Arbeitswelt das Risiko mentaler und körperlicher Belastungen sehr hoch ist, hat sich der Gesetzgeber für schwangere Frauen und junge Mütter, die als Arbeitnehmer beschäftigt sind, besondere Regelungen ausgedacht, die für alle Arbeitgeber verpflichtend sind. So sind für Frauen während der Schwangerschaft und Mütter kurz nach der Entbindung kleine Erholungsphasen vorgesehen. Außerdem gibt es für sie einen Kündigungsschutz. Und was die Arbeit selbst betrifft, so ist alles verboten, was die schwangeren Frauen oder das ungeborene Leben in Gefahr bringen könnte.

© u-form Verlag – Kopieren verboten!

Übung 4: Leitfaden Mutterschutz

Die Bussberg Büromöbel GmbH hat von Frau Schwarz, einer langjährigen Mitarbeiterin in der Produktion, erfahren, dass sie schwanger ist. Da Erkan zurzeit in der Personalabteilung tätig ist, wird er beauftragt, sich mit dem Mutterschutzgesetz auseinanderzusetzen. Tragen Sie mit Erkan alle nötigen Informationen unter Berücksichtigung des Mutterschutzgesetzes zusammen, und zwar folgende Themen betreffend:

1. Arbeitszeiten und Freistellung von der Arbeit
2. Schutzfristen
3. Kündigung und Kündigungsschutz

Erstellen Sie hierzu ein Handout, das für Mitarbeiter zukünftig als Leitfaden dienen kann.

Verwenden Sie zum Lösen dieser Aufgabe die Auszüge aus dem Mutterschutzgesetz (MuSchG), die wir für Sie unter www.u-form.de/addons/2311-2025.zip zur Verfügung gestellt haben.

INFO

Auf der Website des Bundesministeriums der Justiz und für Verbraucherschutz in Zusammenarbeit mit der juris GmbH finden Sie viele weitere relevante Gesetzestexte. Sie erreichen die Website unter

www.gesetze-im-internet.de

Im Anhang finden Sie außerdem eine Auflistung von Links zu einzelnen Gesetzen, die für Sie interessant sein könnten.

Tipp von Kim

Das Mutterschutzgesetz wurde geändert: Frauen wird ab dem 1. Juni 2025 auch bei Fehlgeburten ab der 13. Schwangerschaftswoche Mutterschutz gewährt. Hierbei gelten gestaffelte Schutzfristen, die sich nach der Schwangerschaftswoche richten, in der die Fehlgeburt stattfindet, so z. B.:

bei einer Fehlgeburt ab der 13. Schwangerschaftswoche: 2 Wochen Mutterschutz

bei einer Fehlgeburt ab der 17. Schwangerschaftswoche: 6 Wochen Mutterschutz

bei einer Fehlgeburt ab der 20. Schwangerschaftswoche: 8 Wochen Mutterschutz

Diese Regelung soll betroffenen Frauen eine gewisse Erholungszeit ermöglichen, wobei die Schutzfristen nicht verpflichtend sind, sondern die Frauen selbst entscheiden können, ob sie diese in Anspruch nehmen möchten.

© u-form Verlag – Kopieren verboten!

Schwerbehinderte im Betrieb

Sozialgesetzbuch IX

Integriert und geschützt

Inklusion ist ein brandaktuelles Thema. Immer mehr Kindergärten und auch Schulen setzen auf eine gemeinsame Erziehung behinderter und nicht behinderter Kinder. Auch im Arbeitsalltag wird versucht, behinderte Personen gleichberechtigt zu integrieren. Schließlich sind behinderte Personen nicht krank, sondern lediglich beeinträchtigt, manchmal körperlich, manchmal geistig; doch häufig können sie die gleichen Leistungen erbringen wie nicht-behinderte Menschen. Aus diesem Grunde möchte der Gesetzgeber deren Beschäftigung fördern – notfalls mit etwas Nachdruck.

Aufgrund ihrer Beeinträchtigung ist es dennoch fair, wenn behinderten Personen kleine Vorzüge gewährt werden: zum Beispiel eine erhöhte Anzahl an gesetzlichen Urlaubstagen und bestimmte Sonderrechte, was die Art der Arbeit und Mehrarbeit betrifft. Außerdem genießen sie eine Art besonderen Kündigungsschutz.

Sozialgesetzbuch IX

Wer laut Gesetz als behindert bzw. als von Behinderung bedroht gilt und was im Einzelnen für diese Personen in der Arbeitswelt zutrifft, ist im neunten Sozialgesetzbuch schriftlich verankert. Hier ein paar Auszüge, um einen Eindruck zu gewinnen:

§ 1 Selbstbestimmung und Teilhabe am Leben in der Gesellschaft: Behinderte oder von Behinderung bedrohte Menschen erhalten Leistungen nach diesem Buch und den für die Rehabilitationsträger geltenden Leistungsgesetzen, um ihre Selbstbestimmung und ihre volle, wirksame und gleichberechtigte Teilhabe am Leben in der Gesellschaft zu fördern, Benachteiligungen zu vermeiden oder ihnen entgegenzuwirken. Dabei wird den besonderen Bedürfnissen behinderter und von Behinderung bedrohter Frauen und Kinder Rechnung getragen.

© u-form Verlag – Kopieren verboten!

Schwerbehinderte im Betrieb

Sozialgesetzbuch IX

§ 2 Behinderung: (1) Menschen sind behindert, wenn ihre körperliche Funktion, geistige Fähigkeit oder seelische Gesundheit mit hoher Wahrscheinlichkeit länger als sechs Monate von dem für das Lebensalter typischen Zustand abweichen und daher ihre Teilhabe am Leben in der Gesellschaft beeinträchtigt ist. Sie sind von Behinderung bedroht, wenn die Beeinträchtigung zu erwarten ist. (2) Menschen sind im Sinne des Teils 2 schwerbehindert, wenn bei ihnen ein Grad der Behinderung von wenigstens 50 vorliegt und sie ihren Wohnsitz, ihren gewöhnlichen Aufenthalt oder ihre Beschäftigung auf einem Arbeitsplatz im Sinne des § 156 rechtmäßig im Geltungsbereich dieses Gesetzbuches haben. (3) Schwerbehinderten Menschen gleichgestellt werden sollen Menschen mit Behinderungen mit einem Grad der Behinderung von weniger als 50, aber wenigstens 30, bei denen die übrigen Voraussetzungen des Absatzes 2 vorliegen [...].

§ 154 Pflicht der Arbeitgeber zur Beschäftigung schwerbehinderter Menschen: (1) Private und öffentliche Arbeitgeber (Arbeitgeber) mit jahresdurchschnittlich monatlich mindestens 20 Arbeitsplätzen im Sinne des § 156 haben auf wenigstens 5 Prozent der Arbeitsplätze schwerbehinderte Menschen zu beschäftigen. Dabei sind schwerbehinderte Frauen besonders zu berücksichtigen. Abweichend von Satz 1 haben Arbeitgeber mit jahresdurchschnittlich monatlich weniger als 40 Arbeitsplätzen jahresdurchschnittlich je Monat einen schwerbehinderten Menschen, Arbeitgeber mit jahresdurchschnittlich monatlich weniger als 60 Arbeitsplätzen jahresdurchschnittlich je Monat zwei schwerbehinderte Menschen zu beschäftigen. [...]

§ 160 Ausgleichsabgabe: (1) Solange Arbeitgeber die vorgeschriebene Zahl schwerbehinderter Menschen nicht beschäftigen, entrichten sie für jeden unbesetzten Pflichtarbeitsplatz für schwerbehinderte Menschen eine Ausgleichsabgabe. Die Zahlung der Ausgleichsabgabe hebt die Pflicht zur Beschäftigung schwerbehinderter Menschen nicht auf. Die Ausgleichsabgabe wird auf der Grundlage einer jahresdurchschnittlichen Beschäftigungsquote ermittelt. [...]

© u-form Verlag – Kopieren verboten!

Schwerbehinderte im Betrieb

Sozialgesetzbuch IX

§ 164 Pflichten des Arbeitgebers und Rechte schwerbehinderter Menschen: (1) Die Arbeitgeber sind verpflichtet zu prüfen, ob freie Arbeitsplätze mit schwerbehinderten Menschen [...] besetzt werden können. [...] (2) Arbeitgeber dürfen schwerbehinderte Beschäftigte nicht wegen ihrer Behinderung benachteiligen. [...] (3) Die Arbeitgeber stellen durch geeignete Maßnahmen sicher, dass in ihren Betrieben und Dienststellen wenigstens die vorgeschriebene Zahl schwerbehinderter Menschen eine möglichst dauerhafte behinderungsgerechte Beschäftigung finden kann. [...] (4) Die schwerbehinderten Menschen haben gegenüber ihren Arbeitgebern Anspruch auf 1. Beschäftigung, bei der sie ihre Fähigkeiten und Kenntnisse möglichst voll verwerten und weiterentwickeln können, 2. bevorzugte Berücksichtigung bei innerbetrieblichen Maßnahmen der beruflichen Bildung zur Förderung ihres beruflichen Fortkommens, 3. Erleichterungen im zumutbaren Umfang zur Teilnahme an außerbetrieblichen Maßnahmen der beruflichen Bildung, 4. behinderungsgerechte Einrichtung und Unterhaltung der Arbeitsstätten einschließlich der Betriebsanlagen, Maschinen und Geräte sowie der Gestaltung der Arbeitsplätze, des Arbeitsumfeldes, der Arbeitsorganisation und der Arbeitszeit, unter besonderer Berücksichtigung der Unfallgefahr, 5. Ausstattung ihres Arbeitsplatzes mit den erforderlichen technischen Arbeitshilfen unter Berücksichtigung der Behinderung und ihrer Auswirkungen auf die Beschäftigung. [...]

§ 168 Erfordernis der Zustimmung: Die Kündigung des Arbeitsverhältnisses eines Schwerbehinderten durch den Arbeitgeber bedarf der vorherigen Zustimmung des Integrationsamtes (= Hauptfürsorgestelle).

§ 169 Kündigungsfrist: Die Kündigungsfrist beträgt mindestens 4 Wochen.

§ 170 Antragsverfahren: (1) Die Zustimmung zur Kündigung beantragt der Arbeitgeber bei dem für den Sitz des Betriebes oder der Dienststelle zuständigen Integrationsamt schriftlich oder elektronisch. [...]

§ 207 Mehrarbeit: Schwerbehinderte werden auf ihr Verlangen von Mehrarbeit freigestellt.

§ 208 Zusatzurlaub: (1) Schwerbehinderte Menschen haben Anspruch auf einen bezahlten zusätzlichen Urlaub von 5 Arbeitstagen im Urlaubsjahr; verteilt sich die regelmäßige Arbeitszeit des schwerbehinderten Menschen auf mehr oder weniger als fünf Arbeitstage in der Kalenderwoche, erhöht oder vermindert sich der Zusatzurlaub entsprechend. Soweit tarifliche, betriebliche oder sonstige Urlaubsregelungen für schwerbehinderte Menschen einen längeren Zusatzurlaub vorsehen, bleiben sie unberührt. [...]

© u-form Verlag – Kopieren verboten!

ÜBUNG 5: Schwerbehinderte Personen

Die Nett und Weber GmbH & Co. KG beschäftigt mittlerweile im Jahresdurchschnitt monatlich mehr als 20 Mitarbeiter. Damit kommt sie in die Pflicht, auch schwerbehinderte Personen einzustellen. Anna wird von ihrem Vorgesetzten gebeten, die wesentlichen Bedingungen, die sich für die Nett und Weber GmbH & Co. KG ergeben, zusammenzutragen. Helfen Sie ihr dabei, indem Sie folgende Fragen beantworten:

a) Welches Gesetz gibt Anna Auskunft?

b) Wer gilt demnach als schwerbehindert?

c) Kann ein Arbeitgeber gezwungen werden, eine schwerbehinderte Person einzustellen?

d) Welche Regelungen in Bezug auf Urlaub und Mehrarbeit gelten für schwerbehinderte Personen?

e) Mit welchem Amt muss ein Arbeitgeber zusammenarbeiten, wenn er schwerbehinderte Personen beschäftigt?

© u-form Verlag – Kopieren verboten!

Der Einzelarbeitsvertrag (= Individualarbeitsvertrag)

Form • Nachweisgesetz

Individuell ausgehandelt!

Der Arbeitsvertrag bildet die rechtliche Grundlage für ein Arbeitsverhältnis, das heißt also für die Beziehung zwischen Arbeitgeber und Arbeitnehmer. Er ist eine Art des Dienstvertrages, in dem die grundlegenden Rechte und Pflichten der Vertragsparteien geregelt werden. Ein Arbeitsvertrag kann grundsätzlich formlos geschlossen werden, was bedeutet, dass es keine Vorgaben gibt, wie er geschlossen werden muss (mündlich oder schriftlich, auf Papier oder Pappe, am Telefon oder per E-Mail – alles ist möglich).

Der Abschluss eines Arbeitsvertrages muss demnach nicht unbedingt schriftlich erfolgen, es sei denn Tarifverträge und Betriebsvereinbarungen sehen die Schriftform als Pflicht vor – oder im Falle von befristeten Verträgen. Dennoch: Um auf Nummer sicher zu gehen, was genau vereinbart wurde, ist die **Schriftform empfehlenswert und auch in der Praxis üblich**.

Tipp von Erkan

Merke Dir, dass ein Arbeitsvertrag auch mündlich oder mit einem Handschlag beschlossen werden kann. Es ist eine allseits beliebte Prüfungsfrage. Merke Dir aber auch, dass für befristete Verträge die Schriftform vorgeschrieben ist, bei Ausbildungsverträgen eine Eintragung bei der IHK auf jeden Fall erfolgen und dass aufgrund des Nachweisgesetzes unbedingt etwas schriftlich formuliert werden muss. Dies verschafft den Vertragsparteien rechtliche Klarheit.

Das Nachweisgesetz (vgl. § 2 NachwG) von 1995, zuletzt geändert 1. Januar 2025

Ganz ohne eine schriftliche Niederlegung geht es trotzdem nicht. Laut § 2 des Nachweisgesetzes (NachwG) muss der Arbeitgeber dem Arbeitnehmer spätestens am ersten Arbeitstag die wichtigsten Informationen des Arbeitsverhältnisses - auch ohne Verlangen des Arbeitnehmers - schriftlich und vom Arbeitgeber unterschrieben vorlegen (Name und Anschrift der Vertragsparteien, Angaben zum Arbeitsentgelt, zur Arbeitszeit und zu den Ruhepausen). Spätestens am 7. Kalendertag nach Beginn des Arbeitsverhältnisses muss der Arbeitnehmer folgende Informationen schriftlich erhalten: Datum des Beginns, Angaben zur Befristung, zum Arbeitsort, zur Beschreibung der Tätigkeit und zur Dauer der Probezeit, auch Überstundenregelungen. Alle übrigen notwendigen Angaben nach dem Nachweisgesetz müssen dem Arbeitgeber spätestens einen Monat nach Beginn des Arbeitsverhältnisses vorgelegt werden (z. B. Urlaubsanspruch und, falls zugesagt, betriebliche Altersversorgung).

Mit dem Bürokratieentlastungsgesetz IV können die Arbeitsbedingungen auch elektronisch an die Arbeitnehmenden übermittelt werden, wenn sichergestellt ist, dass das Dokument für die Arbeitnehmenden zugänglich ist, es gespeichert und ausgedruckt werden kann und der Arbeitgeber einen Empfangsnachweis anfordert.

Ist der Arbeitgeber dieser Pflicht nicht nachgekommen, so hat er bei Unstimmigkeiten in Bezug auf arbeitsvertragliche Bedingungen die Beweislast zu tragen (vgl. hierzu auch Kap. 3.1).

© u-form Verlag – Kopieren verboten!

Der Einzelarbeitsvertrag (= Individualarbeitsvertrag)

Beginn und Ende des Arbeitsverhältnisses • Probezeit • befristeter Vertrag

Vom Anfang bis zum Ende

Ein Arbeitsverhältnis beginnt mit der Probezeit. Für die Dauer der Probezeit gibt es Vorschriften. Bei einem Ausbildungsvertrag muss die Probezeit mindestens einen Monat betragen und darf vier Monate nicht überschreiten. Bei einem regulären Arbeitsvertrag muss keine Probezeit vereinbart werden; wird eine Probezeit vertraglich festgesetzt, so darf sie 6 Monate nicht überschreiten. Üblich sind in der Praxis 3 – 6 Monate.

Ein Ausbildungsvertrag endet mit dem Ende der Ausbildung; das heißt, wenn der oder die Auszubildende die *Abschlussprüfung bestanden* hat. Eine Kündigung ist von beiden Seiten nicht nötig. Arbeitet der Auszubildende nach dem Ende der Ausbildung jedoch ohne Arbeitsvertrag weiter, so gilt das als unbefristeter Vertrag.

Ein unbefristeter Arbeitsvertrag kann nur durch eine *ordentliche* oder *außerordentliche Kündigung* oder ggf. durch einen Aufhebungsvertrag beendet werden.

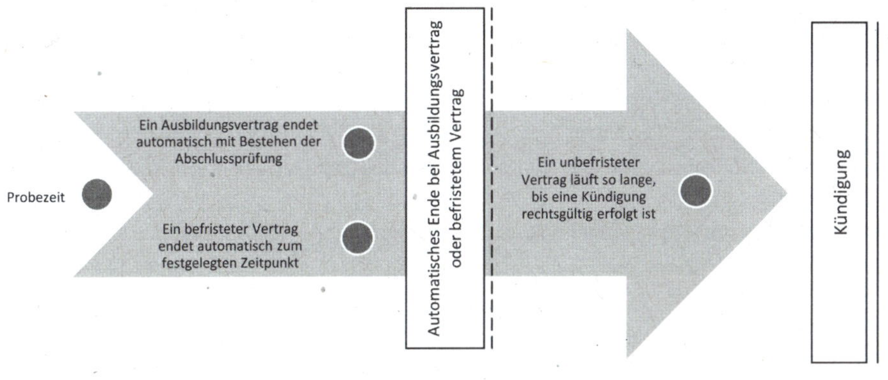

INFO

Ein Arbeitsvertrag, der für eine bestimmte Zeit geschlossen wird (befristeter Arbeitsvertrag), endet nach Ablauf dieses Zeitraums automatisch, ohne dass eine Kündigung erfolgen muss. Während der befristete Arbeitsvertrag läuft, kann dieser grundsätzlich nicht, das heißt nicht vorher, gekündigt werden – es sei denn, es wurde im Arbeitsvertrag ausdrücklich erlaubt. Dies gilt für ordentliche Kündigungen.

Immer möglich ist dagegen die außerordentliche Kündigung des Vertrags aus wichtigem Grund, wenn solche Gründe vorliegen. Diese rechtliche Möglichkeit muss nicht besonders vereinbart werden.

© u-form Verlag – Kopieren verboten!

Der Einzelarbeitsvertrag (= Individualarbeitsvertrag)

Die wesentlichen Inhalte eines Einzelarbeitsvertrages

Welche Inhalte sollten in einem Arbeitsvertrag nicht fehlen?

- Name und Anschrift des Arbeitgebers
- Name und Anschrift des Arbeitnehmers
- Beginn des Arbeitsverhältnisses (bei befristeten Verträgen Beginn und Ende des Arbeitsverhältnisses)
- Dauer der Probezeit
- Tätigkeitsbeschreibung
- Arbeitsentgelt: Höhe und ggf. Zuschläge, Zulagen, Prämien, Sonderzahlungen sowie deren Fälligkeiten
- Arbeitszeit: täglich, wöchentlich, monatlich
- Regelungen für Mehrarbeit
- Urlaub: Dauer des Jahresurlaubs
- Krankheit: Leistungen des Arbeitgebers im Krankheitsfall; Informationspflicht des Arbeitnehmers
- Kündigung: Kündigungsfristen
- Nebenbeschäftigung: Untersagung von Nebentätigkeiten, Informationspflicht des Arbeitnehmers
- Wettbewerbsverbot: Konkurrenzklausel (keine zeitnahe Aufnahme einer Tätigkeit bei einem Konkurrenten nach Beendigung des Arbeitsverhältnisses)
- Allgemeine Hinweise: Anwendung von Tarifverträgen, Betriebs- und Dienstvereinbarungen, Gerichtsstand, Schriftform bei Änderungen etc.
- Unterschrift und Datum des Arbeitnehmers und des Arbeitgebers

Tipp von Lara

Denke daran, dass gesetzliche und tarifvertragliche Regelungen bei Arbeitsverträgen beachtet werden müssen! Zwar gilt im Arbeitsrecht grundsätzlich die Vertragsfreiheit, das heißt, dass Arbeitgeber und Arbeitnehmer ihre Vereinbarungen selbst bestimmen können. Doch ist diese durch verschiedene Gesetze, Tarifverträge oder Betriebsvereinbarungen eingeschränkt.

Du findest Beispiele solcher Gesetze in Kapitel 1.3 Gesetze von A-Z.

© u-form Verlag – Kopieren verboten!

Rechte und Pflichten von Arbeitnehmern und Arbeitgebern: Beispiele

Arbeitgeber	Arbeitnehmer
Arbeitnehmer beschäftigen	Arbeitsleistung erbringen, Weisungen befolgen
Fürsorge (Erhaltung der Gesundheit, Urlaubsgewährung, Anmeldung zur Sozialversicherung etc.)	Treue und Verschwiegenheit
Ausfertigung eines Zeugnisses und Einsicht in die eigene Personalakte/Aushändigung von Personalunterlagen	Wettbewerbsverbot

ÜBUNG 6a: Einzelarbeitsvertrag (unbefristeter Arbeitsvertrag)

In Deutschland herrscht Vertragsfreiheit. Das bedeutet, dass Verträge von den Vertragsparteien frei gestaltet werden können. Das weiß auch Jan als Auszubildender der Heitz Elektro e.K. Als er von seinem Chef gebeten wird, Vertragsunterlagen für einen neuen Mitarbeiter vorzubereiten, kommt Jan ins Grübeln. Ganz so frei ist die Handhabung bei Arbeitsverträgen aber nicht, denkt er sich. – Und er hat damit ganz Recht.

a) Erklären Sie, inwieweit die Vertragsfreiheit bei Arbeitsverträgen eingeschränkt ist und erläutern Sie die Gründe hierfür.

b) Nennen Sie mindestens je drei Pflichten, die sich aus einem Arbeitsvertrag für den Arbeitnehmer und den Arbeitgeber jeweils ergeben.

c) Nennen Sie vier Gesetzestexte, die ein Arbeitnehmer berücksichtigen muss und aus denen sich Rechte für den Arbeitgeber ableiten lassen.

d) Nennen Sie fünf Gesetze, die ein Arbeitgeber bei der Erstellung von Arbeitsverträgen unbedingt berücksichtigen muss und nennen Sie dabei Beispiele, welche Inhalte hierbei festgelegt werden.

e) Was sollte ein Arbeitsvertrag enthalten? Nennen Sie mindestens sechs Inhalte.

INFO

Auch die Rechte und Pflichten von Auszubildenden und Ausbildenden/Ausbildern sollten dir bekannt sein, wie z. B.:

Auszubildender: Lernpflicht, Sorgfaltspflicht, Gehorsamspflicht, Wahrung der Betriebsgeheimnisse, Führen eines Berichtsheftes

Ausbildender: Ausbildungspflicht, Vergütungspflicht, Bereitstellung der Betriebsmittel, Zeugnisausstellungspflicht, Freistellung zur Berufsschule

Tipp von Anna

Das Thema Arbeitsvertrag ist ein von Prüfern immer wieder gerne gewähltes Thema für die klassische Variante der mündlichen Prüfung.

Stell' dich auf Fragen oder Arbeitsaufträge ein, wie sie in Übung 6a beispielhaft gestellt werden.

© u-form Verlag – Kopieren verboten!

Der Einzelarbeitsvertrag (= Individualarbeitsvertrag)

Rechte und Pflichten • Besonderheiten

Besonderheiten des Ausbildungsvertrages

Bei Ausbildungsverträgen sind folgende Besonderheiten zu beachten:

- Die Probezeit muss mindestens 1 Monat betragen und darf höchstens 4 Monate andauern, während in normalen Arbeitsverträgen nicht unbedingt eine Probezeit vereinbart werden muss und diese bis zu 6 Monate dauern darf.
- Die Ausbildungsvergütung muss angemessen sein (bei nicht-tarifgebundenen Unternehmen nicht unter 20 % der tariflichen Bestimmungen) und in den Ausbildungsjahren auch angemessen steigen.
- Trotz eines festgelegten Enddatums endet das Ausbildungsverhältnis an dem Tag, an dem der Auszubildende die Abschlussprüfung besteht – also nicht vorher und nicht später, egal was im Ausbildungsvertrag steht.

Besonderheiten des befristeten Arbeitsvertrages

Bei befristeten Arbeitsverträgen laut Teilzeitbefristungsgesetz sind folgende Besonderheiten zu beachten:

- Ein befristeter Arbeitsvertrag ist grundsätzlich nicht vor Vertragsende kündbar, es sei denn, dies ist im Arbeitsvertrag ausdrücklich anders vereinbart.
- Ein befristeter Arbeitsvertrag endet mit dem vereinbarten Vertragsende, ohne dass es einer Kündigung bedarf.

Tipp von Jan

Gerne in den Prüfungen gefragt: Wozu dient die Probezeit und welche Bedeutung hat diese?

Sie dient dazu, dass beide Vertragsparteien feststellen können, ob es „passt". Wenn nicht, kann nämlich recht einfach gekündigt werden und die Vertragsparteien können sich schnell umorientieren.

© u-form Verlag – Kopieren verboten!

Der Einzelarbeitsvertrag (= Individualarbeitsvertrag)

Rechte und Pflichten • Besonderheiten

ÜBUNG 6b: Einzelarbeitsvertrag (befristeter Arbeitsvertrag)

a) In der Produktion der Tentor Steel AG, einem tarifgebundenen Unternehmen, sollen wegen des aktuell hohen Arbeitsanfalls zwei neue Mitarbeiter eingesetzt werden und hierfür einen auf 6 Monate befristeten Arbeitsvertrag erhalten. Kim soll beim Erstellen der Verträge mithelfen. Helfen Sie ihr, dafür folgende Fragen zu klären:

- Welches Gesetz regelt im Speziellen die Bedingungen für einen befristeten Vertrag?
- Was ist laut diesem Gesetz eine kalendermäßige Befristung?
- Wann ist eine solche unzulässig?

b) Bei Tentor ist es vorgekommen, dass ein Arbeitnehmer nach Ablauf eines befristeten Vertrages ohne gültigen (Folge-)Vertrag zwei Tage im Unternehmen tätig war, bevor er den neuen unterschriebenen, befristeten Vertrag erhielt. Welche Konsequenz ergibt sich hieraus?

c) Herr Müller aus dem Vertrieb möchte sich in einer Nebentätigkeit etwas dazuverdienen und teilt Kims Arbeitgeber mit, dass er gelegentlich in den Abendstunden (20:00 bis 22:00 Uhr) bei einem Pizza-Lieferservice aushelfen wird. Herr Müller arbeitet in einer 5-Tage-Woche (Mo.-Fr.) mit 40 Wochenstunden bei Tentor. Kims Vorgesetzte in der Personalabteilung bittet sie, schriftlich eine Stellungnahme zu dieser Anfrage zu verfassen, und gibt ihr dafür Herrn Müllers Arbeitsvertrag in die Hand. In diesem steht, dass der Arbeitgeber als Hauptarbeitgeber erst seine Zustimmung geben muss. Kim sieht sich die Unterlagen an und hat hierzu Einwände. Sie verfasst eine Notiz, in der sie dies erläutert. Wie könnte ihr Vermerk aussehen? Erarbeiten Sie einen Vorschlag.

Tipp von Kim

Brandaktuell sind die Themen befristeter Vertrag mit und ohne Sachgrund. Es lohnt sich also, sich hier einen tiefgreifenden Überblick zu verschaffen; insbesondere dann, wenn man im Personalwesen tätig ist. Denn zahlreiche betroffene Mitarbeiter haben dazu unendlich viele Fragen.

INFO

Eine hilfreiche Internetseite der Vereinten Dienstleistungsgewerkschaft ver.di zum Thema befristeter Vertrag findest du hinter diesem QR-Code:

Stand: September 2025

© u-form Verlag – Kopieren verboten!

Befugnisse von Mitarbeitern

Handlungsvollmacht

Handlungsfähig!

Ohne Befugnisse und die damit verbundene Erlaubnis, Rechtsgeschäfte tätigen zu dürfen, wären Mitarbeiter, die in einem Unternehmen beschäftigt werden und vielfältige Aufgaben wahrnehmen, so gut wie handlungsunfähig. Befugnisse wie Handlungsvollmachten oder Prokura halten Prozesse am Laufen und entlasten nicht zuletzt die Hauptverantwortlichen – die Inhaber, Geschäftsführer und Vorgesetzten.

Jedes Unternehmen hat das Recht, seinen Mitarbeitern Befugnisse zu erteilen, die sie dazu bemächtigen, bestimmte Handlungen zu vollziehen und Rechtsgeschäfte einzugehen. Die Befugnisse werden je nach Rechtsform immer von den obersten Vorgesetzten erteilt. Dies kann der Inhaber, der Geschäftsführer oder ein Vorstandsmitglied sein. Nach §§ 164 ff. BGB können Vollmachten frei erteilt werden. Alles Weitere regelt das Handelsgesetzbuch. Hier ist in den **Paragrafen 48 bis 58** alles geregelt, was die Handlungsvollmacht und die Prokura betrifft.

Handlungsvollmacht

Man unterscheidet die allgemeine Handlungsvollmacht von der Art- und der Einzelvollmacht. Eine Vollmacht kann formlos oder förmlich übertragen werden. Die allgemeine Handlungsvollmacht ermächtigt zu allen Arten von Geschäften und Rechtshandlungen, die mit der Art der Unternehmung in der Regel in Verbindung stehen (vgl. § 54 HGB). Besondere Befugnis ist bei der Veräußerung und der Belastung von Grundstücken nötig, beim Eingehen von Wechselverbindungen, bei der Aufnahme von Darlehen und beim Führen von Gerichtsprozessen. Ansonsten kann die Handlungsvollmacht nach Wunsch der Unternehmensleitung und Bedürfnis des Unternehmens frei gestaltet werden. Die Handlungsvollmacht erlischt bei Widerruf oder bei Erlöschen des Betriebes.

Arthandlungsvollmacht = Teilvollmacht: ermächtigt zu immer wiederkehrenden Rechtsgeschäften einer bestimmten Art oder eines Arbeitsgebietes

Spezialhandlungsvollmacht = Einzelvollmacht: ermächtigt einmalig zu bestimmten einzelnen Rechtsgeschäften

© u-form Verlag – Kopieren verboten!

Prokura

Die Prokura geht über die Handlungsvollmacht weit hinaus. Sie ermächtigt – im Gegensatz zur Handlungsvollmacht – dazu, alle Arten gerichtlicher und außergerichtlicher Geschäfte und Rechtshandlungen eines Handelsbetriebes auszuführen. Die Prokura wird wirksam, wenn sie in das Handelsregister eingetragen wurde oder wenn ein Dritter von ihr Kenntnis erlangte.

Sie kann nur vom Inhaber des Handelsgeschäftes oder seinem Vertreter verliehen werden. Sie muss ausdrücklich erteilt und in das Handelsregister eingetragen werden. Sie erlischt bei Widerruf, bei Aufhebung des Dienstverhältnisses, Auflösung des Unternehmens und bei Tod des Bevollmächtigten, nicht jedoch durch den Tod des Inhabers. Das Erlöschen der Prokura muss in das Handelsregister eingetragen werden.

Doch auch der Prokurist darf nicht alles: Er darf zum Beispiel Grundstücke nur mit besonderer Befugnis veräußern und belasten, und er **darf nicht**: Bilanzen und Steuererklärungen unterschreiben, Eintragungen in das Handelsregister vornehmen oder hier eine Anmeldung durchführen, Gesellschafter aufnehmen, Prokura erteilen, Insolvenzverfahren beantragen, das Unternehmen verkaufen.

Man unterscheidet die **Einzelprokura**, die **Gesamtprokura**, die **Filialprokura** und die **Generalprokura**.

INFO

Eine Handlungsvollmacht kann im Gegensatz zur Prokura nach außen hin, das heißt gegen Dritte, eingeschränkt werden. Prokuristen unterschreiben mit ppa., Handlungsbevollmächtigte mit i. V. oder i. A.

Tipp von Jan

Sieh Dir die Definitionen von Einzel-, Gesamt-, Filial- und Generalprokura noch einmal genau an. Du benötigst sie auch für die folgende Übungsaufgabe. Die Lösungen hierzu helfen Dir dann, Deine Ergebnisse abzugleichen.

© u-form Verlag – Kopieren verboten!

Befugnisse von Mitarbeitern

Handlungsvollmacht • Prokura

ÜBUNG 7: Befugnisse von Mitarbeitern

Erkan ist Azubi in der Bussberg Büromöbel GmbH. Kürzlich hat die Unternehmensleitung einem Kollegen die Generalhandlungsvollmacht erteilt, einem anderen die Generalvollmacht und einer Kollegin die Arthandlungsvollmacht, womit diese Beschäftigten eine Reihe von Befugnissen haben.

a) Erkan kennt sich nicht mehr aus – wer darf jetzt was? Er versucht, auf diese Frage eine Antwort zu finden, um wieder einen klaren Kopf zu bekommen. Helfen Sie ihm dabei und definieren Sie die Generalvollmacht, die Generalhandlungsvollmacht, die Arthandlungsvollmacht und erstellen Sie zusätzlich eine Tabelle, in der Sie die Unterschiede von Prokura und Handlungsvollmacht herausarbeiten!

b) Außerdem wurde zwei Mitarbeitern des Unternehmens die Gesamtprokura erteilt. Diese entschließen sich dazu, für die Tätigung von Investitionen einen Kredit zu beantragen. Als Sicherheit bieten sie eine Grundschuld auf das Betriebsgrundstück an. Erkan ist sich nicht sicher, ob sie das überhaupt dürfen. Was erklären Sie ihm?

Tipp von Kim

Merke Dir auch, was die sogenannte Anscheinsvollmacht bedeutet: Wenn ein Dritter davon ausgehen muss, dass eine Person die Vollmacht besitzt, ein Rechtsgeschäft einzugehen, obwohl dies nicht der Fall ist, kommt trotzdem ein Rechtsgeschäft zustande.

INFO

Ein Beispiel zur Anscheinsvollmacht: Eine Auszubildende besucht Sie an Ihrem Arbeitsplatz. Da Sie kurz in das Lager müssen, bitten Sie diese, Telefonanrufe entgegenzunehmen. Ein Kunde ruft an und gibt eine Bestellung auf, die die Auszubildende aufnimmt und für die sie eine Lieferzeit von 1 Woche bestätigt. Nach Ihrer Rückkehr und Prüfung der Bestellung, bemerken Sie, dass die Ware nicht vorrätig ist und eine Lieferzeit von mind. 8 Wochen hat. Um eine Mangelrüge zu umgehen, rufen Sie den Kunden an und teilen ihm mit, dass der Kaufvertrag nicht rechtsgültig zustande gekommen sei, da die Auszubildende nicht über eine Handlungsvollmacht verfügt. Der Kunde ist verärgert und meint, es sei sicher ein Kaufvertrag zustande gekommen. Und tatsächlich hat der Kunde Recht: Er musste davon ausgehen, dass der Azubi die Vollmacht besitzt, das Rechtsgeschäft einzugehen. Es handelt sich hierbei also um die sogenannte Anscheinsvollmacht.

© u-form Verlag – Kopieren verboten!

Daten, nichts als Daten?

Bereits vom ersten Augenblick an, an dem ein Mitarbeiter beschäftigt wird, müssen Daten gesammelt, verwaltet, gepflegt und ggf. weitergeleitet werden: intern an andere Abteilungen, extern an Behörden, damit alle mit dem Personal verbundenen Pflichtaufgaben, wie zum Beispiel die Meldungen an zuständige Behörden, korrekt ausgeführt werden können. Auch der Personaleinsatz sowie die Personalentlohnung sind von den Daten abhängig: Vertragsbedingungen aus dem Einzelarbeitsvertrag, die dem Mitarbeiter zugewiesene Steuerklasse, sein Status (z. B. Jugendliche/r, Mutter, schwerbehinderte Person), betriebsinterne Daten (z. B. Entwicklungsmaßnahmen, auch Abmahnungen o. Ä.) – all diese Punkte gilt es zu berücksichtigen. Und das geht nur, wenn Daten korrekt und vollständig erfasst sowie kontinuierlich verwaltet werden.

INFO

Um die Personaldaten zu erfassen, kommen in der Regel unternehmensinterne Formulare zum Einsatz, in die der/die (zukünftige) Mitarbeiter/-in vorgegebene Merkmale einträgt. Aber Achtung! Wie im Falle von Bewerbungsgesprächen dürfen auch in einem solchen Personal(frage)bogen nicht alle Merkmale erfragt werden: Angaben zur politischen Gesinnung bzw. zur Zugehörigkeit zu einer Partei dürfen nicht abgefragt werden. Während in Vorstellungsgesprächen auch nicht erlaubt ist, nach dem Glauben einer Person zu fragen (Ausnahmen ergeben sich bei konfessionellen oder parteipolitischen Arbeitgebern), ist die Angabe in einem Personalbogen zur Zugehörigkeit zu einer Religionsgemeinschaft zulässig, weil sie für die Entgeltabrechnung unter Umständen wichtig ist (vgl. Kirchensteuer).

© u-form Verlag – Kopieren verboten!

Datenverwaltung

Aufgaben

Nur ein anderes Wort für Verwaltung: Administration

Die Personalverwaltung ist demnach das Fundament, auf dem alle personalwirtschaftlichen Aufgaben fußen; es erfüllt hauptsächlich administrative (= verwaltende) Aufgaben. Und davon jede Menge, wie z. B.:

- Erledigung von Formalitäten bei Einstellungen, Versetzungen, Entlassungen
- Erfassung und Verwaltung/Pflege von Personalstammdaten bzw. Entwicklung und Pflege von Personalinformationssystemen
- Anlegen, Führen und Pflege von Personalakten und Personalkarteien/-dateien
- Verwaltung und Bearbeitung von Vertragsunterlagen (z. B. Erstellung von Arbeitsverträgen, Zeugnissen)
- Dienstreiseabrechnungen
- Entgeltabrechnungen
- Bearbeitung von Steuer- und Sozialversicherungsunterlagen
- Erfassung und Verwaltung von Arbeits-, Urlaubs-, und Krankheitszeiten
- Erstellung, Entwicklung und Pflege von Personalstatistiken und -reports
- Erstellung und Pflege von Personalhandbüchern oder Mitarbeiterbroschüren
- Entwicklung und Pflege von Arbeitsordnungen und betrieblichen Regelungen
- Ggf. Personaleinsatz unter Berücksichtigung arbeitsrechtlicher Bestimmungen (Arbeitsschutzgesetz, geltende Tarifbestimmungen, Arbeitsverträge, Arbeitsordnungen, innerbetriebliche Regelungen)

Je nach Organisationsstruktur im Unternehmen sind diese Aufgabenbereiche entweder der Personalverwaltung zugeordnet oder – insbesondere in größeren Unternehmen – Bestandteil eigener (Unter-)Abteilungen.

© u-form Verlag – Kopieren verboten!

Datenverwaltung

Personalstammdatenblatt (Personalbogen)

Das Wichtigste auf einen Blick!

Mitarbeiter gehören zur Familie eines Unternehmens, verbringen sie doch einen großen Teil ihrer Zeit im Betrieb, in dem sie tätig sind. Deshalb sollten auch die wichtigsten Daten so hinterlegt sein, dass auf sie schnell zugegriffen werden kann. Dazu gehören – egal, ob sie digital oder manuell erfasst werden – die so genannten **Personalstammdaten**, wie z. B.:

- ggf. Personalnummer
- Vor- und Zuname, ggf. Titel
- Anschrift
- Telefonnummer
- Mobilnummer
- E-Mail-Adresse
- ggf. Notfall-Telefonnummer
- Geburtsdatum
- Eintrittsdatum (ggf. nach Beendigung Austrittsdatum)
- Familienstand
- Ehepartner
- Geschlecht
- Kinder
- Schulabschluss
- Studium
- Ausbildung
- Berufserfahrung
- Fort- und Weiterbildungen
- Sonstiges / Besonderheiten
- Krankenkasse
- Sozialversicherungsnummer
- Personengruppe
- Tätigkeit
- Konfession
- Steuer-Identifikationsnummer
- Lohnsteueridentifikationsmerkmale
- Finanzamt
- ggf. Nebentätigkeiten
- Versorgungsbezüge (z. B. Witwen- oder Waisenrente, Altersruhegeld)
- Bankverbindung (IBAN, BIC)

Kann auf diese Daten schnell zugegriffen werden, können die Mitarbeiter in den verschiedenen Abteilungen des Personalwesens ihre Arbeit zügig und ohne langes Suchen erledigen. Hierfür geeignet ist das sogenannte Personalstammdatenblatt: Denkbar als Datei oder als eine DIN A 4-Seite mit zwei Spalten, in denen die wichtigsten Daten zusammengefasst sind.

Tipp von Anna

Was sind personenbezogene Daten? Die Antwort hierauf solltest Du für die Prüfung kennen. Merke Dir also, dass das Daten sind, die persönliche Angaben enthalten (z. B. Kontaktdaten, Alter, Bildung) und durch die persönliche Verhältnisse offenbart werden (z. B. finanzielle Situation). Du siehst also, Personalstammdaten gehören auch dazu. Sie sind demnach dem Datenschutzgesetz unterworfen (vgl. hierzu auch die Folgeseiten in diesem Kapitel).

© u-form Verlag – Kopieren verboten!

Datenverwaltung

Personalstammdatenblatt (Personalbogen)

ÜBUNG 8a: Personalstammdatenblatt (Personalbogen)

Heitz Elektro beabsichtigt, vier neue Mitarbeiter einzustellen. Um den Überblick nicht zu verlieren, soll Jan im Auftrag seines Chefs Struktur und Ordnung in die Personaldatenverwaltung bringen, die bisher eher sporadisch erledigt wurde. Nachdem er die Unterlagen der Mitarbeiter sortiert hat, überlegt er sich, ein Formular zur Erfassung der Personalstammdaten zu erstellen. Dieses Formular soll jeweils vor die Unterlagen der einzelnen Mitarbeiter geheftet werden. Dann können dort immer die wichtigsten Daten eingetragen werden. Das verbessert die Übersichtlichkeit.

Erarbeiten auch Sie ein solches Formularmuster.

ÜBUNG 8b: Personalstammdatenblatt (Personalbogen) – Datenschutz und Datensicherheit

Nachdem Jan das Formular erstellt hat, fragt ihn sein Chef, ob er hierbei die Regelungen aus der Datenschutz-Grundverordnung und dem Bundesdatenschutz beachtet hat und welche Maßnahmen zur Datensicherheit er für sinnvoll erachtet. Jan weiß im Augenblick nicht ganz genau, was sein Chef gerade damit meint. Er hat doch noch gar keine Daten eingegeben ...

a) Was muss Jan bei der Erstellung des Formulars aufgrund der Datenschutz-Grundverordnung und des Bundesdatenschutzgesetzes beachten?

b) Worin unterscheidet sich der Datenschutz von der Datensicherheit? Und wie stehen diese in Verbindung?

INFO

Manchmal wird das Personalstammdatenblatt auch Personalstammblatt oder Personalbogen genannt. Es wird in der Regel angelegt, wenn ein neuer Mitarbeiter eingestellt wird. Dann sollte es laufend aktualisiert werden, sofern sich Änderungen ergeben.

Tipp von Erkan

Nun ja, bald bist Du Profi. Wir sprechen hier gerade von Stammdaten. Weißt Du denn noch den Unterschied zwischen Stamm- und Bewegungsdaten? Solltest Du, denn diese Begriffe gehören zur Fachterminologie (das sind also Fachbegriffe). In der Berufswelt kann man durchaus punkten, wenn man diese in einem Gespräch auch richtig einsetzen kann.

Kurz zur Erinnerung: Stammdaten sind Daten, die sich über einen längeren Zeitraum nicht oder nur wenig verändern (z. B. Name, Anschrift). Bewegungsdaten sind Daten, die sich immer wieder ändern (z. B. Daten zu einer Bestellung).

© u-form Verlag – Kopieren verboten!

Dem Chaos entgegen

Im Laufe der Zeit sammeln sich für jeden einzelnen Mitarbeiter viele verschiedene Daten und Unterlagen an, auf die immer wieder zurückgegriffen werden muss. Die Pflege dieser Daten und Dokumente erfolgt durch das Anlegen und Führen einer **Personalakte**. In ihr ist alles abgelegt bzw. – im Falle von digitalen Versionen – gespeichert, was mit einem Mitarbeiter in Verbindung steht.

Kein Arbeitgeber ist gesetzlich verpflichtet, eine Personalakte zu führen, dennoch erleichtert sie die Arbeitspraxis im Personalwesen erheblich und ist bei einer höheren Anzahl an Beschäftigten eine wichtige, fast unerlässliche Angelegenheit.

Die Personalakte richtig geführt!

Zu den beiden wichtigsten Kriterien zum Führen von Personalakten gehört, dass **alle** für den Betrieb wichtigen Unterlagen eines Mitarbeiters in **einer** Personalakte enthalten und **schnell auffindbar** sind. Doch dürfen nur Unterlagen in die Personalakte aufgenommen werden, die mit dem Beschäftigungsverhältnis in Verbindung stehen. Privates gehört hier nicht hinein.

Statt einer chronologischen Gliederung (das heißt einer Ablage nach zeitlicher Reihenfolge) ist eine Gliederung nach Themen bzw. Inhalten sinnvoller, da auf diese Weise die für die Bearbeitung bestimmter personalbezogener Vorgänge wichtigen Unterlagen leichter auffindbar sind. Innerhalb der Themengebiete wiederum bietet sich eine chronologische Ordnung an.

Ob als Datei, Ordner oder als Hängeregistratur – Personalakten können auf viele verschiedene Arten geführt werden.

INFO

So könnte die Personalakte inhaltlich strukturiert sein:

Vertragsunterlagen
Bewerbungsunterlagen
Gehaltsabrechnungen
Kopien amtlicher Dokumente
Sonstige Unterlagen

© u-form Verlag – Kopieren verboten!

ÜBUNG 9: Personalakte (Gliederung)

Jan hat die Unterlagen den einzelnen Mitarbeitern zugeordnet. Dabei stellt er fest, dass ein paar seiner Kollegen sehr viele Dokumente in ihrer Personalakte haben. Wie könnte eine Gliederung aussehen, um die Akten zu sortieren?

Folgende Unterlagen liegen vor:

- Urkunde über Weiterbildung
- Ausbildungszeugnis
- Stammdatenblatt
- Verschiedene steuerrelevante Unterlagen
- Bankverbindungen
- Zwischenzeugnis
- Abmahnung
- Arbeitsvertrag
- Bewerbungsunterlagen
- Ergebnis aus Einstellungstest
- Verschwiegenheitserklärung
- Vermerke über Fehlzeiten (Urlaub, Arbeitsunfähigkeit)
- Versicherung
- Verschwiegenheitsvereinbarung

INFO

Jeder Mitarbeiter hat das Recht auf die Einsichtnahme in seine Personalakte. Bemerkt er Unterlagen, die nicht in die Personalakte gehören, kann er deren Entfernung verlangen. Falsche Daten müssen berichtigt werden. Auch Unterlagen mit richtigem Inhalt müssen entnommen werden, wenn sie für die Beurteilung des Mitarbeiters nicht (mehr) relevant sind. Außerdem hat er das Recht auf Gegendarstellungen, z. B. um auf Abmahnungen zu reagieren.

© u-form Verlag – Kopieren verboten!

Eine vertrauliche Angelegenheit

Jeder sollte wissen: Die in den Personalakten befindlichen Daten unterliegen – egal, ob sie papierbezogen oder elektronisch verarbeitet werden – dem Bundesdatenschutzgesetz (BDSG). Dieses Gesetz dient dazu, jede einzelne Person zu schützen: in ihrer Privatsphäre, in ihrer Würde, in ihrem Wesen und davor, anderen Personen ausgeliefert zu sein. Damit dies gewährleistet wird, dürfen persönliche Daten nicht verloren gehen oder in die falschen Hände geraten. Gerade darum ist der Umgang mit Personalakten für die Personalverantwortlichen eine äußerst sensible und beachtenswerte Aufgabe. Ein hohes Maß an Sorgfalt und Diskretion ist gefordert – das Führen und Verwalten einer Personalakte ist Vertrauenssache!

Es leuchtet sicherlich ein, dass ein Arbeitgeber dafür Sorge tragen muss, dass ein Zugang nur wenigen hierfür Verantwortlichen gewährt wird (z. B. der Geschäftsführung, bestimmten Personalangestellten). Und auch die verantwortlichen Mitarbeiter haben die Akten vertraulich zu behandeln und sind angehalten, die Datenschutzrichtlinien zu beachten.

Zuwiderhandlungen werden strafrechtlich verfolgt

Wer das Bundesdatenschutzgesetz nicht beachtet, macht sich strafbar. Besonders sensible Daten – etwa zum Gesundheitszustand eines Mitarbeiters oder zu Vorstrafen – sind besonders zu schützen. Entsteht dem Mitarbeiter durch den nachweislich falschen Umgang mit einer Personalakte ein Nachteil, muss der Arbeitgeber Schadenersatz leisten.

INFO

Schriftliche Unterlagen, auf denen personenbezogene Daten zu sehen sind, gehören nicht einfach in den Papiermülleimer, sondern müssen geschreddert werden. Papiere, die in der Papiertonne landen und dort Fremden zugänglich sind, dürfen keine personenbezogenen Daten enthalten. Wer sich als Arbeitgeber nicht daran hält, macht sich strafbar.

Tipp von Lara

Kennst du auch den Unterschied zwischen personenbezogenen Daten und besonderen Kategorien von personenbezogenen Daten? - Solltest du, denn es könnte eine Prüfungsfrage sein.

Personenbezogene Daten sind z. B. Name, Adresse, Telefonnummer, E-Mail-Adresse, besondere Kategorien personenbezogener Daten (auch besonders bezogene oder sensible Daten genannt) sind z. B. Gesundheitsdaten, Daten zu politischer Gesinnung, ethnischer Herkunft oder zu strafrechtlichen Verurteilungen. Sie sind besonders schutzbedürftig, weil ihre Verarbeitung für die betroffenen Personen mit Risiken verbunden sind.

Was ist die DSGVO?

Die Datenschutz-Grundverordnung trat EU-weit am 25.05.2018 in Kraft. Der Umgang mit personenbezogenen Daten wird damit innerhalb der ganzen EU einheitlich geregelt. Dies betrifft neben privaten Unternehmen auch öffentliche Stellen.

Zeitgleich wurde das BDSG erneuert. Des Weiteren trat auch eine E-Privacy-Verordnung in Kraft.

© u-form Verlag – Kopieren verboten!

Datenschutz und Datensicherheit

Bundesdatenschutzgesetz und DSGVO

Tipp von Lara

Das Thema Personalakte in Verbindung mit Datenschutz und Datensicherheit ist ein Thema, das in der klassischen Variante der mündlichen Prüfung gut drankommen kann. Bereite Dich unbedingt darauf vor. Zu den relevanten Themen gehören z. B.

- Personalakte und Datenschutz
- Unterscheidung Datenschutz und Datensicherheit
- Maßnahmen gegen Datenverlust
- persönliche und administrative Unterlagen in der Personalakte
- Vernichtung von Unterlagen nach der Digitalisierung
- Schutzmaßnahmen der Personalakte
- Zugang zur Personalakte
- Einsichtnahme in die Personalakte

Suche und notiere Dir hierzu Stichpunkte. Du kannst sie dann mit der Zusammenstellung, die im Downloadbereich zur Verfügung steht, abgleichen.

Was sind personenbezogene Daten?

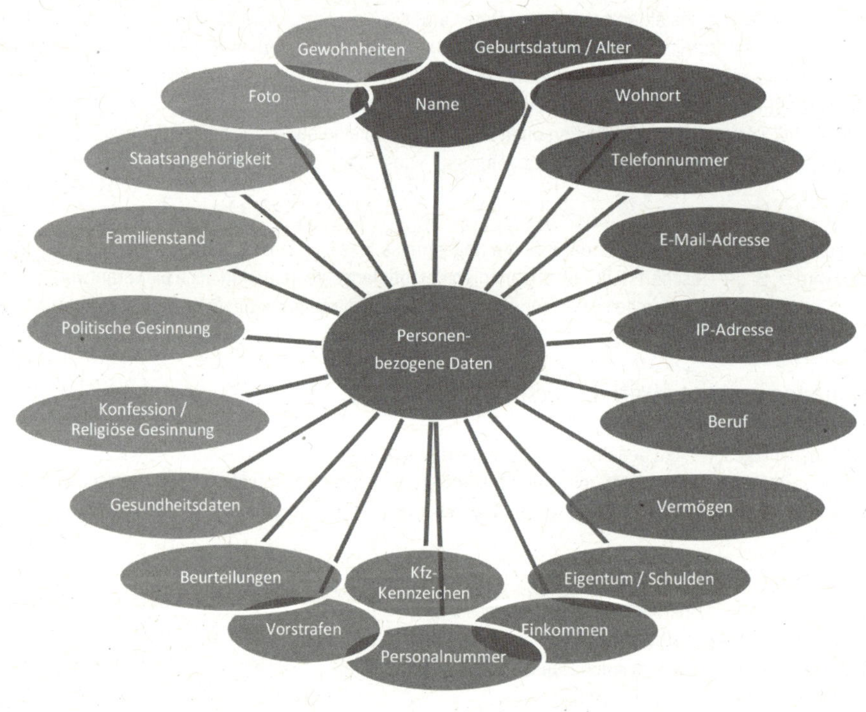

© u-form Verlag – Kopieren verboten!

Prinzipienreiterei?

Wohl kaum. Derartig wichtige Angelegenheiten, wie die Verarbeitung persönlicher Daten, benötigen klare Richtlinien. Zu den Prinzipien des Datenschutzes gehören:

- **Datenvermeidung und Datensparsamkeit:** Es sollen so wenig personenbezogene Daten wie möglich erfasst werden.
- **Verbot der Datenerhebung, -verarbeitung und -nutzung mit Erlaubnisvorbehalt:** Nur zulässig laut Angaben im BDSG oder einer anderen Rechtsnorm (Betriebsverfassungsgesetz, Sozialgesetzbuch) und wenn der Betroffene eingewilligt hat (vgl. § 4 BDSG).
- **Rechte der Personen, deren Daten erhoben werden:** Recht auf Benachrichtigung, Recht auf Auskunft, Recht auf Berichtigung, Löschung und Sperrung, Recht auf Schadenersatz

ÜBUNG 10: Leitfaden Personalakte

Jan hat seine Arbeit erledigt und wird in Zukunft für das Führen der Personalakten verantwortlich sein. Um auf diese sensible Aufgabe vorbereitet zu sein, wird er von seinem Chef Herrn Heitz beauftragt, einen Leitfaden zum Umgang mit der Personalakte und personenbezogenen Daten zu verfassen, der ihm und allen zukünftigen Personalverantwortlichen als Richtlinie gelten soll. Erarbeiten Sie auch einen solchen Leitfaden. Gehen Sie dabei auf mindestens 5 Gesichtspunkte ein, die die Personalakte betreffen. Berücksichtigen Sie dabei die Themen Datenschutz (z. B. Bundesdatenschutzgesetz) und Aufbewahrungsfristen (z. B. HGB).

Tipp von Jan

Merke Dir Folgendes, denn es könnte eine Prüfungsfrage sein: Hat ein Unternehmen mehr als 20 Mitarbeiter, so hat dieses einen **Datenschutzbeauftragten** zu bestellen, der die Einhaltung des BDSG und anderer Datenschutzvorschriften kontrolliert, Schulungen zum Datenschutz durchführt, die ordnungsgemäße Anwendung von DV-Programmen überwacht und die Mitarbeiter auf das Datengeheimnis hin verpflichtet.

© u-form Verlag – Kopieren verboten!

Personaleinstellung und Personaleinsatz

Administrative und bürokratische Aufgaben • Personalunterlagen

Personalunterlagen: Ein Fall für die Bürokratie

Unterlagen sammeln, Formulare ausfüllen, Kopien erstellen, Nachweise anfordern und einsenden: Meist seufzend werden diese Dinge erledigt, denn sie erfordern jede Menge Geduld. Dennoch steht ohne Zweifel fest: Ohne diese Bürokratie wäre der komplexe Apparat der Personalverwaltung mit samt seinen vielfältigen Aufgaben nicht machbar. Und weil schließlich die Lebensgrundlage der Mitarbeiter in großem Maße davon abhängt, dass diese bürokratischen Angelegenheiten vollumfänglich erledigt werden – man denke nur an die Personalentlohnung und die Leistungen der Sozialversicherungen – sind sie ohne Wenn und Aber zu erledigen.

Sobald ein Mitarbeiter einen Fuß in den Betrieb setzt, fallen zahlreiche administrative und bürokratische Aufgaben an. Zahlreiche Unterlagen müssen gleich zu Beginn eingefordert werden, denn diese sind für die Anmeldung des neuen Mitarbeiters, der damit auch versichert wird, ebenso zwingend erforderlich wie für die erste Entgeltabrechnung. Fehlen Dokumente und kann ein Mitarbeiter nicht entsprechend gemeldet werden, erhält er auch keinen Lohn bzw. kein Gehalt – und das soll ja nicht sein. Aus diesem Grunde braucht das Unternehmen einige Unterlagen.

© u-form Verlag – Kopieren verboten!

Personalunterlagen: Papiere, Dokumente und Bescheinigungen

Bei Arbeitsantritt kann der Arbeitgeber neben den persönlichen Angaben (vgl. Kap. zu Personalstammdaten) gegebenenfalls folgende Papiere fordern:

- Arbeits- oder Abschlusszeugnis (falls noch nicht vorliegend, kann es auch nachgereicht werden)
- Urlaubsbescheinigung
- Kopie des Personalausweises
- Kopie des Sozialversicherungsausweises (d. h. Angabe der Sozialversicherungsnummer)
- Kopie der Krankenversichertenkarte (zum Nachweis der Mitgliedschaft in einer Krankenkasse)
- ggf. Unterlagen für vermögenswirksame Leistungen
- Erstbelehrung gemäß § 43 Infektionsschutzgesetz (je nach Beruf)
- Gesundheitsbescheinigung bei Jugendlichen (Erst- und Nachuntersuchung): Erstbescheinigung vor Antritt der Arbeitsstelle, Bescheinigung der Nachuntersuchung in den letzten drei Monaten des ersten Jahres, d. h. unbedingt vor Beginn des zweiten Jahres (sofern der Jugendliche dann noch minderjährig ist).
- ggf. Arbeitsgenehmigung
- Führungszeugnis (je nach Beruf)
- Bescheinigung vom Gesundheitsamt (je nach Beruf)

© u-form Verlag – Kopieren verboten!

Personaleinstellung und Personaleinsatz

Meldung zur Sozialversicherung

Gemeldet!

Sind alle Informationen und Unterlagen vollzählig vorhanden, muss der Mitarbeiter gemeldet werden. Und zwar bei der Einzugsstelle der gesetzlichen Krankenversicherung – im Falle von geringfügiger Beschäftigung bei der Knappschaft – sowie beim Finanzamt. Wichtig ist, dass Änderungen, die sich im Laufe der Zeit ergeben (z. B. Namensänderung durch Heirat, Adressänderung durch Umzug) den entsprechenden Behörden rechtzeitig mitgeteilt werden.

Auch die Kammern (IHK und Handwerkskammer) sowie die Berufsgenossenschaften haben ein Recht auf Meldung der für ein Unternehmen tätigen Mitarbeiter, da aus den Angaben die jeweiligen Mitgliedsbeiträge berechnet werden. In der Regel werden die Unternehmen jedoch von diesen Institutionen selbst angeschrieben, sodass eine rechtzeitige Meldung durch das Ausfüllen von vorgefertigten Formularen erfolgen kann.

Meldung zur Sozialversicherung

Die Kranken- und Pflegekassen, die Rentenversicherungsträger und die Bundesagentur für Arbeit benötigen von allen beschäftigten Arbeitnehmern bestimmte Informationen. Diese erhalten sie durch die Arbeitgeber.

Arbeitgeber benötigen zur Meldung ihrer Arbeitnehmer an die Sozialversicherung eine Betriebsnummer für den Beschäftigungsbetrieb.

Für alle Unternehmen gilt: Meldungen und Beitragsnachweise müssen ausschließlich über dafür geeignete Computerprogramme erstellt werden. Die einzelnen Angaben werden mit Ausfüllhilfen im Programm erfasst und von diesem geprüft. Dann werden sie an die Krankenkassen übermittelt. Die Bereitstellung der Daten auf Papier oder auf Datenträgern ist nicht mehr möglich.

© u-form Verlag – Kopieren verboten!

Was und wie?

Was und wie gemeldet werden muss, erfährt man aus verschiedenen Verordnungen und Vorschriften, die rechtlich bindend sind. Rechtliche Grundlagen für das Meldeverfahren sind

- Datenerfassungs- und Übermittlungsverordnung (DEÜV)
- SGB IV - Gemeinsame Vorschriften für die Sozialversicherung
- Gemeinsame Grundsätze für die Datenerfassung und Datenübermittlung zur Sozialversicherung nach § 28b Abs. 1 SGB IV
- Niederschrift zu Fragen des gemeinsamen Meldeverfahrens

INFO

Für die Meldung zur Sozialversicherung gibt es viele verschiedene Faktoren zu berücksichtigen.

Eine gute Information liefert die Internetadresse: http://www.lohn-info.de/meldewesen.html

© u-form Verlag – Kopieren verboten!

Personaleinstellung und Personaleinsatz

Rechtliche Grundlagen für das Meldeverfahren

ÜBUNG 11: Anmeldung zur Sozialversicherung

Anna empfängt heute eine neue junge Mitarbeiterin. Ihr Vorgesetzter der Nett und Weber GmbH mit Sitz in Köln (Betriebsnummer 98765432) bittet sie, die Anmeldung zur Sozialversicherung vorzubereiten. Sie erhält folgende Daten: Tina Meier, Kohlstr. 19, 50374 Erftstadt, Personalnummer 00041, Versicherungsnummer 12345678K123, Geburtsdatum: 25.07.1997, Betriebsnummer der Krankenkasse 23456789 AKK Rhein, Arbeitsbeginn ist das heutige Datum; die Mitarbeiterin wird als Kauffrau für Büromanagement eingestellt; diesen Abschluss hat sie nach der mittleren Reife in einer dreijährigen Ausbildung erhalten. Sie hat einen unbefristeten Vertrag in Vollzeit unterzeichnet. Ermitteln Sie folgende für die Anmeldung zur Sozialversicherung relevanten Daten. Nutzen Sie dazu auch die Hinweise auf der nächsten Seite.

Grund der Abgabe ☐

Personengruppe ☐

Betriebsnummer Krankenkasse ☐

Betriebsnummer Arbeitgeber ☐

Angaben zur Tätigkeit | 71402 | ☐ | ☐ | ☐ | ☐ |

Beitragsgruppen

- Krankenversicherung ☐
- Rentenversicherung ☐
- Arbeitslosenversicherung ☐
- Pflegeversicherung ☐

Beschäftigungszeitraum ☐ bis ☐

© u-form Verlag – Kopieren verboten!

Personaleinstellung und Personaleinsatz

Rechtliche Grundlagen für das Meldeverfahren

Grund der Abgabe in den Meldungen nach der DEÜV

Anmeldungen
10 Anmeldung wegen Beginn einer Beschäftigung
11 Anmeldung wegen Krankenkassenwechsel
12 Anmeldung wegen Beitragsgruppenwechsel
13 Anmeldung wegen sonstiger Gründe

Jahresmeldung/Unterbrechungsmeldungen/sonstige Entgeltmeldungen
50 Jahresmeldung
51 Unterbrechungsmeldung wegen Bezug von bzw. Anspruch auf Entgeltersatzleistungen
52 Unterbrechungsmeldung wegen Elternzeit
53 Unterbrechungsmeldung wegen gesetzlicher Dienstpflicht
54 Meldung eines einmalig gezahlten Arbeitsentgelts (Sondermeldung)
55 Meldung von nicht vereinbarungsgemäß verwendetem Wertguthaben (Störfall)
56 Meldung des Unterschiedsbetrags bei Entgeltersatzleistungen während Altersteilzeitarbeit

Personengruppen in den Meldungen nach der DEÜV

101 Sozialversicherungspflichtig Beschäftigte ohne besondere Merkmale
102 Auszubildende
103 Beschäftigte in Altersteilzeit
104 Hausgewerbetreibende
105 Praktikanten
106 Werkstudenten
107 Behinderte Menschen in anerkannten Werkstätten oder gleichartigen Einrichtungen
108 Bezieher von Vorruhestandsgeld
109 Geringfügig entlohnte Beschäftigte nach § 8 Abs. 1 Nr. 1 SGB IV
110 Kurzfristig Beschäftigte nach § 8 Abs.1 Nr. 2 SGB IV

Beitragsgruppen in den Meldungen nach der DEÜV

Krankenversicherung (KV)
0 kein Beitrag
1 allgemeiner Beitrag
2 erhöhter Beitrag (zulässig nur für Meldezeiträume bis 31.12.2008)
3 Ermäßigter Beitrag
4 Beitrag zur landwirtschaftlichen Krankenversicherung
5 Arbeitgeberbeitrag zur landwirtschaftlichen Krankenversicherung
6 Pauschalbeitrag für geringfügig Beschäftigte

Rentenversicherung (RV)
0 kein Beitrag
1 voller Beitrag
3 halber Beitrag
5 Pauschalbeitrag für geringfügig Beschäftigte

Arbeitslosenversicherung (ALV)
0 kein Beitrag
1 voller Beitrag
2 halber Beitrag

Pflegeversicherung (PV)
0 kein Beitrag
1 voller Beitrag
2 halber Beitrag

© u-form Verlag – Kopieren verboten!

Personaleinstellung und Personaleinsatz

Dienstplan

An Ort und Stelle

Alle in einem Unternehmen vorhandenen Stellen sollten idealerweise tagtäglich besetzt sein. Doch nicht jeder Mitarbeiter ist stets anwesend: Urlaub, Krankheit, Schwangerschaften oder Geburten, aber auch Berufsschulpflichten führen dazu, dass Stellenbesetzungen kurz-, mittel- oder langfristig geändert werden müssen.

Und das muss geplant sein (vgl. hierzu das Kapitel Personaleinsatzplanung), aber auch dokumentiert werden. Denn das Unternehmen muss dafür Sorge tragen, dass nicht nur die Geschäftsprozesse reibungslos ablaufen, sondern auch, dass die daraus resultierenden Personaldaten richtig erfasst werden. Arbeitszeiten, Ausfälle wegen Krankheit, Urlaubstage, Fehlzeiten, Dienstreiseaufenthalte – sie sind für die Entgeltabrechnung, für die Leistungen der Sozialversicherungen (z. B. Entgeltfortzahlung im Krankheitsfall) oder die hierfür zu entrichtenden Beiträge relevant.

Der Dienstplan

Um zu klären, wer an einem Tag bestimmte Aufgaben zu erledigen hat, kümmern sich Personalverantwortliche um den Einsatz des Personals: Hier wird festgelegt, wer wann und wo was zu erledigen hat. Je größer die Belegschaft, desto komplexer ist in der Regel die Handhabung des Personaleinsatzes. Nicht selten ein wahrer Jonglierakt, für den der Dienstplan dienlich sein kann, verschafft er doch einen Überblick über den genauen Einsatz (Ort und Zeit) einer Vielzahl von Mitarbeitern und ermöglicht auf diese Weise die optimale Besetzung jeder Stelle für jeden einzelnen Tag im Unternehmen.

Viele Unternehmen arbeiten bereits mit eigens dafür entwickelten PC-Programmen; aber es gibt immer noch die handschriftliche Variante, z. B. auf Tafeln oder Whiteboards, und auch Excel leistet hier gute Dienste. Welche Instrumente verwendet werden, ist von Unternehmen zu Unternehmen verschieden und hängt von der Anzahl der Mitarbeiter und Abteilungen sowie der Komplexität der Aufgaben oder Projekte ab.

INFO

Ein kostenfreies Programm ist im Internet unter https://schichtplaner-online.de erhältlich. Einfach mal ausprobieren.

© u-form Verlag – Kopieren verboten!

Zeiterfassung: Arbeitszeiten und Fehlzeiten

Mithilfe der Zeiterfassung werden **Arbeitszeiten** der Mitarbeiter dokumentiert. Auch Überstunden müssen erfasst werden, ebenso wie Arbeitszeiten, für die Zeit- und Lohnzuschläge gelten, sowie **Fehlzeiten**.

Fehlzeiten sind Zeiträume, in denen ein/-e Mitarbeiter/-in abwesend ist. Hierzu gehören (un-)entschuldigtes Fehlen, Zuspätkommen, zwischenzeitliche Abwesenheit, vorzeitiges Verlassen des Arbeitsplatzes, Krankheit, Kuren und Heilverfahren, Urlaub, Zusatzurlaub für Schwerbehinderte, freiwilliger Zusatzurlaub, Mutterschutz und Erziehungsurlaub, Wege- und Betriebsunfälle, (un-)bezahlter Sonderurlaub, Betriebsratstätigkeit, Betriebsversammlungen, Streik, Aussperrung, (un-)bezahlte Arbeitsbefreiungen, betrieblich bedingte Freistellungen, bezahlte gesetzliche Feiertage, Bildungsurlaub, Fortbildungsmaßnahmen und Dienstreisen.

Fehlzeiten spielen für die Entgeltabrechnung eine bedeutende Rolle, sind jedoch auch arbeitsrechtlich sowie für die strategische Planung von großer Bedeutung, da sich mit ihnen eine wichtige Kennzahl ermitteln lässt: Die Fehlzeitenquote. Sie wird wie folgt berechnet

$$\text{Fehlzeitenquote in \%} = \frac{\text{Anzahl Fehlzeiten in Std.}}{\text{Sollarbeitszeit in Std.}} \times 100$$

INFO

Gesetze, die bei der Gestaltung der Arbeitszeit zu berücksichtigen sind, sind das: Arbeitszeitgesetz, Jugendarbeitsschutzgesetz sowie das Betriebsverfassungsgesetz. Gegebenenfalls auch das Mutterschutzgesetz und Sozialgesetzbuch IX (z. B. wegen der Sonderregelungen).

Tipp von Anna

Mehr denn je sind heutzutage flexible Arbeitszeiten wichtig. Sie bieten sowohl für den Arbeitgeber als auch für den Arbeitnehmer einige **Vorteile**:

Arbeitgeber: weniger Fehlzeiten, geringere Mitarbeiterfluktuation, höhere Mitarbeitermotivation, bessere Auslastung der Personalkapazität

Arbeitnehmer: bessere Vereinbarkeit von Familie und Beruf, höhere Arbeitsmotivation, Verbesserung der Work-Life-Balance

© u-form Verlag – Kopieren verboten!

ÜBUNG 12: Fehlzeitenquote

Die Knallbunt GbR hat aufgrund von Fehlzeiten mehrerer Mitarbeiter immer wieder Engpässe und Schwierigkeiten, Aufträge fristgerecht zu erledigen. Lara wird von ihrem Chef gebeten, jeweils für Frau Hubert, Herrn Achtermann und Herrn Riegert die Fehlzeitenquoten der letzten drei Monate zu ermitteln. Ihr liegen folgende Daten vor:

Letzte drei Monate	Letzte drei Monate des Vorjahres
Frau Hubert: Sollarbeitszeit 480 Std., Fehlzeiten 48 Std.	Sollarbeitszeit 480 Std., Fehlzeiten 88 Std.
Herr Achtermann: Sollarbeitszeit 480 Std., Fehlzeiten 32 Std.	Sollarbeitszeit 480 Std., Fehlzeiten 32 Std.
Herr Riegert: Sollarbeitszeit 480 Std., Fehlzeiten 50 Std.	Sollarbeitszeit 480 Std., Fehlzeiten 20 Std.

Ermitteln Sie mit Lara zusammen die Fehlzeitenquote der drei Personen und verfassen Sie einen halbseitigen Text mit einer Erläuterung, was es mit dieser Kennzahl auf sich hat und wie diese zu interpretieren ist.

INFO

Ein Reportvorschlag könnte sein: Planung und Durchführung von Maßnahmen zur Reduzierung der Fehlzeitenquote.

© u-form Verlag – Kopieren verboten!

Und wenn es zu komplex wird ...

... dann helfen Personalinformationssysteme. Sie sind nicht ganz günstig und erfordern in der Regel auch einige Schulungsstunden, bis jeder im Betrieb Tätige sich damit gut auskennt. Mittlere und große Unternehmen arbeiten häufig mit solchen EDV-Programmen, die alle Aufgaben des administrativen, qualitativen und strategischen Personalmanagements unterstützen.

Ob Datenverwaltung, Zeiterfassung, Dienstpläne, Schulungsübersichten oder Auswertungen (z. B. Entwicklungen, Statistiken) - mit computergestützten Personalinformationssystemen können komplexe Aufgaben wesentlich leichter bewerkstelligt werden als von Hand.

Aber Achtung!

Wenn Arbeitgeber Personalinformationssysteme zur Personalentwicklungsplanung nutzen und hieraus personelle Entscheidungen vorbereitet werden, dann ist die Einführung eines solchen *mitbestimmungspflichtig*, wenn es im Unternehmen einen Betriebsrat gibt.

Nur dann, wenn in einem Personalinformationssystem lediglich Daten von Arbeitnehmern gesammelt werden (auch wenn diese Angaben über Qualifikationen und die Leistungsfähigkeit der Arbeitnehmer beinhalten) entfällt das Mitbestimmungsrecht.

Tipp von Lara

Ein geeignetes Thema für einen Report: Die Implementierung (= Einführung und -einrichtung) eines Personalinformationssystems unter Berücksichtigung der Rechte des Betriebsrates

© u-form Verlag – Kopieren verboten!

Personalentlohnung und Entgeltabrechnung

Lohn- bzw. Entgeltformen

Leistung muss bezahlt werden

Alle Beschäftigten, die für ein Unternehmen arbeiten, haben das Recht, angemessen und pünktlich bezahlt zu werden. Aus diesem Grunde müssen Arbeitgeber nicht nur für eine gerechte Lohnfindung, sondern auch für eine zeitgerechte Entgeltabrechnung Sorge tragen.

Was hierbei gerecht ist, wird sehr unterschiedlich empfunden und hängt in hohem Maße von der Stelle, den Tätigkeiten und den Kompetenzen, aber auch von der schulischen oder beruflichen Bildung eines jeden Mitarbeiters bzw. einer jeden Mitarbeiterin ab. Auch soziale Gesichtspunkte spielen eine Rolle (z. B. Alter, Familienstand, Kinder etc.), ebenso wie leistungsbezogene Merkmale (z. B. Leistungslohn, s. u.).

Tipp von Kim

Zwischen Zulagen und Zuschlägen gibt es einen kleinen Unterschied. Weißt du, welchen?

Zulagen sind steuer- und sozialversicherungspflichtig, wie z. B. Schichtzulagen oder Erschwerniszulagen.

Zuschläge sind bis zu einer Grenze steuer- und sozialversicherungsfrei, wie z. B. Zuschläge für Sonntags-, Feiertags-, und Nachtarbeit, auch Überstunden-Zuschläge.

Lohn- bzw. Entgeltformen

Es gibt grundsätzlich **zwei verschiedene Lohnformen:** den **Zeitlohn** und den **Leistungslohn**, der wiederum in Akkordlohn und Prämienlohn unterschieden werden kann. Ergänzend können Löhne wie z. B. Zulagen, Gratifikationen und sonstige Zuwendungen ausgezahlt werden. Hier ein Überblick über die möglichen Varianten der Entlohnung, die bei der Entgeltabrechnung berücksichtigt werden müssen.

Zeitlohn: Bezahlt wird für die Dauer der Arbeit (Stunden, Tage, Wochen, Monate)

Leistungslohn: Bezahlt wird nach Leistung (z. B. je mehr, desto mehr = Akkordlohn); neben einem leistungsunabhängigen Grundlohn, der nicht unter dem Tariflohn liegen darf, werden zusätzlich Prämien ausbezahlt, je nach Menge, Qualität oder Ersparnis für das Unternehmen.

Zulagen und Zuschläge: Geldleistungen für besondere, auch schwere oder ungünstige Arbeitsumstände (z. B. Nachtzuschlag, Zuschlag für Sonn- und Feiertagsarbeit, Erschwerniszulagen, Sozialzulagen für Kinder etc.)

© u-form Verlag – Kopieren verboten!

Sonstige Bezüge: Damit sind Sondervergütungen gemeint. Diese können einmalig ausbezahlt werden (Geldleistungen, z. B. Bonuszahlung aufgrund guter Arbeit, Mietzuschuss, ...; Sachbezüge, z. B. Kfz-Bereitstellung, Unterkunft, Verpflegung, ...). Sie können auch mehrmalig vergütet werden (z. B. zu bestimmten Anlässen wie Weihnachtsgeld, Urlaubsgeld, ...). In der Regel sind dies freiwillige Leistungen, es sei denn, sie sind im Arbeitsvertrag oder der Betriebsvereinbarung enthalten bzw. tarifvertraglich geregelt.

INFO

Lohn bzw. Gehalt sind grundsätzlich beides Begriffe für **Arbeitsentgelte**, die Arbeitnehmern für ihre Leistung / Tätigkeit zustehen. Von **Lohn** wird häufig gesprochen, wenn auf Stundenbasis abgerechnet wird und das Monatsentgelt je nach geleisteten Arbeitsstunden variiert. Mit **Gehalt** hingegen wird grundsätzlich eine feste Summe bezeichnet, die aufgrund der vereinbarten Arbeitsstunden jeden Monat in gleicher Höhe ausbezahlt wird. Das Arbeitsentgelt in Form von Lohn oder Gehalt wird – unter Berücksichtigung der gesetzlichen Regelungen zum Mindestlohn – zwischen dem Arbeitgeber und dem Arbeitnehmer **frei verhandelt** und im Arbeitsvertrag schriftlich festgelegt.

© u-form Verlag – Kopieren verboten!

Personal- und Entgeltabrechnung

Aufgaben und Themen der Personalentlohnung

Prozesse auf Hochtouren

Fast jeder Arbeitnehmer sehnt sich am Monatsende danach, seinen Kontostand abzurufen, um erleichtert festzustellen, dass sein verdientes Geld überwiesen wurde. Doch bevor es dazu kommt, laufen in der Personalverwaltung oder – sofern eine solche im Unternehmen eingegliedert ist – in der Abteilung der Personalentlohnung die Prozesse auf Hochtouren. Schließlich müssen einige Voraussetzungen erfüllt werden. Natürlich muss der Beschäftigte seine Leistung abgeliefert haben. Aber auch die Mitarbeiter, die für die Entgeltabrechnung zuständig sind, müssen hierfür einiges vorbereiten und zahlreiche Vorgänge bearbeiten.

Zu den Hauptaufgaben zählen hierbei:

- Eingabe und Pflege der Personalstammdaten in entsprechenden Programme
- Meldung zur Sozialversicherung
- Erstellung der Lohnsteuerbescheinigung
- Entgeltabrechnung
- Abrechnung einmaliger Bezüge
- Abrechnung steuerfreier Bezüge
- Abrechnung geringfügig Beschäftigter
- Abrechnung vermögenswirksamer Leistungen
- Betriebliche Altersvorsorge
- Abrechnung besonderer Personengruppen (z. B. Schüler/Studenten, Mutterschutz, Pflegezeit, Altersteilzeit)
- ggf. Auszahlungen von Löhnen und Gehältern

Zu den besonderen Themen gehören unter anderem:

- Pfändungen
- Kurzarbeitergeld
- Baulohn
- Monats-DEÜV

Was sind die wichtigsten Belege der Personalabrechnung?

- Personalstammdatenblatt
- Entgeltbescheinigung
- Lohnkonto
- Lohnsteueranmeldung
- Beitragsnachweise
- Meldung zur SV
- Lohnjournal
- Elektronische Lohnsteuerbescheinigung

© u-form Verlag – Kopieren verboten!

Das Monatsende naht. Endlich gibt's Geld!

Die Freude ist groß, wenn das Konto endlich wieder gefüllt ist. Die Arbeit hat sich gelohnt. Und damit keiner enttäuscht wird, arbeiten die Mitarbeiter/-innen im Personalwesen, die für die Entgeltabrechnung zuständig sind, besonders in den letzten beiden Wochen des Monats fleißig an den Entgeltabrechnungen.

Wann das hart verdiente Geld fällig ist, ist in § 614 Bürgerliches Gesetzbuch (BGB) geregelt. Hiernach sind die Arbeitnehmer verpflichtet, in Vorleistung zu gehen. Das heißt: Erst muss gearbeitet werden, danach hat der Arbeitgeber den Lohn zu bezahlen. Das ist in der Regel monatsweise, und zwar am ersten Tag des folgenden Monats. Es können aber in einem Arbeitsvertrag oder Tarifvertrag vom BGB abweichende Regelungen darüber getroffen werden, was auch häufig der Fall ist, sodass viele ihr Geld bereits am letzten Tag des Monats auf dem Konto haben.

Alles drin, alles dran: brutto

Entgeltabrechnungen erfordern viel Wissen, da jede Menge zu berücksichtigen und zu berechnen ist. Neben den gesetzlich vorgeschriebenen und freiwilligen Bezügen, die jedem Arbeitnehmer für seine Leistungen zustehen, müssen ggf. Einmalzahlungen, Sachbezüge oder geldwerte Vorteile (das sind zum Beispiel verbilligte Wareneinkäufe, Bewirtungen, kostenlose Parkmöglichkeiten für Angehörige etc.), vermögenswirksame Leistungen, Erschwerniszulagen und Zuschläge (z. B. Nachtzuschläge) oder Abfindungen mit einbezogen werden, da auch sie in die Ermittlung des Gesamt-Bruttolohns bzw. des Bruttogehalts einfließen.

© u-form Verlag – Kopieren verboten!

Personal- und Entgeltabrechnung

Entgeltabrechnung (Lohn- bzw. Gehaltsabrechnung)

Zur Berechnung des Gesamt-Bruttoentgeltes werden alle Bezüge zusammengerechnet

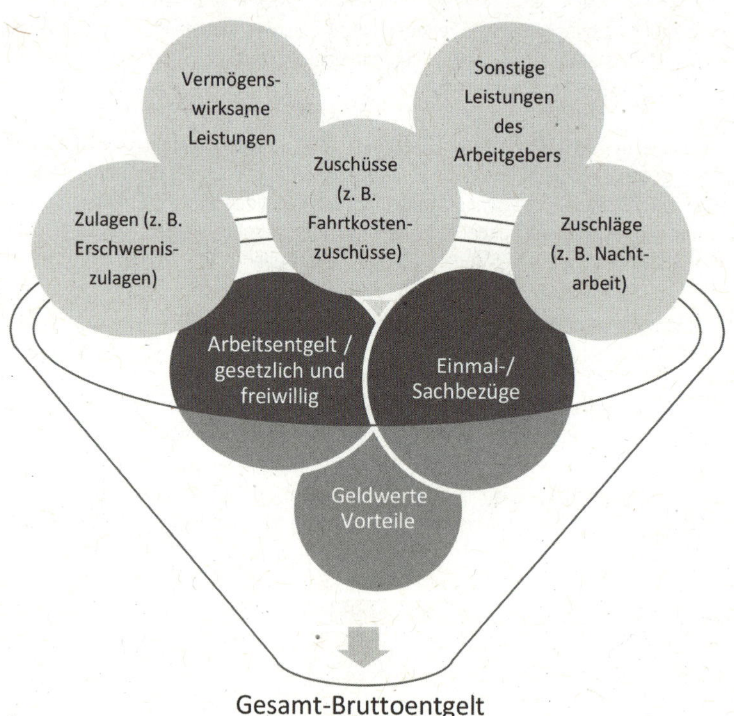

INFO

Lohnsteuer und die Sozialversicherungsbeiträge werden nicht zwangsläufig vom Gesamt-Brutto berechnet. So sind zum Beispiel Nachtarbeitszuschläge steuerfrei und sozialversicherungsfrei. Die Erschwerniszulagen hingegen sind steuerpflichtig und sozialversicherungspflichtig.

© u-form Verlag – Kopieren verboten!

Die Entgeltabrechnung – was ist zu tun?

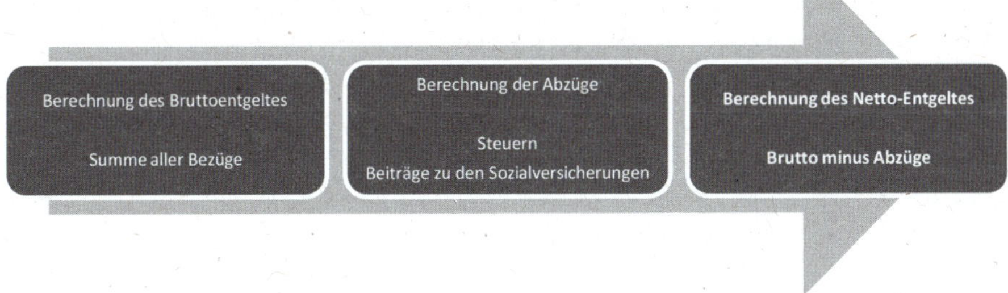

Das Bruttoentgelt besteht aus der Summe aller Bezüge. Von diesem ausgehend werden die Abzüge berechnet: Zu diesen gehören die Steuern sowie die Beiträge zu den Sozialversicherungen (Krankenversicherung, Pflegeversicherung, Rentenversicherung, Arbeitslosenversicherung). Diese werden vom Bruttoentgelt abgezogen und an das Finanzamt bzw. die für den Mitarbeiter zuständige Krankenkasse (bei Minijobs an die Deutsche Rentenversicherung Knappschaft-Bahn-See) überwiesen. Das Bruttoentgelt abzüglich der Abzüge ergibt das Nettoentgelt.

Die Höhe der Beiträge zu den Sozialversicherungen wird vom Gesetzgeber festgelegt. Die Beiträge sind vom Arbeitnehmer und dem Arbeitgeber gemeinsam zu zahlen. Lediglich die Beiträge zur **gesetzlichen Unfallversicherung** muss der **Arbeitgeber alleine** tragen. Dadurch, dass Arbeitgeber auch einen Teil der Sozialversicherungsbeiträge zu zahlen haben, bestehen die Personalkosten eines Unternehmens nicht nur aus dem Arbeitsentgelt und den Bezügen, die ein Mitarbeiter zu erhalten hat, sondern auch aus den Personalnebenkosten.

© u-form Verlag – Kopieren verboten!

Personal- und Entgeltabrechnung

Entgeltabrechnung (Lohn- bzw. Gehaltsabrechnung) • Vermögenswirksame Leistungen

Aus Sicht der Arbeitgeber – die Bedeutung der Personalkosten

Neben den Löhnen und Gehältern sowie den Beiträgen zur Sozialversicherung zählen auch Bezüge wie das Weihnachtsgeld, Urlaubsgeld oder die vermögenswirksamen Leistungen zu den Personalkosten. Für ein Unternehmen kostet jeder Mitarbeiter also mehr als nur den Lohn/das Gehalt und die Beiträge zur Sozialversicherung.

Was sind eigentlich vermögenswirksame Leistungen?

Vermögenswirksame Leistungen sind Geldzahlungen, die vom Arbeitgeber für den Arbeitnehmer angelegt werden. Die Regeln dafür sind vom Gesetzgeber festgelegt. Der Staat fördert diese Anlagenform (z. B. Bausparverträge oder Wertpapierfonds) durch die Gewährung einer **Sparzulage**. Diese ist beim Finanzamt zu beantragen und wird auf das Geldsparkonto überwiesen.

Und wer zahlt die vermögenswirksamen Leistungen?

Wer die Beiträge zu den vermögenswirksamen Leistungen zahlt, wird ggf. in den Tarifverträgen, den Betriebsvereinbarungen oder in Einzelarbeitsverträgen geregelt. Entweder der Arbeitnehmer und der Arbeitgeber kommen gemeinsam dafür auf, oder einer von beiden trägt diese alleine.

Tipp von Kim

Löhne und Gehälter zählen zu den Personalkosten. Da der Arbeitgeber aber nicht nur den Lohn bzw. das Gehalt bezahlen muss, hat er zusätzlich die sogenannten Personalzusatzkosten zu tragen. Sie entstehen durch die Beiträge zu den Sozialversicherungen, durch Weihnachts- oder Urlaubsgeld und durch Zuzahlungen zu den vermögenswirksamen Leistungen. Aber auch die Entgeltfortzahlung bei Urlaub und im Krankheitsfall zählen dazu.

© u-form Verlag – Kopieren verboten!

Vor Abzug von Steuern und Versicherungen – die Berechnung des Brutto-Lohnes

Der zu berechnende Bruttolohn hängt von den arbeitsvertraglichen Bedingungen ab. Ob Leistungslohn (Akkordlohn, Prämienlohn), Zeitlohn oder ein fester Entgeltbetrag als Gehalt bezahlt wird, ist von Fall zu Fall unterschiedlich. Auch Sachbezüge müssen berücksichtigt werden, ebenso wie Entgeltfortzahlungen, die jedem Arbeitnehmer laut Entgeltfortzahlungsgesetz zustehen. Auch andere Zuwendungen, wie z. B. Gratifikationen oder Zuschläge, fließen in die Berechnung des Brutto-Lohnes mit ein.

Der Bruttolohn ist also die Summe aller dem Arbeitnehmer zustehenden Zahlungen. Vom Bruttolohn werden die Steuern und die Sozialversicherungsbeiträge abgezogen.

Berechnung der Steuerabzüge

Nicht jeder zahlt gleich viel Steuern. Und das ist auch gerecht, da hierdurch die persönlichen Lebensverhältnisse der Personen berücksichtigt werden. Zu den Steuern, die jedem abgezogen werden, gehören die Lohnsteuer und die Kirchensteuer – sofern einer Kirche angehörig. Der Solidaritätszuschlag entfiel 2021 für einen Großteil der Arbeitnehmer.

Wie viel Lohnsteuer ein Arbeitnehmer zu zahlen hat, hängt von seiner Steuerklasse ab (vgl. nächste Seite). Die Kirchensteuer schlägt mit 8 % der Lohnsteuer in Baden-Württemberg und Bayern und mit 9 % der Lohnsteuer in den restlichen Bundesländern zu Buche. Bei der Veranlagung der Kirchensteuer wird die Anzahl der Kinder eines Arbeitnehmers/einer Arbeitnehmerin mit berücksichtigt, nicht so bei der Lohnsteuer. Den Lohnsteuerklassen werden vielmehr andere Kriterien zugrunde gelegt.

Tipp von Anna

Merke dir, dass Mitarbeiter im Falle einer Krankheit bis zu einer Dauer von sechs Wochen ein Recht auf Weiterzahlung des Entgeltes haben. Danach übernimmt die Krankenkasse die Zahlung des Krankengeldes (max. 78 Wochen lang).

Wichtig für den Arbeitnehmer ist, dass er seine Arbeitsunfähigkeit unverzüglich beim Arbeitgeber meldet. Der Arbeitgeber erhält die elektronische Arbeitsunfähigkeitsbescheinigung (eAU) nach Anfrage von der Krankenkasse.

© u-form Verlag – Kopieren verboten!

Personal- und Entgeltabrechnung

Berechnung des Brutto- und des Nettolohns II • Steuerklassen

Es gibt sechs Steuerklassen:

I. für ledige, verwitwete oder geschiedene sowie dauerhaft von ihrem Lebenspartner getrennte Arbeitnehmer

II. für alleinerziehende Personen (Voraussetzungen: mind. ein Kind in der Wohngemeinschaft lebend und in der gemeinsamen Wohnung gemeldet, sofern das Kind nicht älter als 17 Jahre ist)

III. für verheiratete Personen, jedoch nur für einen Ehepartner möglich; für geschiedene Personen in dem Jahr, in dem die Ehe aufgelöst wurde; für verwitwete Personen für das Kalenderjahr, in dem der Ehegatte verstorben ist

IV. für verheiratete Personen, für beide Ehepartner möglich, wenn beide Arbeitslohn beziehen, im Inland wohnen und wenn sie nicht dauerhaft getrennt leben

V. für verheiratete Personen, wenn der Partner die Steuerklasse 3 hat

VI. zweite Steuerklasse für mehrere Arbeitsverhältnisse, z. B. einen Zweitjob

Zusatzhinweise: Die Abzüge sind im Falle der Steuerklasse 3 am niedrigsten. Die Steuerklasse 4 für beide Ehepartner lohnt sich, wenn beide etwa das Gleiche verdienen. Für jedes Kind kann ein Kinderfreibetrag beantragt werden. Wenn beide Ehepartner Geld verdienen, so kann sich jeder 0,5 Kinderfreibetrag eintragen lassen (das entspricht der Hälfte des Kinderfreibetrages). In der Steuerklasse 5 gibt es keinen Kinderfreibetrag. Welche Steuerklasse ein Arbeitnehmer hat, erfährt der Arbeitgeber vom Finanzamt durch das Abrufen der Lohnsteuerabzugsmerkmale.

INFO

Der Arbeitgeber erhält die Steuerklasse eines Arbeitnehmers direkt vom Finanzamt. Um diese abzufragen, benötigt er das Geburtsdatum des Arbeitnehmers sowie seine Steuer-Identifikationsnummer. Damit kann er die Lohnsteuerabzugsmerkmale (ELStAM) elektronisch abrufen.

© u-form Verlag – Kopieren verboten!

Anteile von Arbeitnehmer und Arbeitgeber an den Sozialversicherungsbeiträgen

Wer welchen Anteil an den Sozialversicherungen zahlt, ist festgelegt:

Stand: 2025	Arbeitnehmer	Arbeitgeber	Arbeitnehmer / Arbeitgeberanteil
Krankenversicherung 14,6 %	7,3 %*	7,3 %*	50 % / 50 %
Ermäßigt 14,0 %	7,0 %*	7,0 %	
Unfallversicherung variabel	0	variabel	0 % / 100 %
Arbeitslosenversicherung 2,6 %	1,3 %	1,3 %	50 % / 50 %
Rentenversicherung 18,6 %	9,3 %	9,3 %	50 % / 50 %
Pflegeversicherung 3,6 %	1,8 %** 2,3 % (Sachsen)	1,8 % 1,3 (Sachsen)	50 % / 50 %

* Je nach Krankenkasse wird ein einkommensabhängiger Zusatzbeitrag erhoben, der je zur Hälfte von Arbeitnehmer und Arbeitgeber getragen wird.
** Sonderbeitrag für Kinderlose ab 23 Jahren: 0,6 %

INFO

Berufsgenossenschaften zahlen die Behandlungs- und Arztkosten, wenn Personen, die in einem Arbeits-, Ausbildungs- oder Dienstverhältnis zum Unternehmen stehen, während der Arbeit einen Unfall erleiden. Dies gilt auch für **Wegeunfälle** auf dem **direkten** Weg zur und von der Arbeit. Meldepflichtig (innerhalb von 3 Tagen nach Kenntnis) sind nur Unfälle, die tödlich verlaufen sind oder zu einer Arbeitsunfähigkeit von mehr als 3 Tagen geführt haben (§ 193 Abs. 1 SGB VII). Alle anderen Unfälle müssen nicht bei der Berufsgenossenschaft angezeigt werden, sollten aber innerhalb der Firma dokumentiert werden (Verbandbuch). Bei dieser Drei-Tages-Frist ist der Unfalltag nicht, jedoch sind Samstage sowie Sonn- und Feiertage mitzuzählen, es sei denn, die Arbeitsunfähigkeit ist erst später eingetreten.

© u-form Verlag – Kopieren verboten!

Personal- und Entgeltabrechnung

Berechnung des Brutto- und des Nettolohns IV • Berechnung der Sozialversicherungsbeiträge und des Nettolohnes

Berechnung des Nettolohnes unter Abzug der Sozialversicherungsbeiträge

Das Bruttoentgelt bildet nach Abzug steuerfreier Anteile wie z. B. Nachtarbeit die Grundlage (Steuerbrutto) für die Berechnung der Lohnsteuer. Für die Berechnung der Sozialversicherungsbeiträge jedoch ist das so genannte sozialversicherungspflichtige Brutto (SV-Brutto) maßgebend. Es unterscheidet sich vom Brutto-Entgelt darin, dass bei diesem Entgeltteile abgezogen werden, wenn es sich nicht um Arbeitsentgelte im Sinne der Sozialversicherungen handelt. Zu diesen gehören – bis zu einer Grundlohngrenze – zum Beispiel Zuschläge für Sonn-, Feiertags- oder Nachtarbeit (SFN-Zuschläge) oder Abfindungen nach vorzeitiger Beendigung des Arbeitsverhältnisses.

Tipp von Erkan

In der klassischen Variante der Prüfung ist die Entgeltabrechnung ein immer wieder gerne gewähltes Thema. Gut, wenn man hierauf vorbereitet ist. Stell' Dich auf solche oder ähnliche Fragen ein:

Wie berechnen Sie das Nettogehalt eines Mitarbeiters?

Was ist die Beitragsbemessungsgrenze?

Was sind vermögenswirksame Leistungen?

Wie lauten die verschiedenen Steuerklassen und welchen Steuerpflichtigen werden sie zugeordnet?

Du findest die Antworten allesamt auf den Seiten zum Kapital Personalentlohnung.

© u-form Verlag – Kopieren verboten!

Personal- und Entgeltabrechnung

Berechnung des Brutto- und des Nettolohns IV • Berechnung der Sozialversicherungsbeiträge und des Nettolohnes

Die Berechnung des Nettolohnes bzw. des endgültigen Zahlbetrages geht wie folgt:

	Zusatzinformationen
Grundlohn/Grundgehalt	
+ Zulagen, Zuschüsse, Zuschläge	Zuschläge für z. B Sonn- und Feiertags- oder Nachtarbeit etc.
+ vermögenswirksame Leistungen	staatlich geförderte Sparform des Arbeitnehmers, Geldleistung wird vom Arbeitgeber (auf freiwilliger Basis) gewährt, max. 40 €/Monat
+ Einmalbezüge	z. B. Urlaubsgeld, Weihnachtsgeld, Prämienzahlung
+ Sachbezüge	z. B. Dienstwagen, Betriebswohnung, Benzingutscheine
= Bruttolohn/Bruttogehalt	**= Bruttolohn/Bruttogehalt**
– steuerfreie Entgeltanteile	– nicht sozialversicherungspflichtige Entgeltanteile
= steuerpflichtiges Bruttoentgelt (Steuer-Brutto)	**= sozialversicherungspflichtiges Brutto (SV-Brutto)**
– Lohnsteuer	wird aufgrund der Lohnsteuerabzugsmerkmale ermittelt
– ggf. Soli-Zuschlag	nur noch Gutverdiener ab einer Einkommenssteuer von 18.130 €
– ggf. Kirchensteuer	8 % (Bayern und Baden-Württemberg) / 9 % der Lohnsteuer
– Krankenversicherung	7,3 % vom SV-Brutto + ggf. Zusatzbeitrag
– Pflegeversicherung	1,8 % vom SV-Brutto + ggf. 0,6 % für Kinderlose über 23 Jahre
– Arbeitslosenversicherung	1,3 % vom SV-Brutto
– Rentenversicherung	9,3 % vom SV-Brutto
= Nettolohn/Nettogehalt	
– vermögenswirksame Leistungen	wird vom Arbeitgeber z. B. an die Bausparkasse gezahlt
– sonstige Abzüge	z. B. Arbeitgeberdarlehen, Vorschüsse
= Zahlbetrag	

INFO

Steuern werden an das für den Betrieb zuständige Finanzamt abgeführt (Fälligkeit ist der 10. des Folgemonats), die Sozialversicherungsbeiträge an die jeweilige Krankenkasse des Mitarbeiters (Fälligkeit ist der drittletzte Bankarbeitstag vor Ende des Monats)!

Tipp von Erkan

Kennst du den Unterschied zwischen Zulagen und Zuschlägen? Merke dir diesen, falls du in der mündlichen Prüfung danach gefragt wirst:

Zulagen sind immer steuer- und sozialversicherungspflichtig, wie z. B. Schicht- oder Erschwerniszulagen.

Zuschläge sind bis zu bestimmten Grenzen steuer- und sozialversicherungsbeitragsfrei, so z. B. Zuschläge für Sonn-, Feiertags- oder Nachtarbeit.

© u-form Verlag – Kopieren verboten!

Personal- und Entgeltabrechnung

Berechnung des Brutto- und des Nettolohns V

Die elektronische Variante

Lohn- und Gehaltsabrechnungen werden heutzutage meist elektronisch erstellt, das heißt mit Hilfe von Datenverarbeitungsprogrammen. Aufgrund der Komplexität ist eine manuell erstellte Lohnabrechnung fehlerfrei kaum mehr möglich.

Häufig sind diese EDV-Programme Teil einer übergeordneten Unternehmenssoftware, durch die die für die Abrechnung nötigen Daten direkt herangezogen werden können. Diese Programme können unterschiedlich aussehen, doch bieten sie im Grundsatz die gleichen Funktionen: die Ermittlung des Bruttoarbeitslohnes, der Zulagen und Zuschläge und der vermögenswirksamen Leistungen. Auch Abzüge und Vorschüsse werden dabei berücksichtigt. Außerdem können mit den Programmen einfach und „auf Knopfdruck" Ausdrucke erstellt, Daten automatisch in die Finanzbuchhaltung übermittelt und Zahlungen elektronisch ausgeführt werden.

INFO

Für bestimmte Arbeitsverhältnisse wie die **geringfügige Beschäftigung** („Minijob", bis 556,00 Euro) oder den Midijob (früher Gleitzone genannt, bis 2.000,00 Euro) gelten auch hinsichtlich der Steuer- und Sozialversicherungspflicht besondere Regelungen. Alles Wissenswerte zum Thema Geringfügige Beschäftigung und Beschäftigung in der Gleitzone finden Sie auf der Internetseite des Bundesministeriums für Arbeit und Soziales. Unter dem Bereich Service/Medien/Publikationen finden Sie eine gleichnamige kostenlose Broschüre zum Download.

ÜBUNG 13: Erstellung von Lohn- und Gehaltsabrechnungen

Die Auszubildende Anna unterstützt seit einiger Zeit die Lohnbuchhaltung der Firma Nett und Weber GmbH. Sie erhält von ihrem Vorgesetzten einige Aufgaben. Helfen Sie ihr, diese zu bearbeiten!

a) Eine Aushilfe erhält laut Vertrag eine Vergütung auf Stundenbasis. Sie arbeitet in Teilzeit (80 Stunden/Monat) und erhält einen Stundenlohn von 15,00 Euro. Anna soll die monatliche Vergütung berechnen, wenn die Aushilfe 100 Stunden gearbeitet hat und für Überstunden einen Aufschlag von 30 % erhält.

b) Für eine neue Mitarbeiterin muss zum ersten Mal eine Entgeltabrechnung durchgeführt werden. Anna wird von ihrem Chef gebeten, die für die Entgeltabrechnung nötigen Daten in das Lohnbuchhaltungsprogramm (Personalstammblatt) einzutragen. Überlegen Sie, welche Informationen Anna benötigt.

c) Erläutern Sie Anna die einzelnen Arbeitsschritte, die bei der Entgeltabrechnung vom Brutto-Entgelt bis zum Netto-Entgelt anfallen.

© u-form Verlag – Kopieren verboten!

Und was sind Beitragsbemessungsgrenzen?

Die Beitragsbemessungsgrenze ist im deutschen Sozialversicherungsrecht ein Betrag, bis zu dem das Arbeitsentgelt oder die Rente eines gesetzlich Versicherten für Beiträge der gesetzlichen Sozialversicherungen herangezogen wird. Der Teil des Einkommens, der die jeweilige Beitragsbemessungsgrenze übersteigt, bleibt für die Berechnung des Beitrages unberücksichtigt.

Übersicht Beitragsbemessungs- und Versicherungspflichtgrenze bundesweit 2025

Beitragsbemessungsgrenze Arbeitslosenversicherung	96.600 €/Jahr 8.050 €/Monat
Beitragsbemessungsgrenze Rentenversicherung	96.600 €/Jahr 8.050 €/Monat
Beitragsbemessungsgrenze knappschaftl. Rentenversicherung	118.800 €/Jahr 9.900 €/Monat
Bundeseinheitliche Beitragsbemessungsgrenze Kranken- und Pflegeversicherung	66.150 €/Jahr 5.512,50 €/Monat
Bundeseinheitliche Versicherungspflichtgrenze gesetzliche Krankenversicherung	73.800 €/Jahr 6.150 €/Monat

INFO

Die Versicherungspflichtgrenze ist nicht gleichbedeutend mit der Beitragsbemessungsgrenze. Die Versicherungspflichtgrenze ist die Einkommensgrenze (Bruttolohn/Bruttogehalt), bei der bei regelmäßiger Überschreitung ein Arbeitnehmer in die private Krankenkasse (PKV) wechseln kann.

© u-form Verlag – Kopieren verboten!

Personalstatistiken

Aufgaben

In Kurven, Wellen oder Zick-Zack – Aufgaben der Personalstatistik

Rauf und runter, mit Tiefen und Höhen – meist sind Wellenbewegungen oder Zick-Zack-Kurven das Ergebnis der in regelmäßigen zeitlichen Abständen erfolgten Datenauswertungen, die gemeinhin als Statistik bezeichnet werden. Und wozu das Ganze? Statistiken bilden viele Sachverhalte ab, machen auf Highlights oder Schwachstellen aufmerksam und zeigen Entwicklungen auf – ob positiv oder negativ. Sie sind Indikatoren dafür, ob etwas so bleiben kann, wie es ist, oder ob etwas grundlegend geändert werden muss, weil es ineffektiv ist, zu viel kostet oder problembehaftet ist.

Das Führen und Auswerten von Personalstatistiken gehört zweifelsohne zu den Aufgaben der Kaufleute für Büromanagement, die sich für die Wahlqualifikation Personalwirtschaft entschieden haben. Der Grund: Sie sind ein wichtiges Instrument der Personalpolitik. Durch sie lassen sich viele wichtige personal- und unternehmenspolitische Fragen beantworten, so z. B.:

Wie viel kostet ein Arbeitnehmer durchschnittlich?

Wie hoch sind die Personalzusatzkosten pro Kopf?

Wie hoch sind die Personalkosten pro geleisteter Arbeitsstunde im Durchschnitt?

Wie hoch ist die Mitarbeiterfluktuation?

Zugleich können mithilfe der ausgewerteten Daten Entwicklungen aufgezeigt werden, um Antworten auf zum Beispiel folgende Fragen zu erhalten:

Wie stark sind die Personalkosten im Verlauf der letzten fünf Jahre gestiegen?

Konnte die Mitarbeiterfluktuation im letzten Jahr gesenkt werden?

Wie hoch ist unsere derzeitige Fehlzeitenquote im Vergleich zum letzten Jahr?

Schlechte Ergebnisse auf diese Fragen weisen darauf hin, dass ein Unternehmen seine Personalpolitik oder andere unternehmenspolitische Ansätze ändern und hierfür geeignete Maßnahmen ergreifen muss.

© u-form Verlag – Kopieren verboten!

Was wird abgebildet? – Arten von Personalstatistik

Je größer ein Unternehmen, desto größter sind die Datenmengen, die es bei Entscheidungen zu berücksichtigen gilt. Ob in Verbindung mit der Personalbedarfsplanung, der Personalbeschaffung, dem Personaleinsatz oder den Personalkosten – die Auswertung personalbezogener Daten ist für unterschiedliche Unternehmensbereiche wichtig. Um dieser Vielfalt gerecht zu werden, gibt es viele verschiedene Arten von Personalstatistik; so zum Beispiel:

1. die Personal**struktur**statistik: Diese gibt Auskunft über die Zusammensetzung der Belegschaft an bestimmten Stichtagen, z. B. hinsichtlich
   - Betriebs-/Funktionsbereichen (z. B. Fertigungsstellen, Vertrieb, Verwaltung)
   - Beschäftigtengruppen (z. B. Arbeiter, Angestellte, Auszubildende, Aushilfskräfte)
   - Tätigkeitsgruppen (z. B. ungelernte, angelernte, gelernte Arbeitskräfte)
   - sozio-demographische Merkmalen der Mitarbeiter (z. B. Alter, Geschlecht, Familienstand, Wohnort)
2. die Personal**bewegungs**statistik: Diese zeigt die Zu- und Abgänge des Personals auf, um hieraus frühzeitig relevante Bewegungen erkennen zu können. Als Kennzahl dient die Fluktuationsquote, mit der auch geprüft wird, welcher Mitarbeiterkreis häufig wechselt bzw. ob bestimmte Berufe und bestimmte Abteilungen besonders betroffen sind.
3. die **Lohn- und Gehaltsstatistik**: Durch diese werden die tarifmäßigen Einstufungen der Arbeitnehmer nach Lohn- und Gehaltsgruppen sowie nach Betriebsabteilungen differenziert ausgewiesen. Berechnungen nach Abteilungen (z. B. Vertrieb, Verwaltung, Produktion), nach Lohnformen (Zeit-, Akkord-, Prämienlohn), Verrechnungsarten (z. B. Fertigungskosten-, Gemeinkostenlohn) sowie nach zeitlichen Gesichtspunkten (z. B. Überstunden) sind grundlegend für die betriebliche Kostenrechnung.
4. die **Sozialstatistik**: Diese informiert über etwaige außertarifliche Leistungen eines Unternehmens, wie zum Beispiel Urlaubs- und Weihnachtsgeld, Prämien, betriebliche Altersversorgung, Sozialeinrichtungen etc. Solche Informationen werden im Personalmarketing eingesetzt oder dienen der Öffentlichkeitsarbeit.

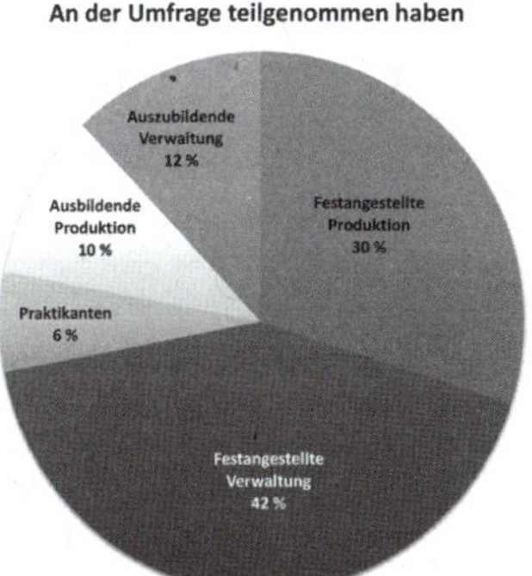

© u-form Verlag – Kopieren verboten!

Personalkennzahlen im Überblick

Formelsammlung der Personalkennzahlen

Alles auf einen Blick

Zum Großteil werden im Personalbereich Verhältniszahlen zur Steuerung der Wirtschaftlichkeit und der Produktivität des Faktors Arbeit eingesetzt. Ermittelt werden zum Beispiel Mengendaten (Kopfzahlen, Anzahl der Beschäftigten, Pensionäre, Abgänge, Zugänge etc.), Strukturdaten (z. B. Angestellte, Arbeiter, Geschlecht, Nationalität, Alter etc.), Daten zu Kosten (z. B. fixe oder variable Personalkosten, tariflich und übertariflich bezahlte Mitarbeiter), qualitative Daten (z. B. Bildungsabschlüsse, Qualifikationen, Betriebszugehörigkeit) und so genannte Verhaltens-/Ereignisdaten (Krankenstand, Fehlzeiten, Fluktuation, Versetzungen, Urlaub etc.)

Welche personalstatistischen Daten vorzugsweise verarbeitet werden, ist von Unternehmen zu Unternehmen unterschiedlich und hängt von deren Bedeutung für die betriebliche Wertschöpfung ab.

INFO

Es gibt eine Menge an Kennzahlen im Personalbereich. Doch keine Panik: Sie müssen nicht alle auswendig gelernt werden, sondern dienen hier der Inspiration für verschiedene statistische Auswertungen, die im Zuge eines Reports ermittelt werden können.

Personalkosten:

- Ø Personalaufwand pro Mitarbeiter = Personalaufwendungen / Anzahl der Mitarbeiter
- Personalkosten pro Stunde = Personalkosten gesamt / Summe der bezahlten Arbeitsstunden
- Personalintensität in % = Personalaufwand x 100 / Umsatzerlöse
- Personalaufwandsquote in % = Personalaufwand x 100 / Gesamtaufwand
- Produktivität je Mitarbeiter = Umsatz / Ø Personalstand
- Rentabilität je Mitarbeier = Gewinn / Ø Personalstand

© u-form Verlag – Kopieren verboten!

Personalkennzahlen im Überblick

Formelsammlung der Personalkennzahlen

Personalbestand:

- Ø Personalbestand pro Jahr = Summe der Monatsbestände Jan. bis Dez. / 12
- Arbeiterquote in % = Zahl der Arbeiter x 100 / Personalbestand gesamt
- Ausländerquote in % = Zahl der ausländischen Mitarbeiter x 100 / Personalbestand gesamt
- Facharbeiterquote in % = Zahl der Facharbeiter x 100 / Anzahl der Arbeiter gesamt
- Nachwuchsquote in % = Nachwuchsbedarf x 100 / Ø Personalbestand pro Jahr
- Nachwuchsbedarf = Ø Personalbestand pro Jahr / Berufstätigkeit in Jahren
- Fluktuationsquote in % (BDA-Formel) = Anzahl der (ersetzten) Personalabgänge x 100 / Ø Personalbestand
- Fluktuationsquote in % (Schlüter-Formel) = Anzahl der Personalabgänge x 100 / (Anfangspersonalbestand + Zugänge)
- Versetzungsrate pro Abteilung in % = Zahl der Abgänge pro Abteilung x 100 / Ø Personalbestand der Abt.

Arbeitszeit:

- Effektive Arbeitszeit in % = Ist-Arbeitszeit (Stunden oder Tage) x 100 / Sollarbeitszeit (Stunden oder Tage)
- Fehlzeitenquote pro Periode in % = Summe der Fehlzeiten (Stunden oder Tage) x 100 / Sollarbeitszeit (Stunden oder Tage)
- Krankenquote pro Periode in % = Anzahl der erkrankten Mitarbeiter x 100 / Ø Personalbestand pro Periode
- Krankheitsausfallquote: Krankheitsausfallzeit (Std. oder Tage) x 100 / Sollarbeitszeit (Std. oder Tage)
- Überstundenquote (Mehrarbeitsquote) in %: Summer der Überstunden gesamt x 100 / Sollarbeitszeit in Stunden
- Unfallquote: Unfälle x 100 / Ø Personalbestand

© u-form Verlag – Kopieren verboten!

Personalkennzahlen im Überblick

Formelsammlung der Personalkennzahlen

Personalbeschaffung:

- Quote der Personaldeckung in % = gedeckter Bedarf (Stellenanzahl) x 100 / geplanter Bedarf (Stellenanzahl)
- Vorstellungsquote in % = Anzahl der Vorstellungen x 100 / Anzahl der Bewerbungen
- Einstellungsquote in % = Anzahl der Einstellungen x 100 / Anzahl der Bewerbungen
- Quote der internen Stellenbesetzung in % = Anzahl der Stellenbesetzungen aufgrund interner Stellenbesetzungen x 100 / Anzahl der Stellenbesetzungen gesamt
- Verbleibquote in % = Anzahl der im Jahr x eingestellten und heute noch vorhandenen Mitarbeiter x 100 / Anzahl der im Jahr x eingestellten Mitarbeiter gesamt

Personalentwicklung:

- Ø Anzahl der Weiterbildung pro Jahr pro Mitarbeiter = Anzahl der Weiterbildungstage / Ø Anzahl der Mitarbeiter pro Jahr
- Rendite eines Bildungsprojektes = Wert (Einnahmen – Kosten) in € x 100 / Kosten des Projektes in €
- Ausbildungsquote = Anzahl der Auszubildenden x 100 / Ø Anzahl der Mitarbeiter

© u-form Verlag – Kopieren verboten!

ÜBUNG 14: Personalstatistik

Lara ist Auszubildende bei der Werbe- und Eventagentur Knallbunt Gbr. Um für das kommende Jahr personalpolitische Maßnahmen vorzubereiten, sollen Daten des Vorjahres aufbereitet und ausgewertet werden. Laras Vorgesetzter gibt ihr etliche Daten an die Hand und bittet sie, eine Reihe von Kennzahlen zu ermitteln: Das Unternehmen hat im letzten Jahr einen Umsatz von 900.000 € erzielt, verbleibender Gewinn waren 500.000 € – bei einem durchschnittlichen Personalaufwand von 240.000 € und einem durchschnittlichen Personalbestand von 6 vollzeitbeschäftigten und 4 halbtags beschäftigten Mitarbeitern. Zu verzeichnen waren 4 Personalabgänge, 2 bei den Teilzeitbeschäftigten und 2 bei den Vollzeitbeschäftigten. Helfen Sie Lara, folgende Aufgaben zu erledigen:

a) Lara soll folgende Kennzahlen ermitteln:

   1. die Produktivität je Mitarbeiter
   2. die Rentabilität je Mitarbeiter
   3. der durchschnittliche Personalaufwand je Mitarbeiter sowie
   4. die Fluktuationsquote in Prozent

b) Laras Vorgesetzter will die Fluktuationsquote so stark wie möglich senken. Welche Bereiche sollte Lara untersuchen, damit ggf. geeignete Maßnahmen durchgeführt werden können?

Fortsetzung auf der nächsten Seite

© u-form Verlag – Kopieren verboten!

Personalkennzahlen im Überblick

Personalkennzahlen

Fortsetzung von Übung 14

c) Lara erhält außerdem folgende Tabelle mit Daten aus mehreren Geschäftsjahren der Knallbunt GbR:

Daten	2022	2023	2024
Ø Personalbestand	15	10	8
davon Auszubildende	3	2	1
davon Grafiker	5	5	5
Umsatz	1.200.000	800.000	900.000
Sollarbeitszeit in Std.	25.200	16.800	13.440
Fehlzeiten in Std.	2.520	1.344	806

Welche Ergebnisse pro Jahr erhält Lara für ...

1. den Anteil der Grafiker in Prozent für jedes einzelne Jahr
2. die Änderung des durchschnittlichen Personalbestandes in Prozent von 2022 auf 2023 und von 2023 auf 2024
3. die Ausbildungsquote in Prozent für jedes einzelne Jahr
4. die Fehlzeitenquote in Prozent für jedes einzelne Jahr

d) Wie kann Lara diese Ergebnisse und Entwicklungen beschreiben bzw. für ihren Vorgesetzten anschaulich aufbereiten?

e) Lara soll sich außerdem um die Ermittlung des Nachwuchsbedarfes kümmern. Nennen Sie drei Kriterien, die in diesem Zusammenhang die quantitative Personalbedarfsplanung mitbestimmen.

© u-form Verlag – Kopieren verboten!

Hauptbereiche der Personalplanung

Personalbestandsplanung • Personalbedarfsplanung • Personaleinsatzplanung

Gut geplant ist halb gewonnen!

Dies gilt auch für die Personalplanung, die Teil der Unternehmensplanung ist und mit vielen verschiedenen Funktionsbereichen eines Unternehmens in Abhängigkeit steht. So ist sie stark mit der Absatzplanung, aber auch mit der Finanzplanung und mit der Produktionsplanung verbunden. Denn: Wie viele Mitarbeiter eingesetzt werden (können) und müssen, hängt in starkem Maße davon ab, wie viel produziert und abgesetzt werden soll und welche Kosten hierfür anfallen dürfen.

In der Personalplanung unterscheidet man im Großen und Ganzen folgende Hauptbereiche:

- Personalbestandsplanung
- Personalbedarfsplanung
- Personaleinsatzplanung

Auch die *Personalentwicklungsplanung*, bei der es um die Planung von Personalentwicklungsmaßnahmen geht, sowie die *Personalveränderungsplanung*, bei der Personalfreistellungen oder -freisetzungen (z. B. Kündigungen) im Vordergrund stehen, ebenso wie die *Personalkostenplanung* oder die *Personaleinführungsplanung* werden im Zuge der Personalplanung bearbeitet.

Personalbestands- und Personalbedarfsplanung sind eng miteinander verwoben, geht es doch darum, ausgehend vom Personalbestand den Personalbedarf zu ermitteln, um sicherzustellen, dass jederzeit genügend qualifizierte Mitarbeiter zur Bewältigung der Aufgaben im Unternehmen zur Verfügung stehen.

Tipp von Anna

Bereite Dich auf folgende Fragen vor:

1. Erläutern Sie den Begriff Personalplanung.
2. Nennen Sie die Aufgaben der Personalplanung.

Ich geb' Dir eine Hilfestellung. Du findest die Antworten auf der nächsten Seite.

© u-form Verlag – Kopieren verboten!

Hauptbereiche der Personalplanung

quantitative Personalplanung • qualitative Personalplanung

An Ort und Stelle

Ziel der Personalplanung ist es also, das Personal in einem Unternehmen in der erforderlichen Zahl, mit den erforderlichen Qualifikationen, zum richtigen Zeitpunkt und am richtigen Ort zur Verfügung zu stellen.

Ohne **vorausschauende Planung** wären diese Ziele nicht zu erreichen. Sie sorgt dafür, dass die entsprechenden Maßnahmen rechtzeitig vorbereitet und umgesetzt werden können.

Zu unterscheiden sind die **quantitative** und die **qualitative Personalplanung**: Bei der quantitativen geht es um die mengenmäßige Ermittlung des Personals, bei der qualitativen um die Qualifikationserfordernisse. Folgende Instrumente stehen innerhalb der Personalplanung zur Verfügung:

Quantitative Personalplanung

Ermittlung des Bruttopersonalbedarfs
Ermittlung des Nettopersonalbedarfs
Stellenpläne
Stellenbesetzungspläne
Personalstatistiken
Personalinformationssysteme

Qualitative Personalplanung

Stellenbeschreibung
Anforderungsprofile
Eignungsprofile
Leistungsbeurteilung / Mitarbeiterbeurteilung
Potenzialanalyse
Personalakte

Tipp von Anna

Und hier die Antworten :-)

1. quantitative und qualitative Bereitstellung und Anpassung des Personals an die Anforderungen des Betriebes
2. Ermittlung des Personalbestandes, Ermittlung des zukünftigen (qualitativen und quantitativen) Personalbedarfs sowie Planung des Personaleinsatzes

© u-form Verlag – Kopieren verboten!

Personalbestand

aktueller Personalbestand • zukünftiger Personalbestand

Jetzt und in Zukunft

Bei der Personalbestandsplanung wird ermittelt, wie viele Mitarbeiter dem Unternehmen aktuell oder zukünftig, also zum Beispiel in einem Monat, einem Jahr oder zum Zeitpunkt X zur Verfügung stehen. Man unterscheidet den **aktuellen** und den **zukünftigen** Personalbestand.

Aktueller Personalbestand

Der aktuelle Personalbestand umfasst die gegenwärtig beschäftigten Mitarbeiter. Er entspricht also dem **Ist-Bestand**.

Zukünftiger (= voraussichtlicher) Personalbestand

Um den zukünftigen Personalbestand zu ermitteln, müssen die gegenwärtig beschäftigten Mitarbeiter sowie die Zugänge und Abgänge innerhalb eines Zeitraumes betrachtet werden, Versetzungen und Beförderungen eingeschlossen. Die Rechnung lautet wie folgt:

	aktueller Personalbestand
–	voraussichtliche Abgänge (z. B. aufgrund von Ruhestand/Rente, Kündigungen, Beförderungen/Versetzungen, Fort- und Weiterbildung, Ende der Ausbildung von Auszubildenden, Nicht-Übernahme von Auszubildenden)
+	voraussichtliche Zugänge (z. B. Neueinstellung, Beförderungen/Versetzungen, Übernahme von Auszubildenden)
=	zukünftiger Personalbestand

Tipp von Erkan

Merke Dir unbedingt, wie man den zukünftigen Personalbestand berechnet und welche Positionen bei den Zu- und Abgängen zu berücksichtigen sind. Im Bereich der Personalplanung ist dies eine sehr häufig gestellte Prüfungsfrage.

© u-form Verlag – Kopieren verboten!

Personalbestand

aktueller Personalbestand • zukünftiger Personalbestand

ÜBUNG 15: Personalbestandsplanung

Erkan unterstützt seine Vorgesetzte in der Bussberg Büromöbel GmbH bei der Personalplanung. Das Unternehmen hat einen Umsatzzuwachs von 8 % gegenüber dem Vorjahr zu verzeichnen. Für das nächste Jahr werden weitere 10 % erwartet. Aufgrund der steigenden Nachfrage ist die Bussberg GmbH auf eine zuverlässige Personalbestands- und -bedarfsplanung angewiesen. Es soll sichergestellt werden, dass sowohl in qualitativer als auch quantitativer Hinsicht ausreichend Arbeitskräfte zur Verfügung stehen. Das Unternehmen verfügt derzeit (Stand: 30.04.) über 80 Vollzeitarbeitsplätze, 5 neue Stellen sind geplant (Planstellen), 2 Personen gehen Ende des Jahres in den Ruhestand, eine Mitarbeiterin kehrt am 01.07. aus der Elternzeit zurück. Eine andere geht ab dem 24.10. in den Mutterschutz. Ein Mitarbeiter, der Teilzeit (1/2 Stelle) beschäftigt ist, hat zum 01.11. fristgerecht gekündigt. Ein Mitarbeiter und eine Mitarbeiterin sind versetzt worden und werden ab 01.08. eine andere Stelle besetzen als ihre jetzige.

a) Zunächst soll Erkan den Personalbestand zum 30.04. ermitteln. Helfen Sie ihm dabei!

b) Anschließend soll Erkan den Personalbestand zum 31.12. ermitteln. Dafür verwendet er die Methode der Abgangs- und Zugangsrechnung, bei der die verschiedenen Arten von Zu- und Abgängen möglichst differenziert aufgeführt werden. Was trägt Erkan in die Tabelle ein und welche Werte erhält er?

(Tabelle auf der nächsten Seite)

© u-form Verlag – Kopieren verboten!

Fortsetzung von Übung 15

Zu- und Abgänge	Zeitraum 30.06. bis 31.12.20..
Bestand	
Abgänge	
Pensionierung	
Fortbildung	
Versetzung	
Kündigung AG	
Kündigung AN	
Tod	
Mutterschutz / Elternzeit	
Ende Ausbildung	
Sonstige	
= Summe Abgänge	
Zugänge	
Neueinstellung	
Versetzungen	
Ende Mutterschutz / Elternzeit	
Übernahme von Auszubildenden	
Sonstige	
= Summe Zugänge	
Bestand zum 31.12.20..	

Tipp von Jan

Manchmal wird in den Prüfungen auch nach den Gründen von Personalabgängen gefragt. Hier ein paar Beispiele:

Rentenalter, Kündigung, Elternzeit, Tod, Arbeitsplatzwechsel / Versetzung

INFO

Themen rund um die Einführung oder die Verbesserung der Personalplanung in einem Unternehmen sind geeignete Themen für einen Report. Wichtige Inhalte (und Gliederungspunkte) hierfür können den Texten und den Übungen entnommen werden.

© u-form Verlag – Kopieren verboten!

Personalbedarf

Bruttopersonalbedarf

Tipp von Lara

Merke Dir die unterschiedlichen Arten des Personalbedarfs. Manchmal werden sie in den Prüfungen abgefragt.

- **Neubedarf:** neue Mitarbeiter werden benötigt, da z. B. neue Stellen geplant sind
- **Ersatzbedarf:** neue Mitarbeiter werden benötigt, da Mitarbeiter ausscheiden (kurz- oder langfristig, z. B. aufgrund von Kündigungen oder Elternzeit)
- **Mehrbedarf:** mehr Mitarbeiter werden benötigt, z. B. aufgrund von gesetzlichen Regelungen (z. B. Arbeitszeitverkürzung, erforderliches Personal für Fachbereiche wie z.B. Umweltschutz oder Sicherheit)
- **Minderbedarf/Freistellungsbedarf:** weniger Personal ist nötig, z. B. aufgrund sinkender Auftragslage, sinkender Konjunktur
- **Reservebedarf:** Mitarbeiter zum Ausgleich von Ausfällen und Abwesenheit (Krankheit, Urlaub) werden benötigt
- **Nachholbedarf:** Mitarbeiter werden wegen noch offener Planstellen benötigt.
- **Zusatzbedarf:** kurzfristiger, vorüber- gehender Bedarf an zusätzlichem Personal z. B. aufgrund von Auftragsspitzen oder saisonbedingt

Aus der Not eine Tugend

Der Personal**bedarf** ist vom Personal**bestand** *unbedingt* zu unterscheiden. Beim Personalbedarf geht es nämlich darum, zu ermitteln, wie viele Mitarbeiter benötigt werden, um für alle anfallenden Tätigkeiten im Unternehmen ausreichend Mitarbeiter zur Verfügung zu haben. Man unterscheidet den **Bruttopersonalbedarf** und den **Nettopersonalbedarf**.

Und wie wird der Bruttopersonalbedarf berechnet?

Der Bruttopersonalbedarf bezeichnet die Zahl der Arbeitskräfte, die in Zukunft benötigt werden, um alle anfallenden Aufgaben fristgerecht erledigen zu können (Soll-Personalbedarf). Um diesen zu ermitteln, müssen die Auftragslage, die Konjunktur sowie bereits sichere und mit großer Wahrscheinlichkeit anstehende Aufträge mit berücksichtigt werden. Es geht um das „Soll“, das einem Endziel entspricht: So „soll“ es im Endeffekt sein.

Der Bruttopersonalbedarf wird wie folgt berechnet:

	Stellenbestand
+	Stellenzugänge (geplant)
–	Stellenabgänge (geplant)
=	Bruttopersonalbedarf

Um den Bruttopersonalbedarf zu ermitteln, können verschiedene Verfahren eingesetzt werden; schließlich handelt es sich um einen Wert, der noch nicht exakt messbar ist. Aufgrund dessen werden Schätzverfahren eingesetzt sowie weitere Messmethoden: z. B. das Verfahren der Personalbemessung, die Kennzahlenmethode oder die Stellenplanmethode. Während man beim Schätzverfahren eher von subjektiven Erfahrungen ausgeht, werden bei der Kennzahlenmethode Datenverhältnisse ermittelt, um hieraus Schlüsse zu ziehen: z. B. Umsatz zu Anzahl der Mitarbeiter, Absatz zu Anzahl der Mitarbeiter. Bei der Stellenplanmethode werden Stellenbesetzungspläne verwendet, dann werden anhand von Unternehmenswerten die personellen Anforderungen ermittelt und der Bedarf durch Schätzung ermittelt.

© u-form Verlag – Kopieren verboten!

Personalbedarf

Nettopersonalbedarf

Zum Zeitpunkt X

Der Nettopersonalbedarf bezeichnet die Zahl der Arbeitskräfte, die zu einem bestimmten Zeitpunkt X beschafft, das heißt eingestellt, oder – wenn es zu viele sind – im umgekehrten Fall freigestellt bzw. freigesetzt werden müssen. Aus diesem Grunde steht der Nettopersonalbedarf in Abhängigkeit zum Bruttopersonalbedarf und dem zukünftigen Personalbestand.

Und wie wird der Nettopersonalbedarf berechnet?

Die grundlegende Formel lautet: Bruttopersonalbedarf – zukünftiger Personalbestand = Nettopersonalbedarf

Löst man den Faktor „zukünftiger Personalbestand" auf, so ergibt sich zur **Berechnung des Nettopersonalbedarfs** folgende Rechnung:

	Bruttopersonalbedarf
–	Personalbestand (aktuell)
+	Personalabgänge
–	Personalzugänge
=	**Nettopersonalbedarf**

Ein Beispiel soll diese Rechnung verdeutlichen:

	Bruttopersonalbedarf zum Zeitpunkt X	140	zum 30.06.
–	aktueller Personalbestand	120	zum 15.02.
+	Personalabgänge Gegenwart bis zum Zeitpunkt X	20	15.02.–30.06
–	Personalzugänge Gegenwart bis zum Zeitpunkt X	10	15.02.–30.06
=	zu beschaffendes Personal (Nettopersonalbedarf) zum Zeitpunkt X	30	zum 30.06.

INFO

Beim Bruttopersonalbedarf geht es um eine zukünftige Größe, die aufgrund unvorhersehbarer Ereignisse (z. B. Krankheit oder Kündigung eines Mitarbeiters, Umsatzentwicklung, zukünftige Auftragslage) zum Teil nur ungefähr ermittelt bzw. errechnet werden kann. Hierzu gibt es verschiedene Verfahren: die Kennzahlenmethode, die Stellenplanmethode, das Schätzverfahren und das Verfahren der Personalbemessung.

© u-form Verlag – Kopieren verboten!

Personalbedarf

Personalbedarfsplanung

Tipp von Anna

Kannst Du die Frage beantworten, was in einem Unternehmen dazu führen kann, dass zusätzliche Mitarbeiter benötigt werden? Stell' Dich auf solche Fragen in der mündlichen Prüfung ein.

Und hier kommt die Antwort, z. B.:

Zunahme von Aufträgen, Expansion (neue Filialen, Niederlassungen) oder Verkürzung von Arbeitszeiten

Ist das Gegenteil der Fall, also gibt es beispielsweise einen Auftragsrückgang oder muss sich ein Unternehmen aus wirtschaftlichen Gründen verkleinern, so muss Personal abgebaut werden.

Merke Dir am besten beide Fälle. Dann bist Du auf der sicheren Seite. Es ist immer gut, die Gründe für bestimmte Ereignisse zu kennen. Denn gerade solche werden in den Prüfungen gerne abgefragt. Das gilt auch für andere Themen. Stelle Dir also immer auch die Frage: WARUM..?

ÜBUNG 16: Personalbedarfsplanung

Aufgrund der aktuellen Unternehmensplanung und den zu erwartenden Tendenzen auf dem Markt, muss auch die Tentor Steel AG viele Personalentscheidungen treffen.

Die Tentor Steel AG hat für die vergangene Berichtsperiode folgendes Verhältnis ermittelt:

$$\frac{\text{Umsatz}}{\text{Anzahl Mitarbeiter}} = \frac{13{,}8 \text{ Mio. €}}{200 \text{ Mitarbeiter}} = 69.000 \text{ €/Mitarbeiter}$$

a) Für die kommende Periode wird eine Umsatzsteigerung von 0,7 Mio. € erwartet. Kim soll anhand dieser Angaben zunächst den Bruttopersonalbedarf ermitteln. Helfen Sie Ihr dabei!

b) Die Tentor Steel AG hat einen derzeitigen Personalbestand von 200 Mitarbeitern, die alle vorhandenen Stellen besetzen. Durch die gute Auftragslage des Unternehmens werden nun 10 weitere Stellen eingerichtet. Kim ist bekannt geworden, dass ein Mitarbeiter auf eigene Bitte hin auf Teilzeit umgestellt wird. Zwei neue Mitarbeiter haben heute ihren Arbeitsvertrag unterschrieben und werden übermorgen ihre Stelle bei der Tentor Steel AG antreten, ein Mitarbeiter hat bereits gekündigt und eine Mitarbeiterin verlässt aufgrund persönlicher Gründe vermutlich das Unternehmen. Mit welchen drei Arbeitsschritten kann Kim den Nettopersonalbedarf ermitteln, und welches Ergebnis bekommt sie hierbei?

© u-form Verlag – Kopieren verboten!

Wohin mit den Mitarbeitern?

Damit alles reibungslos verläuft und alle Unternehmensprozesse in angemessener Weise bearbeitet werden, müssen die Mitarbeiter, die tagtäglich zur Arbeit kommen, richtig eingesetzt werden. Das heißt, dass bei der Personaleinsatzplanung die zur Verfügung stehenden Mitarbeiter auf die Arbeitsplätze verteilt werden – heute, morgen, nächste Woche oder nächsten Monat.

Die Personaleinsatzplanung ist – im Gegensatz zu der Personalbedarfsplanung – eher einem kurzfristigen Zeithorizont unterworfen; es geht hier meist um aktuell relevante Fragen wie z. B.: Wer übernimmt heute welche Aufgaben? Wer ersetzt morgen einen Mitarbeiter, der sich heute krank gemeldet hat? Wer übernimmt nächste Woche die Aufgaben eines Mitarbeiters, der wegen einer internen Schulung verhindert ist?

Solche und ähnliche Fragen müssen bei der Personaleinsatzplanung beantwortet und geregelt werden. Nicht immer geht alles von jetzt auf gleich, viele Ereignisse (z. B. Mutterschutz oder Urlaube) sind bereits weit im Voraus bekannt und sollten bei der Planung des Personaleinsatzes entsprechend früh berücksichtigt werden.

INFO

Die Personaleinsatzplanung ist eine komplexe Angelegenheit, da an vieles gedacht werden muss: Arbeitszeiten der Mitarbeiter, Urlaube, Krankenausfälle, Berufsschultage, sichere und mögliche Abgänge, auch die Wochentage und Tageszeiten müssen beachtet werden, wenn das Arbeitsaufkommen eines Unternehmens von diesen Faktoren abhängt (z. B. im Verkauf).

Tipp von Jan

Merke Dir, dass bei der Personaleinsatzplanung neben quantitativen und qualitativen Kriterien auch zeitliche und örtliche berücksichtigt werden müssen.

© u-form Verlag – Kopieren verboten!

Personaleinsatz

Personaleinsatzplanung

ÜBUNG 17a: Personaleinsatzplanung

Erkan hilft in der Bussberg GmbH inzwischen auch bei der Personaleinsatzplanung. Der Produktionshalle der Bussberg GmbH ist ein Werksverkauf angeschlossen. Dafür sind in der Zeit von 8:00 bis 18:00 Uhr vier Stellen zu besetzen: Kasse 1, Kasse 2 sowie für das Lager zwei Mitarbeiter, die die Ware bereitstellen müssen. Alle Mitarbeiter sind für beide Bereiche gleichermaßen geschult. Herr Maus hat eine reguläre Arbeitszeit von 11:00 bis 18:00 Uhr, Frau Haas von 8:00 bis 17:00 Uhr, während ihr Kollege Herr Siebert von 8:00 bis 18:00 Uhr und Herr Jahn von 11:30 bis 17:00 Uhr arbeitet. Die Hauptverkaufszeit liegt in der Zeit von 12:00 Uhr bis 16:00 Uhr.

a) Wie muss Erkan den Einsatzplan unter Berücksichtigung der Anforderungen und der gesetzlichen Pausenregelungen in das untenstehende Balkendiagramm eintragen?

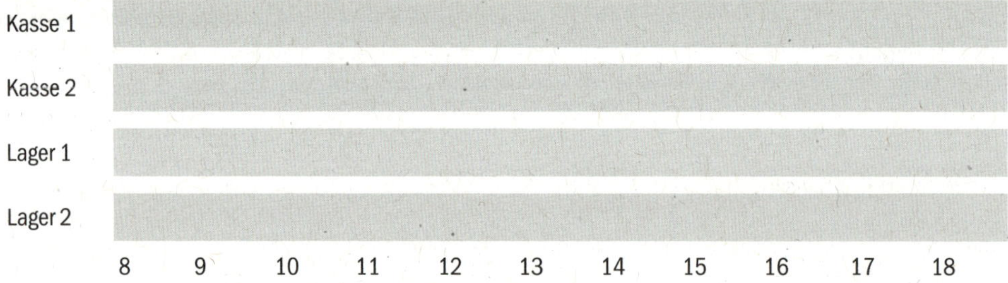

Fortsetzung auf der nächsten Seite

© u-form Verlag – Kopieren verboten!

Fortsetzung von Übung 17a

b) Ein Stellenbesetzungsplan kann auch in Form einer Tabelle oder eines Organigramms erstellet werden. Erkan soll für den folgenden Stellenbesetzungsplan ein Organigramm skizzieren. Helfen Sie ihm dabei.

Stellenbesetzungsplan

Stellenbezeichnung	Stelleninhaber	Stunden / Woche	Soll-Bestand	Ist-Bestand	überstellt	unterstellt
Leitung Personalwesen	Frau Schwarz	40	1	1	Herrn Meier Frau Heinz	Frau Schmitz
Personalsach-bearbeitung	1. Herr Meier 2. Frau Heinz	40 40	2	2	Fr. Meinert Herrn Feist	Frau Schwarz
Lohnbuchhaltung	1. Frau Meinert 2. Herr Feist	40 20	2	2	Fr. Schüler	Herrn Meier Frau Heinz
Assistenz Lohnbuchhaltung	1. Frau Schüler 2. unbesetzt	10 10	2	1	–	Fr. Meinert Herrn Feist

c) In der Bussberg GmbH haben sich unerwartet vier Lagerhelfer krankgemeldet. Diese Woche wird im Lager ein hohes Arbeitsaufkommen erwartet, das unbedingt vollständig bearbeitet werden soll. Was schlagen Sie vor, um dieses Problem zu lösen?

© u-form Verlag – Kopieren verboten!

Personaleinsatz

Bundesurlaubsgesetz – Urlaubsplanung – Resturlaub

Jeder braucht Erholung – das Bundesurlaubsgesetz

Es existiert schon sehr lange: das Bundesurlaubsgesetz. Seit 1963 regelt es den Erholungsurlaub für Arbeitnehmer und Arbeitnehmerinnen in Deutschland, demzufolge allen Beschäftigten ein Mindesturlaub von 24 Werktagen (das sind alle Tage einschließlich Samstag, ohne Sonn- und Feiertage) im Jahr zusteht. Der Mindesturlaub beträgt demnach 4 Wochen, also 4 x 6 Werktage.

Häufig sehen Einzelarbeitsverträge oder Tarifverträge einen höheren Jahresurlaub vor, so dass zum Beispiel ein Jahresurlaub von 30 oder 36 Werktagen gewährt wird.

Werktage sind nicht gleich Arbeitstage

Bei der Berechnung des Urlaubsanspruches ist es wichtig, darauf zu achten, ob von Werktagen oder Arbeitstagen die Rede ist. Denn Arbeitstage sind nicht gleich Werktage. Werktage sind nämlich diejenigen Tage, an denen in einem Betrieb tatsächlich gearbeitet wird, also z. B. von Montag bis Freitag. Für einen zweiwöchigen Urlaub heißt das: 14 Tage Urlaub entsprechen 10 Arbeitstagen, aber 12 Werktagen!

INFO

Wechselt ein Arbeitnehmer innerhalb des Jahres die Arbeitsstelle und hat er bereits Urlaub in Anspruch genommen, so stehen ihm diese Tage beim neuen Arbeitgeber nicht mehr zur Verfügung. Um auszuschließen, dass Urlaub doppelt in Anspruch genommen wird, muss vom ehemaligen Arbeitgeber eine Urlaubsbescheinigung ausgestellt werden.

Und: Urlaub ist bei Vorliegen dringender betrieblicher oder persönlicher Gründe auf Ende März des Folgejahres übertragbar.

Tipp von Erkan

Merke dir für die Prüfung die Gründe, warum ein Arbeitnehmer unter Umständen seinen Jahresurlaub aus dringenden Gründen nicht rechtzeitig genommen hat oder nehmen konnte:

- Betriebliche Gründe: Erhöhtes Arbeitsaufkommen (Auftragsspitzen), Erkrankung von Kollegen (Personalengpässe)
- Persönliche Gründe (z. B. Arbeitsunfähigkeit, Pflege von Angehörigen, Wohnungsschäden aufgrund von Katastrophen)

Merke dir auch die negativen Folgen für ein Unternehmen, wenn (zu viele) Mitarbeiter Urlaub ins neue Jahr übertragen:

- Kurzfristiger Personalmangel am Jahresanfang
- Zeit- und Kostenaufwand für Ersatz (z. B. Einsatz von Mitarbeitern aus einem Zeitarbeitsunternehmen)
- Erhöhter buchhalterischer Aufwand (z. B. Bildung von Urlaubsrückstellungen in der Bilanz)
- Höhere Arbeitsbelastung für die bestehenden Mitarbeiter

© u-form Verlag – Kopieren verboten!

Resturlaub

Manchmal kommt es vor, dass ein Mitarbeiter seinen Jahresurlaub nicht komplett in Anspruch nehmen kann. Dann verfällt der Urlaub nicht automatisch zum Jahresende. Zwar sollte der Urlaub laut Bundesurlaubsgesetz im entsprechenden Kalenderjahr genommen werden, doch kann er – wenn dringende betriebliche oder persönliche Gründe des Arbeitnehmers vorliegen – noch bis zum 31. März des Folgejahres gewährt und genommen werden. Dass der Urlaub vom Arbeitnehmer genommen wird, liegt in der Verantwortung des Arbeitgebers. Nur wenn der Arbeitnehmer seinen Urlaub trotz Hinweis vom Arbeitgeber nicht bis zu dieser Frist nimmt, verfällt er.

© u-form Verlag – Kopieren verboten!

Personaleinsatz

Urlaubsplanung

ÜBUNG 17 b: Urlaubsplanung

Um die negativen Folgen, die in das nächste Jahr übertragene Urlaube von Mitarbeitern mit sich bringen, zu verhindern, wird Erkan zusätzlich mit der Urlaubsplanung betraut. Für die Mitarbeiter gelten zu den **gesetzlichen Regelungen aus dem Bundesurlaubsgesetz**, Vereinbarungen aus dem Manteltarifvertrag, in dem ein Erholungsurlaub für tarifliche Beschäftige von **25 Arbeitstagen** vereinbart wurde. Die Arbeitswoche dauert von Montag bis Freitag.

Um sich einen Überblick zu verschaffen, erstellt Erkan eine Tabelle mit den Urlaubsansprüchen für das kommende Jahr.

Mitarbeiter	Resturlaub aus 2024	Urlaubsanspruch 2025	Gesamturlaubs-anspruch 2025
Frau Schwarz (Leiterin Personalwesen, außertarifliche Angestellte) 40-Stunden-Woche)	5		
Herr Meier (Personalsachbearbeiter, 40-Stunden-Woche)	8		
Frau Heinz (Personalsachbearbeiterin, 40-Stunden-Woche)	6		
Frau Meinert (Lohnbuchhalterin, schwerbehindert, 40-Stunden-Woche)	0		
Herr Feist (Lohnbuchhalter, 20-Stunden-Woche)	0		
Frau Schüler (Assistentin der Lohnbuchhaltung, 10-Stunden-Woche)	0		
Herr Hesse (Auszubildender Kaufmann für Büromanagement, 16 Jahre)	0		

© u-form Verlag – Kopieren verboten!

1. Helfen Sie Erkan dabei, die Tabelle zu ergänzen, und geben Sie hierbei die Tage in Arbeitstagen an. Beachten Sie dabei auch die Auszüge aus dem Jugendarbeitsschutzgesetz und dem Sozialgesetzbuch IX.

Gesetz zum Schutze der arbeitenden Jugend (Jugendarbeitsschutzgesetz – JArbSchG)

§ 19 Urlaub

(1) Der Arbeitgeber hat Jugendlichen für jedes Kalenderjahr einen bezahlten Erholungsurlaub zu gewähren.

(2) Der Urlaub beträgt jährlich
1. mindestens 30 Werktage, wenn der Jugendliche zu Beginn des Kalenderjahrs noch nicht 16 Jahre alt ist,
2. mindestens 27 Werktage, wenn der Jugendliche zu Beginn des Kalenderjahrs noch nicht 17 Jahre alt ist,
3. mindestens 25 Werktage, wenn der Jugendliche zu Beginn des Kalenderjahrs noch nicht 18 Jahre alt ist.
(...)

(3) Der Urlaub soll Berufsschülern in der Zeit der Berufsschulferien gegeben werden. Soweit er nicht in den Berufsschulferien gegeben wird, ist für jeden Berufsschultag, an dem die Berufsschule während des Urlaubs besucht wird, ein weiterer Urlaubstag zu gewähren.

§ 208 SGB IX Zusatzurlaub

(1) Schwerbehinderte Menschen haben Anspruch auf einen bezahlten zusätzlichen Urlaub von fünf Arbeitstagen im Urlaubsjahr; verteilt sich die regelmäßige Arbeitszeit des schwerbehinderten Menschen auf mehr oder weniger als fünf Arbeitstage in der Kalenderwoche, erhöht oder vermindert sich der Zusatzurlaub entsprechend. Soweit tarifliche, betriebliche oder sonstige Urlaubsregelungen für schwerbehinderte Menschen einen längeren Zusatzurlaub vorsehen, bleiben sie unberührt.

© u-form Verlag – Kopieren verboten!

Personaleinsatz

Urlaubsplanung

2. Aufgrund der hohen Resturlaubstage der Personalsachbearbeiter/-innen sollen für die ersten drei Monate des Jahres Mitarbeiter aus einem Zeitarbeitsunternehmen rekrutiert werden. Erklären Sie, welche Vor- und Nachteile für das Unternehmen mit dieser Entscheidung verbunden sind.

3. Nachdem sich Erkan einen Überblick verschafft hat, nimmt er die Urlaubsplanung für die Sommermonate in Angriff. Für die Mitarbeiter gibt es in Bezug auf die Urlaubsplanung betriebliche Regelungen, die eingehalten werden müssen, um einen reibungslosen Ablauf zu gewährleisten.
   - Frau Schwarz darf nur Urlaub nehmen, wenn die Abteilungen „Personalsachbearbeitung" und „Lohnbuchhaltung" durch je einen vollbeschäftigten Mitarbeiter vertreten sind und sollte vorzugsweise nur dann Urlaub nehmen, wenn mit Ausnahme von Assistenzmitarbeitern die Belegschaft voll vertreten ist.
   - Herr Meier und Frau Heinz haben aufgrund einer Betriebsvereinbarung das Recht, ihren Urlaub in den Schulferien zu nehmen, dürfen aber nicht gleichzeitig abwesend sein.
   - Es muss immer ein/e Lohnbuchhalter/-in anwesend sein.
   - Mindestens vier der Mitarbeiter/-innen müssen anwesend sein.
   - Es muss immer ein Mitarbeiter der Abteilungen „Personalsachbearbeitung" und „Lohnbuchhaltung" anwesend sein.

Den Mitarbeitern ist grundsätzlich ein zusammenhängender dreiwöchiger Urlaub zu gewähren.

Die Mitarbeiter/innen haben ihre Wunschtermine eingetragen, die noch genehmigt werden müssen.

© u-form Verlag – Kopieren verboten!

Kontrollieren Sie zusammen mit Erkan die Tabelle. Korrigieren Sie ggf. die Einträge so, dass sie den oben genannten Vorgaben entsprechen.

Mitarbeiter / Kalenderwoche	26	27	28	29	30	31	32	33	34
Frau Schwarz (Leiterin Personalwesen, ledig, keine Kinder)						x	x	x	
Herr Meier (Personalsachbearbeiter, verheiratet, 2 Kinder)			x	x	x				
Frau Heinz (Personalsachbearbeiterin alleinerziehend, 1 Kind)	x	x	x						
Frau Meinert (Lohnbuchhalterin, ledig, keine Kinder)	x	x	x						
Herr Feist (Lohnbuchhalter, ledig, keine Kinder)			x	x	x				
Frau Schüler (Assistentin der Lohnbuchhaltung, ledig, keine Kinder)							x	x	x
Herr Hesse (Auszubildender Kaufmann für Büromanagement)	x	x	x						

4. Die Bussberg GmbH achtet darauf, dass die Mitarbeiter zusammenhängend einen dreiwöchigen Urlaub nehmen können. Erklären Sie, ob dieser Anspruch auch rechtlich besteht.

© u-form Verlag – Kopieren verboten!

Personalbeschaffung

Kurz-, mittel- und langfristige Maßnahmen

Auf der Suche nach Personal

Die Personalbeschaffung verfolgt ein eindeutiges Ziel: Sie hat dafür Sorge zu tragen, dass Vakanzen – das sind freie Stellen – so schnell wie möglich (wieder) „gefüllt“ werden. Die Mitarbeiter, die gemäß der Personalbedarfsplanung benötigt werden, sollen schließlich auch wirklich zur Verfügung stehen – sei es kurz-, mittel- oder langfristig.

Für die Personalbeschaffung gibt es viele verschiedene Möglichkeiten.

Zu den kurzfristigen und mittelfristigen Maßnahmen der Personalbeschaffung gehören neben Mehrarbeit, Urlaubsverschiebungen bzw. –sperren oder Personalveränderungen (z. B. Personalversetzungen) vor allem befristete Personalleasingverträge oder befristete Arbeitsverträge, die im Rahmen der Personalbeschaffung als Option zur Verfügung stehen.

Zu den langfristigen Maßnahmen gehört die Rekrutierung neuer Mitarbeiter sowie ggf. die Einstellung und die anschließende Übernahme von Auszubildenden.

© u-form Verlag – Kopieren verboten!

Beschreibung der Stelle als Instrument

Es reicht in der Regel nicht aus, sich nur auf die Zahl der Mitarbeiter zu konzentrieren; schließlich sind für die verschiedenen zu bewältigenden Aufgaben unterschiedliche Fähigkeiten nötig. Daher muss die Auswahl des Personals auch an den erforderlichen Qualifikationen ausgerichtet sein.

Welche Anforderungen mit einer Stelle verbunden sind, lässt sich am besten anhand einer Stellenbeschreibung ermitteln. In einer solchen sind die wesentlichen Inhalte einer Stelle schriftlich festgehalten, so die Stellenbezeichnung, die Stelleneinordnung, die Aufgaben und Ziele sowie die Verantwortlichkeiten und Befugnisse, ebenso wie die Anforderungen im Hinblick auf die fachlichen und sozialen Kompetenzen des Stelleninhabers.

Durch diese Orientierungspunkte ist eine Stellenbeschreibung für ein Unternehmen ein Hilfsmittel zur Stellenbesetzung und kann zusätzlich als Grundlage für eine Stellenanzeige verwendet werden. Mitarbeitern macht sie klar, welche Leistungen sie erbringen und welche Aufgaben sie erledigen müssen und was sie an Know-how benötigen.

© u-form Verlag – Kopieren verboten!

Personalbeschaffung

Stellenbeschreibung

Stellenbeschreibung

Stellenbezeichnung: Leiter/in der Debitorenbuchhaltung

Stelleneinordnung:
Unterstellung: Geschäftsleitung,
Überstellung: Sachbearbeiter der Debitorenbuchhaltung
Gleichstellung: Abteilungsleiter

Stellenvertretung: durch Abteilungsleiter, für Sachbearbeiter

Stellenziele: Controlling, Auswertung von Zahlen, Erstellen von Statistiken

Stellenaufgabe: Erstellung von Kundenrechnungen, Kontrolle des Rechnungseinganges, Buchung der Rechnungseingänge, Mahnwesen

Stellenbefugnisse: Supervision aller Mitarbeiter in der Debitorenbuchhaltung, Delegation von Aufgaben

Stellenverantwortung: Rechnungslegung und Kontrolle der Abläufe in der Debitorenbuchhaltung

Stellenanforderungen: abgeschlossene Berufsausbildung zum Kaufmann/zur Kauffrau für Büromanagement mit Wahlqualifikation Kaufmännische Steuerung und Kontrolle oder zur/zum Steuerfachangestellten, mehrjährige Berufserfahrung in der Buchhaltung, mehrjährige Erfahrung als Abteilungsleiter oder in einer ähnlichen Position

INFO

Nicht verwechseln! Die Stellen**be**schreibung ist ein **innerbetriebliches** Instrument zur Personalplanung und -beschaffung und dient der Beschreibung und Einordnung einer Stelle. Sie unterscheidet sich von der Stellen**aus**schreibung oder der Stellen**anzeige**, bei der es um die Suche von Mitarbeitern zur Stellenbesetzung geht.

© u-form Verlag – Kopieren verboten!

Personalbeschaffungsarten

Arten und Wege der Personalbeschaffung

Im Angebot

Um Stellen zu besetzen, stehen einem Unternehmen grundsätzlich zwei verschiedene Beschaffungswege zur Verfügung: die interne sowie die externe Personalbeschaffung. Sie werden wie folgt unterschieden:

Arten der internen Personalbeschaffung	Arten der externen Personalbeschaffung
Mehrarbeit, Verlängerung der Arbeitszeiten	Agentur für Arbeit
Urlaubsverschiebungen, -sperren	Arbeitsvermittlungsagenturen
Personalversetzung/Beförderung	Personalleasing
Personalentwicklung	Stellengesuche
Interne Stellenausschreibung (Unternehmenszeitschrift, schwarzes Brett, Intranet)	Stellenanzeigen (Printmedien: überregionale Zeitungen, Regionalzeitungen, (Fach-)Zeitschriften; Internet: Homepage, online Jobbörsen, Social Media Plattformen)
Vorteile: • kostengünstige / zeitsparende Personalbeschaffung • Qualitäten des Mitarbeiters sind bekannt • Kenntnisse des Mitarbeiters den Betrieb betreffend, ggf. kürzere Einarbeitungszeit • Erhöhung der Mitarbeitermotivation durch Karrierechancen	**Vorteile:** • hochqualifizierte Mitarbeiter auf dem Arbeitsmarkt • Bereicherung durch neuen Input, Ideen, Methoden und Arbeitsweisen • weniger Konkurrenz zu den bestehenden Mitarbeitern • objektive Beurteilung des Mitarbeiters • keine Schaffung vakanter (freier) Stellen in anderen Bereichen / Abteilungen

Tipp von Erkan

Die Unterscheidung von interner und externer Personalbeschaffung gehört zu den beliebten Prüfungsthemen. Merke Dir also:

externe Personalbeschaffung:
Personal wird von außerhalb des Unternehmens beschafft durch z. B. Stellenanzeigen auf dem freien Arbeitsmarkt (hierbei kostengünstige Lösungen sind: Auswerten von Stellengesuchen, Arbeitsagentur, Internet)

interne Personalbeschaffung:
Personal kommt vom eigenen Unternehmen durch z. B. interne Stellenausschreibung

© u-form Verlag – Kopieren verboten!

Personalbeschaffungsarten

Arten und Wege der Personalbeschaffung

ÜBUNG 18: Personalbeschaffung

a) Anna ist zurzeit bei ihrem Ausbildungsbetrieb, der Nett und Weber GmbH & Co. KG, im Personalwesen eingesetzt. Sie erfährt, dass Frau Bürger, eine für das Unternehmen wichtige Mitarbeiterin, das Unternehmen aus persönlichen Gründen verlassen wird. Ihre Stelle muss neu besetzt werden, auf dem Arbeitsmarkt eine Nachfolge für Frau Bürger zu finden, gestaltet sich jedoch schwierig. Bitte zählen Sie für Anna auf, welche weiteren Möglichkeiten dem Unternehmen zur Verfügung stehen. Erläutern und begründen Sie Ihre Antwort und gehen Sie dabei auf rechtliche Fragen den Betriebsrat betreffend ein. Erklären Sie in diesem Zusammenhang, welche Beschaffungsart grundsätzlich am geeignetsten wäre.

b) Anna schlägt ihrem Vorgesetzten nach reiflicher Überlegung vor, eine interne Stellenausschreibung zu veröffentlichen. Dieser freut sich über die kluge Entscheidung seiner jungen Mitarbeiterin und bittet sie, hierfür alle nötigen Informationen zu sammeln. Sie schreibt sich auf, welche Bestandteile eine interne Stellenanzeige haben sollte. Was hat sich Anna wohl notiert?

c) Anna soll den Text für die Stellenausschreibung vorbereiten. Dafür möchte sie zuerst eine Checkliste erstellen, damit sie keine Angabe vergisst. Wie könnte die Gliederung der Stellenausschreibung aussehen?

Tipp von Lara

Merke Dir, wie eine Stelle definiert wird:

In einer Organisation (z. B. einem Unternehmen) ist die Stelle die kleinste organisatorische Einheit in der Aufbauorganisation und umfasst bestimmte Aufgaben oder Teilaufgaben. Häufig auch als Arbeitsplatz bezeichnet.

INFO

E-Recruiting nimmt eine zunehmend große Bedeutung bei der Stellenausschreibung ein. Es geht hierbei um die Stellenausschreibung über digitale Medien auf elektronischem Wege (z. B. Internetstellenbörsen, Unternehmenswebsite, Bewerbermangementsystem, Social Media, mobile Recruiting & Co.).

© u-form Verlag – Kopieren verboten!

Mit Wirkung nach außen

Die Stellenanzeige ist in der Personalbeschaffung der Schlüssel zum Erfolg; schließlich hängt von ihr ab, ob sich geeignete Personen bewerben. Gleichzeitig ist sie ein Aushängeschild für das Unternehmen und ein wichtiger Faktor beim Kampf um die Einstellung qualifizierter Mitarbeiter. Um eine Stellenanzeige zu erstellen, können interne und externe Quellen hilfreich sein. Intern z. B. Stellenbeschreibungen, Anforderungsprofile, Organigramme, CI und CD des Unternehmens, Arbeitsplatzbeschreibungen. Extern: Werbeagenturbeispiele, Zeitungen und Zeitschriften, Internetportale.

Stellenanzeigen können auf verschiedene Arten veröffentlicht werden. Klassische Varianten: Zeitungsanzeigen, Anzeigen in Zeitschriften. Aktuell wird ein Großteil der Stellenanzeigen jedoch im Internet veröffentlicht. Die Wahl des Internets erfolgt aus mehreren Gründen. Die Veröffentlichung der Anzeigen ist i. d. R. kostengünstiger, auf der eigenen Internetseite meist kostenfrei. Darüber hinaus können über das Internet mehr Bewerber angesprochen werden, was die Erfolgschancen um einiges verbessert. Außerdem ist die Stellenanzeige rund um die Uhr erreichbar (weitere Vorteile: hohe Aktualität, online-Bewerbung, Interaktionsmöglichkeit).

Da Inhalt und Gestaltung davon abhängen, in welcher Form die Stellenanzeige veröffentlicht wird, gilt es zu überlegen:

1. **Wie hoch dürfen die Kosten sein und welches Medium steht mir zur Verfügung?**
   Diese beiden Punkte sind unmittelbar miteinander verbunden: Anzeigen in Tageszeitungen oder Fachzeitschriften sind z. B. erheblich teurer als eine Anzeige auf der eigenen Homepage.
2. **Wann und wie lange soll die Anzeige geschaltet werden?**
   Zeitpunkt der Schaltung und Dauer (in Abhängigkeit vom gewünschten Einstellungstermin, z. B. 2-4 Monate vor Einstellungstermin – je nach Dauer des Bewerberauswahlverfahrens) sollten wohl überlegt sein.
3. **Wen möchte ich ansprechen?**
   Die Zielgruppe zu definieren, ist wichtig: Ob Mitarbeiter für einfache oder komplexe Tätigkeiten gesucht oder aber Fachkräfte bzw. Führungskräfte rekrutiert werden müssen, bestimmt den Inhalt oder die Wahl des Mediums. Eine Aushilfe für das Lager mithilfe einer Anzeige in einer großen, überregionalen Tageszeitung zu suchen, dürfte wenig erfolgsversprechend sein, ebenso wie die Suche nach einer Führungskraft durch eine kleine zweizeilige Stellenanzeige in einer kostenlosen regionalen Werbezeitschrift.
4. **Wie soll die Anzeige aussehen?**
   In Abhängigkeit der geplanten Kosten (Größe und Medium) und der Zielgruppe sollte eine angemessene Gestaltung gewählt werden (allgemein gilt: klare Darstellung mit allen erforderlichen Informationen).

Tipp von Kim

Das Thema Personalbeschaffung und Einstellung eines Mitarbeiters unter Berücksichtigung der Stellenanzeigen wird in der klassischen Variante der Prüfung eventuell vorkommen. Mache Dich mit diesen Themen vertraut: Arbeitsschritte bis zur Einstellung eines Mitarbeiters, Quellen bei der Erstellung einer Stellenanzeige sowie hier auftretende Schwierigkeiten, die Wahl der Medien und eine erfolgsversprechende Gestaltung der Anzeige.

© u-form Verlag – Kopieren verboten!

Stellenanzeige

Inhalt • Gestaltung

Mit Wirkung nach innen

Um nicht mit einer hohen Zahl von ungeeigneten Bewerbungen überlastet zu werden, die das Unternehmen viel Zeit kosten, muss auch der Inhalt der Stellenanzeige stimmen.

Eine Stellenanzeige sollte folgende Inhalte aufweisen:

1. Firmenprofil (Firma, Branche, Standort, ggf. Unternehmensgröße, Produkte und Leistungsbereich (Portfolio), Marktstellung, Betriebsklima, u. U. auch Führungsprinzipien und -stile)
2. Stellenbeschreibung: Stellenbezeichnung, Stelleneinordnung, Einsatz- und Aufgabenbereich, Einsatzort
3. Anforderungen: Ausbildung, Abschlüsse, Berufserfahrung, fachliche und soziale Kompetenzen
4. Leistungen des Unternehmens: betriebliche Leistungen, tarifliche Einstufung, Weiterbildungs- und Aufstiegsmöglichkeiten, Sozialleistungen etc.
5. Rahmeninformationen: Firma und Anschrift, Ansprechpartner, Hinweise zu den erforderlichen Bewerbungsunterlagen (z. B. Bewerbungsschreiben, Lebenslauf, Referenzen, Online-Bewerbung etc.)

Beachte!
Die meisten Schwierigkeiten, die bei einer Stellenanzeige auftreten können, sind an vorderster Stelle die Nicht-Einhaltung des AGG (hier können Klagen drohen!). Auch fehlende oder ungenaue Angaben, zu viel Text bzw. Informationen oder eine unattraktive Gestaltung können Gründe dafür sein, dass die Stellenanzeige ihre Wirkung verliert. Erfolgsversprechend ist eine Anzeige dann, wenn sie alle nötigen Inhalte bereitstellt, eine aussagekräftige Headline (Überschrift) besitzt und nach dem AIDA-Modell gestalterisch aufgebaut ist. Zudem ist wichtig, dass eine Bewerbungsfrist angegeben wird, damit Bewerbungen nicht über einen zu langen Zeitraum eingehen.

INFO

Laut § 93 BetrVG hat der Betriebsrat bei Stellenausschreibungen Mitbestimmungsrecht. Er kann vom Arbeitgeber verlangen, dass die Stellenausschreibung zunächst intern erfolgt. Bitte nicht vergessen!

Achtung: Diskriminierung!

Häufig sind in Stellenanzeigen Fälle von Diskriminierung versteckt. Doch schreibt das Allgemeine Gleichbehandlungsgesetz (AGG) vor, dass niemand z. B. wegen seines Alters, seiner Herkunft, seiner Religion, seines Geschlechts oder einer Behinderung in irgendeiner Weise benachteiligt werden darf. Dies gilt auch bei der Personalbeschaffung bzw. -suche. Für die Anforderung an Bewerbungen bedeutet dies, dass etwa bestimmte Angaben zur eigenen Person ebenso wie zum Beispiel ein Bewerberfoto nicht erforderlich sein dürfen. Außerdem ist darauf zu achten, dass immer Personen jeden Geschlechts angesprochen werden.

In der Praxis treten jedoch immer wieder Fälle auf, in denen diese Punkte nicht berücksichtigt werden, obwohl zahlreiche Unternehmen ihre Anforderungen an Bewerbungsunterlagen bereits geändert haben.

© u-form Verlag – Kopieren verboten!

ÜBUNG 19: Personalanzeige

Die Knallbunt GbR sucht zum nächstmöglichen Zeitpunkt einen Kaufmann/eine Kauffrau für Büromanagement mit den Schwerpunkten Assistenz und Sekretariat und Personalwirtschaft. Lara soll für die regionale Tageszeitung eine Stellenanzeige entwerfen. Laras erster Entwurf für die Anzeige sieht wie folgt aus:

Die Knallbunt GbR ist ein junges, modernes Unternehmen, das im Bereich Werbung und Marketing tätig ist und deutschlandweit operiert. Wir expandieren, daher suchen wir zum nächstmöglichen Zeitpunkt eine Mitarbeiterin als

Kauffrau für Büromanagement

......

Ihre Aufgaben bestehen in der Büroassistenz. Überdies nehmen Sie vielfältige Aufgaben in der Personalwirtschaft unseres Unternehmens wahr.

Sie sind jung, dynamisch und nicht älter als 30 Jahre, verfügen über sehr gute PC- und Englisch-Kenntnisse ...

Ihre aussagekräftige Bewerbung mit allen üblichen Unterlagen inkl. Lichtbild ist schriftlich zu richten an:... Schilderhausen. Bei Fragen wenden Sie sich an unseren Leiter der Personalabteilung, Herrn Krause Tel. 01234 – 567890.

Fortsetzung auf der nächsten Seite

© u-form Verlag – Kopieren verboten!

Stellenanzeige

Inhalt • Gestaltung

Fortsetzung von Übung 19

a) Laras Chef erklärt ihr, dass dieser Entwurf dringend überarbeitet werden muss. Machen auch Sie einen Verbesserungsvorschlag und erklären Sie anschließend, was beim Inhalt und Aufbau der Anzeige beachtet werden sollte (mind. 5 Punkte) und welche Rolle die AIDA-Formel im Zusammenhang mit der Stellenanzeige spielen kann.

b) Um die Effektivität der Mitarbeitersuche zu erhöhen, soll die Ausschreibung auch an anderen Stellen erfolgen. Welche weiteren Möglichkeiten bzw. Medien könnte Lara dafür sinnvollerweise wählen (mind. 4 Nennungen)?

Was darf eine Stellenanzeige im Sinne des Diskriminierungsschutzes **nicht** beinhalten?

- Bevorzugtes Geschlecht, es müssen immer Personen jeden Geschlechts angesprochen werden, so z. B.: Wir suchen eine/-n Mitarbeiter/-in (m/w/d)
- Einschränkung im Hinblick auf das Alter (nicht zulässig z. B. Alter bis max. 40 Jahre)
- Bevorzugte Staatsangehörigkeit (z. B. deutsche Staatsangehörigkeit)
- Wünsche in Bezug auf Aussehen (z. B. durch Lichtbild) und körperliche Konstitution (z. B. jung, gutaussehend, schlank)

INFO

Schutz vor Diskriminierung bieten so genannte anonymisierte Lebensläufe oder Bewerbungen, in denen persönliche Angaben (fast) gänzlich ausgeklammert werden. Durch diese soll der Fokus auf die Kompetenzen gelegt werden und nicht etwa auf die familiäre Situation, das Alter, das Aussehen oder die Herkunft. Obwohl bereits in manchen Unternehmen praktiziert, haben sich diese noch nicht richtig durchgesetzt.

© u-form Verlag – Kopieren verboten!

Bewerberauswahl

Schritt für Schritt

Wer ist der Richtige?

Gar nicht so einfach, aus einer Vielzahl von Bewerbern den richtigen herauszufiltern. Nicht zuletzt deshalb, weil es wichtig ist, genau diejenigen Bewerber auszuwählen, die für die zu besetzende Stelle am besten geeignet sind. Um Fehlbesetzungen zu vermeiden, erfordert dieser Prozess größtmögliche Sorgfalt. Und einen geschulten Blick, den es sich mit viel Übung anzueignen gilt.

In vier Schritten zur Auswahl eines Bewerbers

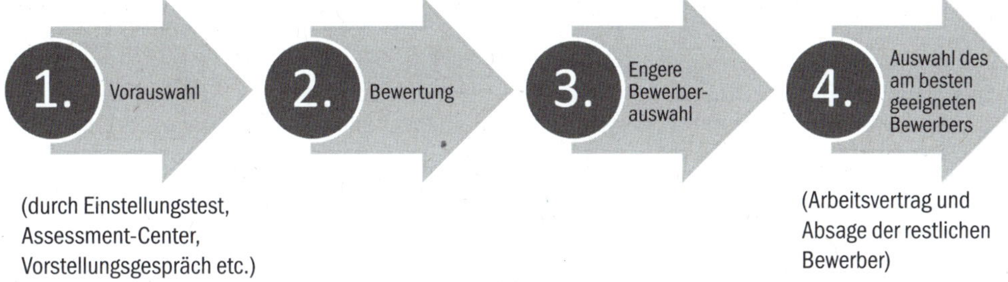

(durch Einstellungstest, Assessment-Center, Vorstellungsgespräch etc.)

(Arbeitsvertrag und Absage der restlichen Bewerber)

1. Schritt: die Vorauswahl

In der Regel wird bei Vorliegen mehrerer Bewerbungen eine grobe Vorauswahl getroffen, die sich an der Form der Bewerbung orientiert. Ausgeschlossen werden Bewerbungen, die formal nicht den Ansprüchen genügen (z. B. wegen einer unzureichenden äußeren Erscheinungsform oder wegen Unvollständigkeit der Unterlagen).

Tipp von Erkan

Merke Dir unbedingt die einzelnen Schritte im Bewerbung-/Einstellungsverfahren. Sie werden in den Prüfungen häufig erfragt.

© u-form Verlag – Kopieren verboten!

Bewerberauswahl

Schritt für Schritt

Tipp von Jan

Überlege, welche Kriterien ein Anforderungsprofil enthalten könnte. Soll ich Dir helfen?

- fachliche Kompetenzen (z. B. Schulbildung, Ausbildung, Berufserfahrung etc.)
- Zusatzqualifikationen (z. B. Sprachen, IT)
- soziale Kompetenzen (z. B. Teamfähigkeit, Kommunikationsfähigkeit)
- körperliche Anforderungen (z. B. schweres Tragen, langes Stehen)
- sonstige Anforderungen (z. B. Führerscheine, Technikverständnis)

Merke Dir in diesem Zusammenhang auch, was Soft Skills sind. Das sind Eigenschaften bzw. Qualitäten einer Person, die mehr mit der Persönlichkeit (z. B. Empathie, Freundlichkeit) zu tun haben und weniger mit den fachlichen Fähigkeiten, die wiederum als Hard Skills bezeichnet werden.

2. Schritt: Bewertung der Person

Mithilfe der Bewerbungsunterlagen wird der Bewerber einer Bewertung unterzogen; Kriterien zur Beurteilung der persönlichen sowie fachlichen Eignung sind das Bewerbungsschreiben (Rechtschreibung, Sprache, Bewerbungshintergründe, Motive für die Bewerbung, beruflicher Hintergrund, Qualifikationen), der Lebenslauf (Berufserfahrung, Berufsentwicklung, Lücken) sowie die Zeugnisse (Tätigkeiten, Fähigkeiten und deren Beurteilung).

Um die Bewerberauswahl zu erleichtern, gibt es so genannte **Bewertungsbögen**. Durch Beurteilungskriterien können die Bewerber zum Beispiel in **A-, B- und C-Gruppen** unterteilt werden.

C-Gruppe: Bewerber dieser Gruppe erhalten eine Absage. Ihnen werden die Bewerbungsunterlagen direkt zurückgesandt.

B-Gruppe: Diese Bewerber sind nicht gänzlich geeignet; entweder die Anforderungen reichen nicht voll und ganz oder es fehlen noch Unterlagen. Den Bewerbern dieser Gruppe wird eine Zwischennachricht zugestellt, in der ggf. die erforderlichen Unterlagen angefordert werden.

A-Gruppe: Bewerber dieser Gruppe sind die geeignetsten. Sie kommen in die enge Bewerberauswahl.

© u-form Verlag – Kopieren verboten!

3. Schritt: engere Bewerberauswahl

Um aus einem engen Bewerberpool den richtigen herauszufinden, gibt es mehrere Instrumente. Zu diesen gehören:

- der Personalfragebogen
- das Vorstellungsgespräch
- Eignungstests
- Assessment-Center
- weitere Instrumente wie z. B. Arbeitsproben
- Führungszeugnisse oder ärztliche Befunde

4. Schritt: Auswahl der am besten geeigneten Bewerber

Der Bewerber, der sich im Vorstellungsgespräch am besten präsentiert oder in den Tests die besten Ergebnisse erzielt hat, wird für die Stelle ausgewählt. Ihm wird eine Zusage erteilt und im Falle eines beiderseitigen Einverständnisses ein Arbeitsvertrag geschlossen. Wenn sichergestellt ist, dass der Bewerber die Stelle antritt und absehbar ist, dass er auch bleibt, muss den anderen potenziellen Bewerbern eine Absage erteilt werden.

INFO

§ 99 BetrVG Mitbestimmung bei personellen Einzelmaßnahmen

(1) In Unternehmen mit in der Regel mehr als zwanzig wahlberechtigten Arbeitnehmern hat der Arbeitgeber den Betriebsrat vor jeder Einstellung, Eingruppierung, Umgruppierung und Versetzung zu unterrichten, ihm die erforderlichen Bewerbungsunterlagen vorzulegen und Auskunft über die Person der Beteiligten zu geben...

Das heißt also, dass der Betriebsrat laut Betriebsverfassungsgesetz über die geplante Einstellung eines neuen Mitarbeiters informiert werden muss.

Tipp von Anna

Das Thema Assessment-Center ist zwar sehr speziell und ein Detailthema innerhalb der Personalbeschaffung, trotzdem kann es in der klassischen Variante der Prüfung das Hauptthema sein: Definition, Ziele, Vor- und Nachteile, mögliche Aufgaben und Übungen sowie die dadurch ermittelten Kompetenzen - all das sind Stichpunkte für geeignete Prüfungsfragen.

Wir haben Dir die wichtigsten Punkte zusammengestellt. Du findest sie im Downloadbereich dieses Lerntrainers.

© u-form Verlag – Kopieren verboten!

Personaleinstellung

Aufgaben

Herzlich willkommen!

Wird ein neuer Arbeitnehmer in einem Unternehmen beschäftigt und haben beide Seiten den Arbeitsvertrag unterschrieben, so kommen auf die Mitarbeiter, die im Personalwesen arbeiten und für die Personaleinstellung zuständig sind, so einige Aufgaben zu:

- Von dem neuen Mitarbeiter müssen zahlreiche Unterlagen eingefordert werden, so zum Beispiel der unterschriebene Arbeitsvertrag (falls dieser noch nicht vorliegt), der Sozialversicherungsausweis, Mitgliedsbescheinigung der Krankenkasse, ggf. Urlaubsbescheinigung, ggf. Arbeitserlaubnis (bei ausländischen Mitarbeitern), ggf. noch ausstehende Bewerbungsunterlagen, ggf. ärztliches Zeugnis (vgl. hierzu das Kapitel zur Personalverwaltung)
- Personaldaten müssen erfasst und eine Personalakte angelegt werden (vgl. hierzu das Kapitel zur *Personalverwaltung*)
- Meldungen und Anzeigen müssen vorgenommen werden, so zum Beispiel bei der Krankenkasse, der Sozialversicherung (diese Angaben werden von der Krankenkasse weitergeleitet), beim Finanzamt, bei der Berufsgenossenschaft (vgl. hierzu das Kapitel zur Personalverwaltung)
- Dem Arbeitnehmer müssen ggf. Unterlagen zur Kenntnisnahme, Verwahrung und Nutzung ausgehändigt werden, so zum Beispiel der vom Arbeitgeber unterzeichnete Arbeitsvertrag, die Betriebsordnung, Verschwiegenheitserklärungen, den Betriebs- bzw. Werkausweis, Informationsunterlagen zur Arbeitssicherheit (Verhalten bei Unfällen etc.), evtl. Schlüssel oder PIN-Codes, Arbeitsmaterial und Werkzeuge etc.
- Wenn ein Arbeitsvertrag mündlich geschlossen wurde und kein Vertrag vorliegt, so muss der Arbeitgeber dennoch seiner Pflicht laut Nachweisgesetz nachkommen, die wesentlichen Vertragsbedingungen schriftlich mitzuteilen.
- Der Mitarbeiter muss eine Einweisung in die Unfallverhütungsvorschriften erhalten.
- Der Mitarbeiter muss im Betrieb und in seinen Arbeitsplatz eingeführt werden.

Tipp von Lara

In der klassischen Variante der Prüfung weiß man nicht vorher, welches Thema abgefragt wird. Häufig ist das Hauptthema die Einstellung eines neuen Mitarbeiters. Fragen, die hier auftreten können, sind z. B.:

Welche Unterlagen müssen von einem neuen Mitarbeiter angefordert und welche müssen ihm ggf. ausgehändigt werden?

Du findest die Antwort auf dieser Seite.

© u-form Verlag – Kopieren verboten!

Von Anfang an gut dabei! – Der erste Arbeitstag

Sowohl für den Arbeitnehmer als auch den Arbeitgeber ist der erste Arbeitstag eines neuen Mitarbeiters eine spannende Angelegenheit; schließlich kommt frischer Wind in die Bude und die Erwartungen sind in der Regel hoch gesteckt. Die Art der Personaleinführung entscheidet nicht selten über die zukünftige Qualität des Arbeitsverhältnisses sowie die Leistungsbereitschaft und Arbeitszufriedenheit eines Mitarbeiters. Wird ein Mitarbeiter freundlich empfangen und kompetent in seine Tätigkeitsbereiche eingeführt, so hat dies einen positiven Einfluss auf die weitere Entwicklung des neuen Arbeitsverhältnisses.

Einführungsplan und Checkliste

Die Einführung und Einarbeitung neuer Mitarbeiter ist eine wichtige Aufgabe, denn alles soll reibungslos verlaufen und der Mitarbeiter soll sich schnell einfinden. Um dies zu gewährleisten, müssen auch die bereits bestehenden Mitarbeiter auf den neuen Kollegen vorbereitet werden; dessen Einsatz muss geplant werden, ebenso wie dessen zukünftige Arbeiten vorbereitet werden müssen: Der Arbeitsplatz muss vorbereitet und eingerichtet, benötigtes Arbeitsmaterial bereitgestellt werden, bei Bedarf ist die Einrichtung bestimmter Bürokommunikationsgeräte zu veranlassen. Sinnvoll ist die Benennung eines so genannten „Paten“, der sich aufgrund seiner Erfahrung als Ansprechpartner in der ersten Zeit um den neuen Mitarbeiter kümmert.

Gut vorbereitet!

Noch vor Arbeitsbeginn, z. B. rund 14 Tage vor Arbeitsantritt, könnte der neue Mitarbeiter kontaktiert werden, um die genaue Uhrzeit, den Treffpunkt und Ansprechpartner mitzuteilen und um gegebenenfalls noch fehlende, im Unternehmen benötigte Unterlagen und Informationen für das Personalbüro zu erfragen.

Insbesondere für den ersten Arbeitstag sollte genügend Zeit für die Begrüßung, Vorstellung und Einführung im Betrieb eingeräumt werden. Wird beispielsweise ein Mitarbeiter mit der Einführung eines neuen Kollegen betraut, empfiehlt sich ein Einführungsplan, in dem die einzelnen Schritte der Personaleinführung aufgeführt sind. Dieser kann als Checkliste dienen – so wird nichts vergessen.

Tipp von Kim

Der neue Mitarbeiter hat Glück gehabt. Er hat die Stelle bekommen. Die anderen Bewerber sind ausgeschieden. Eine Absage sollte erteilt werden, wenn klar ist, dass ein Bewerber, die Stelle nicht bekommt. Potenziellen Bewerbern sollte erst abgesagt werden, wenn der ausgesuchte Kandidat den Arbeitsvertrag unterschrieben hat. Es ist auf jeden Fall wichtig, dass Absagen erfolgen. Wie, warum und welche Gründe ausschlaggebend sein können, findest Du z. B. auf folgenden Internetseiten:

https://news.kununu.com/bewerbung- aus-diesen-gruenden-sagen-personaler-wirklich-ab/

https://factorialhr.de/blog/absage-auf-bewerbung/

Schau sie Dir unbedingt an. Es kann Teil der mündlichen Prüfung sein, eine Absage zu formulieren sowie Gründe zu nennen. Wichtig hierbei: Ablehnungsgründe dürfen nicht diskriminierend sein (z. B. Alter, Aussehen), sonst könnte dem Arbeitgeber eine Schadensersatzklage drohen.

© u-form Verlag – Kopieren verboten!

Personaleinstellung

Einführung in den Betrieb und den Arbeitsplatz: Checkliste

Gecheckt!

Vorbereitung:

- Belegschaft und Kollegen über den Neuzugang informieren
- Ansprechpartner (Mentor/Ausbilder) ernennen und einweisen
- Einarbeitungsplan festlegen
- Arbeitsplatz vorbereiten

1. Tag

- Begrüßung und Vorstellung der Kollegen, Vorgesetzten, des Mentors/des Ausbilders
- Betriebsführung
- Informationen zur Arbeitsorganisation (z. B. Arbeitszeiten, Pausenzeiten, Verpflegungs- und Essensmöglichkeiten, Dienstreiseformalitäten)
- Arbeitsschutzbelehrung, Einführung in die Unfallverhütungsvorschriften und Sicherheitsvorschriften, Verhalten bei Krankheit, Unfall oder Brand
- Zuweisung des Arbeitsplatzes (technische Einweisung, z. B. PC, Telefonanlage)
- Erläuterung des Einarbeitungsplanes
- Erläuterung der anstehenden Arbeitsaufträge

Und dann kann es auch schon losgehen!

Tipp von Erkan

Die Erstellung einer Checkliste, eines Ablaufplanes oder eines Konzeptes für ein Ereignis (oder eine Veranstaltung) sind beliebte Themen in der klassischen Variante der mündlichen Prüfung.

INFO

„Onboarding" bezeichnet die professionelle Einarbeitung von neuen Mitarbeitern mithilfe eines umfassenden Einarbeitungsplanes, der über eine Einführung in die ersten Tage der neuen Arbeitsstelle deutlich hinausgeht. Dieser beinhaltet detaillierte und durchdachte Maßnahmen, die dem neuen Mitarbeiter während der gesamten Probezeit bei der Integration in das Unternehmen helfen sollen.

© u-form Verlag – Kopieren verboten!

ÜBUNG 20a: Von der Stellenanzeige zur Personaleinführung

Anna soll bei der Nett & Weber GmbH & Co. KG den Personalbeschaffungsprozess für die Suche nach einem neuen Mitarbeiter für den Außendienst mit steuern und durchführen.

a) Notieren Sie mit Anna die einzelnen Schritte und Aufgaben, die von der Anzeigenschaltung bis zur Einstellung eines Bewerbers vollzogen werden müssen.

b) Nach Eingang der Bewerbungen trifft Anna eine Vorauswahl. Benennen Sie die Kriterien, die sie hierbei zugrunde legen sollte.

c) Aus den Bewerbern der engeren Auswahl hat sich ein Kandidat als besonders geeignet erwiesen, den die Nett & Weber GmbH & Co. KG gerne einstellen würde. Wann sollte den anderen Bewerbern der engeren Auswahl abgesagt werden? Überlegen Sie in diesem Zusammenhang, welche Bedeutung die Probezeit für die Personalbeschaffung und die Personaleinführung hat.

d) Ein neuer Mitarbeiter ist gefunden. Der Betriebsrat hat bemängelt, dass er über den potenziellen neuen Arbeitnehmer, der neu eingestellt werden soll, noch nicht unterrichtet worden ist. Hat er das Recht dazu?

e) In der kommenden Woche soll der neue Mitarbeiter im Unternehmen eingeführt werden. Anna soll eine Checkliste für den ersten Tag der Personaleinführung erstellen. Helfen Sie ihr dabei!

f) Anna möchte dem neuen Mitarbeiter ein Handbuch mit wichtigen Informationen aushändigen. Nennen Sie Inhalte, die in diesem Handbuch vertreten sein können.

g) Auch die Folgetage müssen geplant werden. Anna soll ein Formular erstellen, mit dessen Hilfe die Einführungstage nach ihrem zeitlichen Ablauf geplant und dokumentiert werden können. Wie könnte dieses aussehen?

Tipp von Lara

Ein geeignetes Thema für einen Report: Ein neuer Mitarbeiter startet im Unternehmen - von der Personalsuche zur Personaleinführung. Das ist übrigens ein Thema, das auch in der klassischen Variante der Prüfung vorkommen kann.

© u-form Verlag – Kopieren verboten!

ÜBUNG 20b: Absage

Nachdem klar ist, dass der neue Mitarbeiter im Unternehmen bleiben wird, soll den anderen potenziellen Bewerbern eine Absage erteilt werden. Das ist wichtig, damit das Unternehmen Nett und Weber GmbH & Co. KG auch in Zukunft als seriöser Arbeitgeber wahrgenommen und mit den Bemühungen der Bewerber respektvoll umgegangen wird. Anna wird von ihrem Vorgesetzten gebeten, eine Absage zu formulieren. Anna sucht sich die Bewerbungen zusammen und macht sich an die Arbeit.

a) Formulieren auch Sie eine freundliche Absage.
b) Nennen Sie vier mögliche Gründe, warum Bewerbern unter Umständen eine Absage erteilt wird.
c) Nennen Sie fünf Punkte, die Sie auf keinen Fall in einer Absage als Grund angeben dürfen, um zu verhindern, dass Ihnen noch im Nachhinein eine Klage droht.

ÜBUNG 20c: Einarbeitungsplan

Um dem neuen Mitarbeiter eine erfolgreiche Integration in das neue Arbeitsumfeld zu ermöglichen, wird Anna gebeten, einen Einarbeitungsplan zu erstellen.

a) Wie könnte ein solcher Einarbeitungsplan aussehen? Erstellen Sie einen ersten Entwurf.
b) Nennen Sie vier Vorteile, die ein Einarbeitungsplan hat und nennen Sie mögliche negative Auswirkungen, wenn wichtige Aspekte in der Einweisung vergessen werden.
c) Nach Ende der Einarbeitung wird der Plan abgezeichnet und kommt in die Ablage. Wo sollte er sinnvollerweise abgelegt werden und warum?

© u-form Verlag – Kopieren verboten!

Wenn Arbeitsverhältnisse beendet werden ...

... hat dies unterschiedliche Gründe. Arbeitnehmer entscheiden sich für einen anderen Betrieb, wechseln den Beruf bzw. die Art der Tätigkeit, Verträge laufen ab, Aufhebungs- bzw. Auflösungsverträge werden geschlossen, Arbeitsverhältnisse aufgrund von Altersrente oder dauerhafter Arbeitsunfähigkeit beendet, Arbeitgeber bauen Personal ab, Auszubildende wählen einen anderen Beruf oder werden nicht von den Unternehmen übernommen oder einem Mitarbeiter wird aus wichtigem Grund außerordentlich gekündigt.

Die Kündigung

Arbeitsverhältnisse, die nicht – wie etwa bei Ausbildungsverhältnissen oder befristeten Verträgen der Fall – automatisch enden, können unter Beachtung der gesetzlichen Regelungen sowohl von dem Arbeitnehmer als auch dem Arbeitgeber gekündigt werden. Eine Kündigung muss schriftlich erfolgen und darf nicht auf elektronischem Wege, wie zum Beispiel durch eine E-Mail oder eine SMS, übermittelt werden. Am besten ist ein Schreiben mit persönlicher Übergabe und einem Zeugen oder die Zustellung der Kündigung über einen Gerichtsvollzieher.

INFO

Einschreiben mit Rückschein
Eine Kündigung per Einschreiben mit Rückschein ist nur rechtlich sicher, wenn der Rückschein rechtzeitig beim Absender ankommt.

Einwurf-Einschreiben
Der Ausgabebeleg bei einem Einwurf-Einschreiben gilt vor Gericht nur als Indiz – den Beweis, dass die Kündigung zugegangen ist, muss der Absender erbringen.

Tipp von Erkan

Häufig wird in den Prüfungen gefragt, wie Personal reduziert bzw. abgebaut werden kann, ohne dass eine Kündigung erfolgen muss. Merke Dir hierfür folgende Möglichkeiten:

- keine Übernahme von Auszubildenden
- keine Verlängerung von befristeten Verträgen
- Teilzeitbeschäftigung / Altersteilzeit
- Nicht-Wiederbesetzung von Stellen, die frei werden
- Abbau von Überstunden
- Aufhebungsvertrag

© u-form Verlag – Kopieren verboten!

Kündigung

Die Kündigung und der Betriebsrat

Der Betriebsrat hat Anhörungsrecht

Wenn ein Unternehmen einen Betriebsrat hat, so muss dieser vor jeder Kündigung gehört werden. Er hat also in diesem Fall ein **Anhörungsrecht**, bei dem der Arbeitgeber auch die Kündigungsgründe mitteilen muss. Wird dies vom Arbeitgeber versäumt, so ist die Kündigung unwirksam.

Hat der Betriebsrat Bedenken gegen die Kündigung, so kann er ihr unter Nennung von Gründen widersprechen. Entscheidet sich der Arbeitgeber dazu, die Kündigung nicht auszusprechen, so ist der Fall damit erledigt. Allerdings kann der Arbeitgeber die Kündigung auch bei Widerspruch des Betriebsrates aussprechen. Dann hilft nur der Widerspruch beim Arbeitsgericht, der binnen drei Wochen eingelegt werden muss.

Eine Kündigung ist zulässig, wenn es betriebsbedingte, personenbedingte oder verhaltensbedingte Gründe gibt. Hat der Arbeitgeber vor, aus betriebsbedingten Gründen eine größere Anzahl von Mitarbeitern zu entlassen, so muss abhängig von der Anzahl der Mitarbeiter (vgl. § 112 BetrVG) mit dem Betriebsrat ein Sozialplan vereinbart werden.

INFO

Durch einen **Aufhebungsvertrag** wird ein Arbeitsverhältnis mit Zustimmung beider Seiten beendet. Er ist an keine Frist gebunden und setzt auch nicht die Anhörung des Betriebsrates voraus. Auch gelten hier keine Kündigungsschutzregelungen. Er muss aber schriftlich erfolgen (§ 623 BGB). Bei einem Aufhebungsvertrag muss der Arbeitgeber den Mitarbeiter darauf aufmerksam machen, dass eine ohne wichtigen Grund herbeigeführte Arbeitslosigkeit eine Sperrzeit beim Bezug von Arbeitslosengeld von 3 Monaten nach sich zieht (§ 159 SGB III). Ein Aufhebungsvertrag kann angefochten werden, wenn er z. B. erzwungen wurde (durch Androhung der Kündigung o. Ä.). Meist ist der Aufhebungsvertrag mit einer Abfindungszahlung verbunden.

Tipp von Anna

Die Rolle des Betriebsrates bei Kündigungen ist einer der wichtigsten Inhalte rund um den Themenbereich Kündigung. Setze Dich damit intensiv auseinander. Und denke daran: Erst wenn Du es ohne Unterlagen jemandem gut erklären kannst, kannst Du Dir sicher sein, dass das Wissen aktiv vorhanden ist und Du es auch in der Prüfung anwenden kannst. Das gilt im Übrigen für den gesamten Prüfungsstoff.

© u-form Verlag – Kopieren verboten!

Zwei Arten – zwei Wege

Es gibt ordentliche Kündigungen, für die gesetzlich festgelegte Kündigungsfristen gelten, und außerordentliche Kündigungen, für die in bestimmten Fällen keine Einhaltung von Kündigungsfristen erforderlich ist.

Ordentliche Kündigungen

Eine ordentliche Kündigung ist eine Kündigung ohne besonderen Grund und kann aufgrund des **Grundsatzes der Kündigungsfreiheit** jederzeit ausgesprochen werden. Jedoch schränkt das Kündigungsschutzgesetz dies ein: Für Arbeitgeber mit mehr als 10 Mitarbeitern, die länger als sechs Monate beschäftigt waren, kann das Arbeitsverhältnis nur durch eine sozial gerechtfertigte Kündigung mit Einhaltung der Kündigungsfrist gekündigt werden. Sozial gerechtfertigt sind Kündigungen, die personenbedingt, verhaltensbedingt oder betriebsbedingt sind.

personenbedingt	verhaltensbedingt	betriebsbedingt
• fehlende Kompetenz • geringe Leistungsfähigkeit	• Unpünktlichkeit • Arbeitsverweigerung • Beleidigungen • Unentschuldigte Fehlzeiten • Unerlaubte Nutzung von Betriebseigentum, auch Internet • Diebstahl • Straftaten • Verletzung der Geheimhaltungspflicht **ggf. Abmahnung erforderlich!**	• geringes Auftragsvolumen • Umsatzrückgang • Rationalisierung • Rohstoffmangel • Kürzung von Arbeitsplätzen • neue Fertigungsverfahren **Sozialauswahl erforderlich!** (dies in Abhängigkeit von der Dauer des Arbeitsverhältnisses, gesetzlichen Unterhaltspflichten, dem Lebensalter oder einer Schwerbehinderung) Der Arbeitnehmer hat laut § 1a KSchG bei betriebsbedingter Beendigung des Arbeitsverhältnisses Anspruch auf eine Abfindung in Höhe von 0,5 Monatsverdiensten für jedes Jahr der Betriebszugehörigkeit.

Tipp von Kim

Merke dir ein paar Kriterien, die bei der Sozialauswahl betriebsbedingter Kündigungen zu beachten sind. So z. B.

- Alter
- Dauer der Betriebszugehörigkeit
- Unterhaltsverpflichtungen
- Flexibilität / Mobilität

INFO

Was ist eine Änderungskündigung? Mit einer Änderungskündigung wird zwar das bestehende Arbeitsverhältnis beendet, jedoch mit dem Ziel, unter anderen Bedingungen wieder ein Beschäftigungsverhältnis zu schaffen. Hat der Arbeitnehmer gegen diese Bedingungen Bedenken, so kann er die (ordentliche) Änderungskündigung nach dem Kündigungsschutzgesetz vom Gericht überprüfen lassen.

© u-form Verlag – Kopieren verboten!

Kündigung

Ordentliche und außerordentliche Kündigung

Tipp von Erkan

Merke dir, welche Personengruppen einen besonderen Kündigungsschutz genießen, denn es ist eine allseits beliebte Frage in der klassischen Variante der mündlichen Prüfung:

- Auszubildende nach der Probezeit (lt. BBiG)
- Betriebsrats- und JAV-Mitglieder (lt. KSchG)
- Schwangere bis 4 Monate nach der Entbindung (lt. MuSchG) und Eltern in Elternzeit (lt. BEEG)
- Schwerbehinderte (lt. SGB IX)

INFO

Auch bei außerordentlichen Kündigungen besteht für manche Personengruppen eine Art Kündigungsschutz, da der Arbeitgeber hier eine Zustimmung benötigt: für Schwangere, Schwerbehinderte und Betriebsräte. Im Zweifelsfall entscheidet das Arbeitsgericht über eine Zulässigkeit der Kündigung.

Außerordentliche Kündigungen

Man spricht in Zusammenhang mit außerordentlichen Kündigungen auch häufig von fristloser Kündigung aus wichtigem Grund. Das trifft dann zu, wenn es einem der Vertragspartner nicht mehr zumutbar ist, das Arbeitsverhältnis noch länger aufrechtzuerhalten (vgl. § 626 BGB).

Solche Gründe sind auf Seiten des Arbeitnehmers z. B.

- Verletzung der Arbeitspflicht
- Tätlichkeiten, Handgreiflichkeiten, Gewalt
- Diebstahl
- Unterschlagung
- sexuelle Belästigung
- Sucht

und auf Seiten des Arbeitgebers z. B.

- Verletzung der Vergütungspflicht
- Tätlichkeiten, Handgreiflichkeiten, Gewalt
- sexuelle Belästigung.

Im Verhaltens- und Leistungsbereich (z. B. Arbeits- bzw. Vergütungspflicht) kann eine Kündigung erst nach (mehrmals) erfolgloser **Abmahnung** ausgesprochen werden. In den anderen Bereichen, die im Vertrauensbereich (z. B. Diebstahl) liegen, ist eine vorherige Abmahnung nicht erforderlich.

© u-form Verlag – Kopieren verboten!

Nicht gleich sofort!

Bei einer ordentlichen Kündigung sind gesetzliche Kündigungsfristen einzuhalten (vgl. § 622 BGB), sofern in den Tarifverträgen oder in den Einzelarbeitsverträgen nichts anderes vereinbart wurde. Aber Achtung: Auch dann dürfen die Vereinbarungen den Arbeitnehmer nicht schlechter stellen als es die gesetzlichen Regelungen vorsehen. Für Arbeitnehmer und Arbeitgeber gibt es unterschiedliche Fristen.

Arbeitnehmer

Arbeitnehmer können in der Probezeit mit einer Frist von 2 Wochen kündigen. Bei Kündigungen nach der Probezeit gilt eine Frist von 4 Wochen zum 15. oder zum Ende eines Kalendermonats.

Ausnahme

Liegt ein Ausbildungsvertrag vor, kann innerhalb der Probezeit ohne Frist gekündigt werden.

Ein Ausbildungsvertrag kann vom Arbeitgeber grundsätzlich nicht mit einer ordentlichen Kündigung gekündigt werden; vom Auszubildenden kann nach der Probezeit jedoch in bestimmten Fällen (vgl. hierzu das Kapitel Einzelarbeitsvertrag, Besonderheiten des Ausbildungsvertrages).

Tipp von Kim

Merke Dir unbedingt, welche Personengruppen gegen Kündigungen besonders geschützt sind. Das sind: schwangere Frauen, einschließlich der Personen im Mutterschutz (während der Schwangerschaft und bis zum Ablauf von vier Monaten nach der Entbindung), Elternzeitberechtigte, freiwillig Wehrdienstleistende, Auszubildende nach der Probezeit, schwerbehinderte Personen ab sechs Monaten Beschäftigung (Kündigung nur nach Zustimmung des Integrationsamtes), Betriebsratsmitglieder und Mitglieder der JAV (beide während der Amtszeit und ein Jahr darüber hinaus).

© u-form Verlag – Kopieren verboten!

Kündigung

Kündigungsfristen Arbeitgeber

Arbeitgeber

Für Arbeitgeber gelten andere, meist längere Kündigungsfristen, die abhängig sind von der Dauer der Beschäftigung des Arbeitnehmers:

Betriebszugehörigkeit	Kündigungsfrist
2 Jahre	1 Monat zum Ende des Kalendermonats
5 Jahre	2 Monate
8 Jahre	3 Monate
10 Jahre	4 Monate
12 Jahre	5 Monate
15 Jahre	6 Monate
20 Jahre	7 Monate

Auf welche Weise kann Personal freigesetzt werden?

Ordentliche Kündigung laut § 622 BGB

Außerordentliche Kündigung laut § 626 BGB

Massenentlassungen laut § 17 KSchG

Änderungskündigung laut § 2 KSchG

Aufhebungsvertrag

Nicht-Weiterbeschäftigung von Auszubildenden nach Ende der Berufsausbildung

Nicht-Verlängerung von befristeten Verträgen

Pensionierung

Tipp von Anna

Häufig wird in den Prüfungen die Frage gestellt, wie Personal freigesetzt werden kann, ohne dass eine Kündigung erfolgen soll.

Die Antwort lautet hier:

- Aufhebungsvertrag
- Nicht-Besetzung frei werdender Stellen
- Nicht-Übernahme von Auszubildenden
- Nicht-Verlängerung von befristeten Verträgen

Merken!

© u-form Verlag – Kopieren verboten!

Übung 21: Kündigung

Die Firma Tentor Steel AG beschäftigt derzeit rund 200 Arbeitnehmer. Die Auftragslage ist aktuell zwar sehr gut, da diese aber immer wieder stärkeren Schwankungen unterliegt, soll fünf Mitarbeitern aus verschiedenen Abteilungen gekündigt werden, um in diesen Phasen flexibler zu sein. Erhöhten Arbeitsanfall möchte die Geschäftsleitung stattdessen mit befristeten Mitarbeitern oder Leiharbeitnehmern bewältigen.

Eine Vorauswahl hat ergeben, dass folgende Personen dazugehören könnten:

- Frau Grabe aus der Personalabteilung, die aufgrund ihrer Schwangerschaft bald für einige Zeit ausfallen wird
- Herr Mannheim aus der Produktion, der nach mehrmaligen Abmahnungen immer noch täglich zu spät zur Arbeit erscheint
- Herr Hase aus der IT-Abteilung, der seit sechs Monaten im Unternehmen angestellt ist und bei dem sich herausgestellt hat, dass er nicht über die Computerkenntnisse verfügt, die er vorgab zu haben
- Herr Holzheim, ein Lagerarbeiter, dessen Aufgaben durch ein neu installiertes vollautomatisiertes Lagerhaltungssystem abgedeckt werden können

a) Kim überlegt, in welchem der oben genannten Fälle eine ordentliche oder außerordentliche Kündigung rechtmäßig und nicht rechtmäßig wäre. Helfen Sie ihr und begründen Sie Ihre Entscheidungen.

b) Erläutern Sie außerdem, was die Tentor Steel AG bei ordentlichen oder außerordentlichen Kündigungen laut Betriebsverfassungsgesetz mit berücksichtigen muss.

INFO

Die Pflichten eines Arbeitgebers enden nicht mit dem Ausscheiden des Mitarbeiters. Er hat noch folgende nachvertragliche Pflichten: Freistellung für Bewerbungen (ein Arbeitnehmer hat laut § 629 BGB das Recht auf bezahlte Freizeit zur Stellensuche, wenn es sich bei der Beschäftigung um ein dauerhaftes Arbeitsverhältnis gehandelt hat und wenn das Arbeitsverhältnis gekündigt wurde), Aushändigung von Arbeitspapieren, Erstellung und Aushändigung eines Arbeitszeugnisses, Gewährung von Resturlaub und ggf. anderen noch ausstehenden Leistungen, Rückzahlung von Fortbildungskosten. Auch der Arbeitnehmer hat eine nachvertragliche Pflicht: die Wahrung der Betriebsgeheimnisse (das Wettbewerbsverbot gilt jedoch nicht weiter).

© u-form Verlag – Kopieren verboten!

Arbeitszeugnis

Rechtsanspruch • Prinzipien

Ein klares Recht

Zu den wohl wichtigsten Unterlagen, die dem Arbeitnehmer bei Ausscheiden aus dem Unternehmen ausgehändigt werden müssen, gehört das **Arbeitszeugnis**. Jeder Mitarbeiter hat das Recht auf ein schriftliches Zeugnis, das ihm zeitnah bei/nach Beendigung des Arbeitsverhältnisses ausgestellt werden muss. (Achtung: Das Zeugnis muss unmittelbar nach der Kündigung ausgehändigt werden, bei fristloser Kündigung sogar **sofort**!). Ein Arbeitszeugnis kann vom Arbeitnehmer ab dem Zeitpunkt der Kündigung verlangt werden.

Dieser Rechtsanspruch gilt ein Jahr, die Rechtsgrundlage bilden § 630 BGB, § 109 GewO sowie für Auszubildende § 16 BBiG. Ein Arbeitszeugnis kann vom Arbeitnehmer ab dem Zeitpunkt der Kündigung verlangt werden. Die Aushändigung des Arbeitszeugnisses darf jedoch nicht an bestimmte Bedingungen des Arbeitgebers geknüpft werden, wie beispielsweise die Rückgabe von zur Verfügung gestelltem Firmeneigentum.

Wahr – aber wohlwollend!

Wichtig ist, dass das Zeugnis **wahrheitsgemäß** sein soll, aber gleichzeitig **wohlwollend** sein muss; das heißt, dass es den Arbeitnehmer nicht bei seinem weiteren Fortgang unangemessen behindern darf. Die im Arbeitszeugnis enthaltenen Formulierungen müssen klar und deutlich sein, negative Äußerungen darf es nicht beinhalten. Um trotzdem eine vielleicht ungünstige Beurteilung abgeben zu können, hat sich in der Praxis eine Art „Geheim-Code“ durchgesetzt, der Rückschlüsse auf die tatsächliche Bewertung der Arbeitnehmer zulässt. Die Interpretation dieser Formulierungen ist mittlerweile jedoch sowohl im Internet als auch im Buchhandel verfügbar und daher für jeden nachvollziehbar.

© u-form Verlag – Kopieren verboten!

Arbeitszeugnis

Noten • Formulierungen • Einfaches und qualifiziertes Zeugnis

Note 1 oder doch Note 4?

Folgende und ähnliche Formulierungen haben sich in der Praxis eingebürgert und korrespondieren in etwa mit den nachfolgend zugeordneten Schulnoten:

Sehr gut	... **stets** zu unserer **vollsten** Zufriedenheit erledigt.
Gut bis sehr gut	... zu unserer **vollsten** Zufriedenheit erledigt.
Gut	... **stets** zu unserer **vollen** Zufriedenheit erledigt.
Gut bis Befriedigend	... zu unserer **vollen** Zufriedenheit erledigt.
Befriedigend bis ausreichend	... zu unserer **Zufriedenheit** erledigt.
Mangelhaft	... **im Großen und Ganzen** zu unserer Zufriedenheit erledigt.
Ungenügend	... hat sich **bemüht** ...

Einfach oder qualifiziert?

Grundsätzlich wird zwischen dem **einfachen** und dem **qualifizierten** Zeugnis unterschieden. Das einfache Zeugnis enthält Angaben zur Person (Name und Anschrift), zur Art und Dauer der Tätigkeit sowie zu den während der Anstellung erledigten Tätigkeiten. Ein qualifiziertes Zeugnis, das jedoch nur auf Verlangen des Arbeitnehmers ausgestellt werden muss, umfasst überdies Angaben zur Führung und Leistung, zum Verhalten und zu etwaigen besonderen fachlichen Fähigkeiten des ausscheidenden Mitarbeiters.

© u-form Verlag – Kopieren verboten!

Arbeitszeugnis

Inhalt • Verhalten

Klar und eindeutig

Für beide Zeugnisarten gilt, dass sie klar und verständlich formuliert und von einem dazu Berechtigten mit Angabe des Ausstellungsortes und -datums unterschrieben sein müssen. Was aber bedeutet klar? Es bedeutet, dass ein Arbeitszeugnis alle für die Beurteilung eines Mitarbeiters nötigen Angaben enthalten und inhaltlich eindeutig formuliert sein muss. Um Irrtümer und Mehrdeutigkeiten zu vermeiden, darf der Text keine Ausrufezeichen, Fragen oder Anführungszeichen beinhalten sowie keine Formulierungen enthalten, durch die eine andere als die beschriebene Aussage getroffen wird. Dies ist insbesondere für die Führungsbeurteilung von Bedeutung, für die sich zum Beispiel folgende Formulierungen durchgesetzt haben:

Sehr gut	Sein Verhalten gegenüber Vorgesetzten und Mitarbeitern war stets vorbildlich. Sein Verhalten gegenüber Vorgesetzten und Mitarbeitern war stets einwandfrei.
Gut	Sein Verhalten gegenüber Vorgesetzten und Mitarbeitern war einwandfrei. Sein Verhalten gegenüber Vorgesetzten und Mitarbeitern war vorbildlich.
Befriedigend	Seine Zusammenarbeit mit Vorgesetzten und Mitarbeitern war gut. Das Verhalten gegenüber Vorgesetzten und Mitarbeitern war gut.
Ausreichend	Das Verhalten gegenüber Vorgesetzten und Mitarbeitern gab keinen Anlass zur Beanstandung. Sein Verhalten war insgesamt einwandfrei. Die Zusammenarbeit mit Vorgesetzten und Mitarbeitern verlief meist reibungslos.
Mangelhaft	Sein Verhalten gab uns selten Anlass zur Beanstandung. Sein persönliches Verhalten war im Wesentlichen einwandfrei. Er war stets um ein gutes Verhältnis zu Kollegen und Vorgesetzten bemüht.
Ungenügend	Das persönliche Verhalten war im Wesentlichen tadellos. Er zeigte für seine Arbeit Verständnis und Interesse.

© u-form Verlag – Kopieren verboten!

Auch auf die Form kommt es an

Auch auf die äußere Form des Zeugnisses ist zu achten. Ein Zeugnis muss in verkehrsüblicher Form erstellt werden und sollte daher folgende Merkmale aufweisen:

- maschinenschriftlich (PC) auf gültigem Briefpapier/Geschäftspapier (DIN A4 Firmenbogen) oder - sofern der Arbeitnehmer zustimmt - in digitaler Form
- vom Arbeitgeber selbst oder einem beauftragten Vertreter unterschrieben bzw. im Falle einer digitalen Version mit einer qualifizierten elektronischen Signatur versehen
- fehlerfreier Text ohne Verbesserungen, Radierungen, Durchstreichungen, Markierungen
- ordentlich und sauber, keine Flecken, keine Knicke
- Ausstellungsdatum zeitnah zum Beendigungstermin (ggf. zwei bis drei Tage vorher)

No no no!

Laut Rechtsprechung sind bestimmte Inhalte in einem Arbeitszeugnis unzulässig und können neben ungerecht empfundenen Beurteilungen vom ausscheidenden Mitarbeiter angefochten werden. Unzulässig sind Angaben zu:

- Krankheitszeiten
- Schwangerschaft
- Schwerbehinderteneigenschaften
- Gewerkschafts- oder Parteizugehörigkeit
- Mitgliedschaften in Betriebsräten
- Abmahnungen oder Straftaten (wenn diese nicht in Zusammenhang mit dem Arbeitsverhältnis stehen)
- privaten Angelegenheiten (z. B. gefährliche Freizeit- oder Sportaktivitäten)

Nicht erlaubt sind darüber hinaus Kündigungsgründe, sofern sie sich auf das weitere berufliche Fortkommen des ausscheidenden Mitarbeiters negativ auswirken können.

© u-form Verlag – Kopieren verboten!

Arbeitszeugnis

Schlussformel • Grundsätze

Eingebürgert haben sich - wenngleich laut Bundesarbeitsgericht kein Rechtsanspruch des ausscheidenden Mitarbeiters darauf besteht – folgende, allgemein formulierte **Schlussformeln**:

Er/Sie verlässt uns auf eigenen Wunsch.

Wir bedauern sein/ihr Ausscheiden, danken für die stets gute Zusammenarbeit und wünschen ihm/ihr viel Erfolg für seinen/ihren weiteren beruflichen Werdegang.

Wir haben uns gefreut, Herrn/Frau [.............] als Mitarbeiter/in gewonnen zu haben und wünschen ihm/ihr weiterhin viel Erfolg

Trotzdem: Das Arbeitszeugnis muss auch die Interessen Dritter – das sind die zukünftigen Arbeitgeber – wahren. Diese müssen sich auf das im Arbeitszeugnis Gesagte verlassen können. Werden Sachverhalte, die dem neuen Arbeitgeber schaden können, verschwiegen, so kann dieser von dem das Zeugnis ausstellenden Unternehmen Schadenersatz verlangen.

INFO

Laut BAG-Rechtsprechung gibt es vier Grundsätze (= Rechtsgrundsätze), nach denen ein Arbeitszeugnis verfasst werden muss: Wahrheit, Wohlwollen, Wahrung der Interessen Dritter (das sind die zukünftigen Arbeitgeber), keine unangemessene Behinderung des Fortgangs des ausscheidenden Mitarbeiters.

ÜBUNG 22: Arbeitszeugnis

In Kürze verlässt eine Kollegin von Anna die Firma Nett und Weber KG: Frau Sandra Krause, eine ihrer Kolleginnen aus der Personalabteilung, die bei Nett und Weber seit 3 Jahren als Kauffrau für Büromanagement beschäftigt war. Frau Krause war als Mitarbeiterin sehr geschätzt und hat nun selbst gekündigt.

Anna soll für Frau Krause ein qualifiziertes Zeugnis erstellen und darin Folgendes berücksichtigen: Die Mitarbeiterin verlässt das Unternehmen nach 3 Jahren, um Betriebswirtschaftslehre zu studieren. Das Unternehmen bedauert ihr Ausscheiden, da es sich um eine ausgezeichnete Mitarbeiterin handelt. Frau Krause war im Unternehmen in den Bereichen Bürowirtschaft, Rechnungswesen, Kundenbetreuung und Personal tätig. Außerdem war sie an Schulungen beteiligt.

Helfen Sie Anna, eine Gliederung für das Zeugnis aufzustellen.

© u-form Verlag – Kopieren verboten!

Vier in einem

Auch wenn es sich ähnlich anhört: Laut Berufsbildungsgesetz (BBiG) gehört zur Berufsbildung mehr als nur die Ausbildung. Vielmehr wird die **Berufsbildung** gegliedert in:

- Berufsausbildungsvorbereitung: Grundlagenvermittlung zur Vorbereitung auf eine Berufsausbildung in einem anerkannten Ausbildungsberuf
- Berufsausbildung: Vermittlung von fachlichen Kenntnissen, Fertigkeiten und Fähigkeiten (berufliche Handlungsfähigkeit) in einem Ausbildungsberuf
- Fortbildung: Erweiterung der in der Ausbildung erworbenen fachlich-beruflichen Kenntnisse und Fertigkeiten
- Umschulung: Erwerb von fachlichen Kenntnissen, Fertigkeiten und Fähigkeiten, die dazu befähigen, einen anderen als den gelernten Beruf auszuüben

Zur beruflichen Bildungsarbeit gehört außerdem die **Weiterbildung**. Diese umfasst Maßnahmen zum Erwerb von Kenntnissen, Fertigkeiten und Fähigkeiten, die über die berufsspezifischen Inhalte hinausgehen und auf die Erweiterung von allgemeinen Fähigkeiten in verschiedenen relevanten Bereichen abzielen (z. B. Zeitmanagement, Umweltmanagement, Qualitätsmanagement etc.).

Alle diese Maßnahmen zählen unter anderem zur Personalentwicklung. Ein sehr technischer Begriff für eine eigentlich sehr humane Angelegenheit. Es geht nämlich um den Menschen, um seine ganz persönliche Entwicklung im Arbeitsleben, was den Begriff Personalentwicklung erklärt.

Tipp von Lara

Merke Dir die Arten der Fortbildung. Sie werden in der Prüfung manchmal abgefragt:

- *Aufstiegsfortbildung* (Vorbereitung auf höhere Aufgaben)
- *Anpassungsfortbildung* (Anpassung an veränderte Anforderungen)
- *Erweiterungsfortbildung* (Erwerben zusätzlicher beruflicher Fähigkeiten)
- *Erhaltungsfortbildung* (Erhalten von Kenntnissen durch Auffrischung)

© u-form Verlag – Kopieren verboten!

Personalentwicklung

Instrumente und Maßnahmen • Ziele

Fordern und Fördern

Obwohl Aus-, Fort- und Weiterbildungsmaßnahmen häufig mit der Personalentwicklung gleichgesetzt werden, umfasst der Begriff eigentlich noch mehr, nämlich die systematisch vorbereitete, durchgeführte und kontrollierte Förderung der Anlagen und Fähigkeiten eines Mitarbeiters. Das geht am besten, wenn Menschen nicht nur gefördert, sondern auch gefordert werden. Hierzu dient eine Reihe von Instrumenten und Maßnahmen.

Ziele der Personalentwicklung

Maßnahmen der Personalentwicklung sollen das Verhalten und das Wissen – das heißt die sozialen, persönlichen und fachlichen Kompetenzen – von Mitarbeitern ändern und erweitern. Das kann notwendig sein, um aktuelle und zukünftige Anforderungen des Unternehmens und seiner externen Stakeholder (z. B. Kunden, Öffentlichkeit, ...) zu erfüllen. Die Gründe dafür sind vielfältig:

- Entwickeln eines firmenspezifischen, (hoch-)qualifizierten Personalstabes (z. B. Fach- und Führungskräfte)
- Förderung von Innovationen
- Förderung der Zusammenarbeit
- Erhöhung der Leistungsbereitschaft, der Mitarbeitermotivation und -zufriedenheit
- Förderung der Lernbereitschaft, der Flexibilität und der Mobilität der Mitarbeiter
- Unterstützung der Personaldeckungsmaßnahmen
- Schaffung von Personalreserven
- Erhöhung der Kundenzufriedenheit, ggf. Senkung der Reklamationen und der damit verbundenen Kosten
- Kostensenkung durch verbesserte Arbeitsproduktivität
- Schaffen von Wettbewerbsvorteilen

INFO

Personalentwicklung ist ein kontinuierlicher Prozess, der – sofern er systematisch betrieben wird – auch aus Sicht der Arbeitnehmer sehr vorteilhaft ist, weil er zu langfristigen Wettbewerbsvorteilen auf dem Arbeitsmarkt führen kann.

© u-form Verlag – Kopieren verboten!

Maßnahmen der Personalentwicklung gezielt eingesetzt!

Mit gezielten Maßnahmen werden in der Personalentwicklung die Fähigkeiten der Mitarbeiter auf zukünftige betriebliche Veränderungen ausgerichtet, wobei die Interessen der einzelnen Mitarbeiter mit berücksichtigt werden.

Instrumente der Personalentwicklung

Heute gibt es zahlreiche, methodisch ausgerichtete Konzepte, durch die eine Fort- und Weiterbildung gefördert wird, so zum Beispiel durch:

- Schulungen
- Seminare
- Workshops
- Coaching
- Trainee-Programme
- Mentoring
- Fernstudium
- E-Learning
- Online-Learning
- Blended Learning

© u-form Verlag – Kopieren verboten!

Personalentwicklung

Instrumente und Maßnahmen

Die Maßnahmen können intern oder extern erfolgen: Intern **on the job**, das heißt direkt am Arbeitsplatz, wobei entweder auf externe oder auf interne Trainer oder Moderatoren zurückgegriffen werden kann, oder **off the job**, das heißt extern in Form von Schulungen und Seminaren außerhalb des Unternehmens. Weitere Alternativen sind: **near the job** (= arbeitsplatznahe Förderung) oder **into the job** (= Einarbeitung).

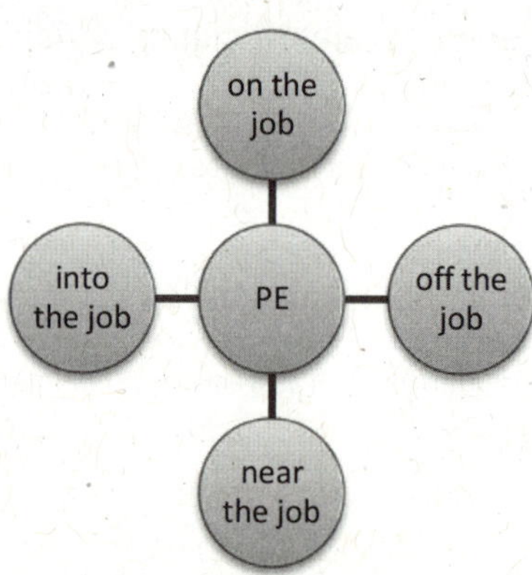

Zu den **internen Maßnahmen** der Mitarbeiterförderung gehören unter anderem auch:

Job-Rotation	Job-Enlargement	Job-Enrichment
Wechseln von Aufgaben und Aufgabenbereichen im bestimmten Turnus	Ausweitung des Aufgabenbereiches um Aufgaben des gleichen Anforderungsniveaus	Erweiterung des Aufgabenbereichs um Aufgaben eines höheren Anforderungsniveaus

© u-form Verlag – Kopieren verboten!

Vom Ist-zum Soll-Zustand

Für die Planung und Durchführung von Weiterbildungsmaßnahmen muss zunächst eine **Analyse der Ist-Situation** vorgenommen werden, die dann mit dem gewünschten Soll-Zustand abgeglichen wird. Im weiteren Fortgang wird der **Bildungsbedarf** ermittelt, z. B. anhand mündlicher Befragungen der Mitarbeiter oder – noch besser – durch regelmäßig stattfindende Mitarbeitergespräche. Besonders diese liefern wichtige Erkenntnisse, die für die Planung von Entwicklungsmaßnahmen nötig sind.

Um die Weiterbildungsinhalte bestimmen zu können, werden die Ergebnisse der Gespräche bzw. der Befragungen verdichtet, bewertet, gegebenenfalls weiter angepasst und ergänzt. Stehen die Maßnahmen fest, müssen die betroffenen Mitarbeiter hierüber informiert werden.

Im Anschluss daran wird das Weiterbildungskonzept erstellt, indem festgelegt wird, in welchem Rahmen, Zeitraum und von wem die einzelnen Themen vermittelt werden sollen. Während und nach der Weiterbildungsmaßnahme folgt eine Kontrolle, um den Erfolg der Entwicklungsmaßnahme festzustellen.

INFO

Ein wunderbares Thema für einen Report: Die Planung und Durchführung einer Personalentwicklungsmaßnahme eines Mitarbeiters bzw. von Mitarbeitern einer Abteilung. Inhalt und Gliederung ergeben sich im Grunde aus dem Ablauf (vgl. die nachfolgende Seite).

© u-form Verlag – Kopieren verboten!

Personalentwicklung

Planung und Durchführung von Weiterbildungsmaßnahmen

Planung und Durchführung einer PE-Maßnahme

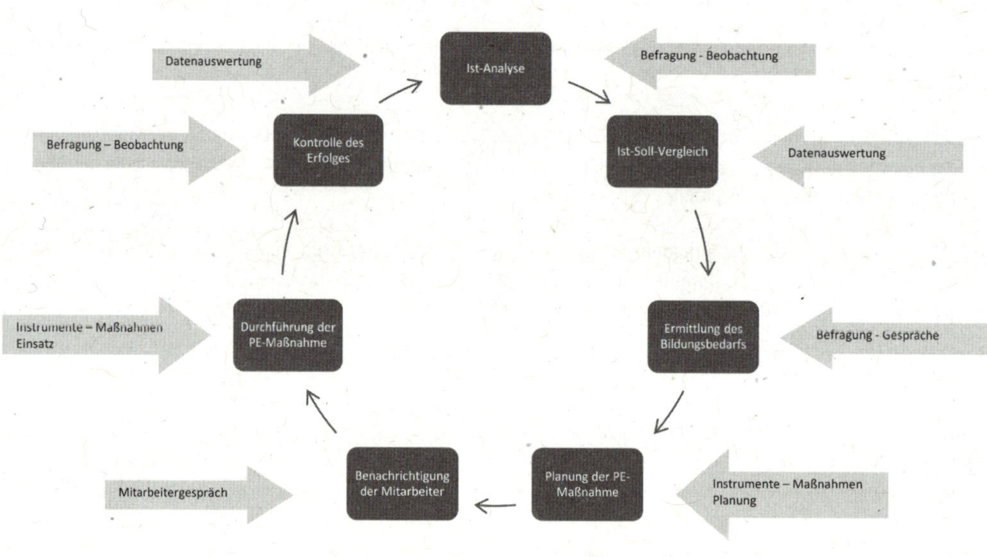

INFO

Ein aktuelles Thema der heutigen Personalentwicklung ist die Nachhaltigkeit durchgeführter Maßnahmen. Das heißt, dass sichergestellt werden muss, dass die Maßnahmen zu einem Erfolg führen und das hierfür eingesetzte Budget gut angelegt war und zu sichtbaren bzw. messbaren Ergebnissen führt bzw. geführt hat.

© u-form Verlag – Kopieren verboten!

ÜBUNG 23: Personalentwicklung

Lara ist seit einiger Zeit im Personalbereich der Knallbunt GbR tätig. Ihr Vorgesetzter bemängelt, dass sich Herr Arndt, der für das Sekretariat und den Empfang zuständig ist, sowohl am Telefon als auch in der Werbeagentur zu wenig kundenorientiert verhält. Zwei junge Grafiker, Frau Schmitz und Herr Wasen, sind ausgesprochen ideenreich, machen aber in einigen Bereichen noch zu viele Fehler, weshalb Frau Sachse immer wieder nacharbeiten muss.

Der Chef von Lara möchte etwas dagegen tun und bittet sie, für diese Mitarbeiter geeignete Personalentwicklungsmaßnahmen zu planen und durchzuführen bzw. durchführen zu lassen und diesen Prozess zu begleiten. Helfen Sie Lara dabei, ein erstes Konzept zu erstellen!

a) Legen Sie die Schritte fest, die Lara bei der Planung und Durchführung der Personalentwicklungsmaßnahmen vollziehen muss.
b) Überlegen Sie, wie man den Bildungsbedarf ermitteln kann.
c) Nennen Sie innerbetriebliche Maßnahmen und Methoden, die on the job und near the job eingesetzt werden können, sowie Maßnahmen off the job.
d) Überlegen Sie, wie Lara die PE-Maßnahmen evaluieren kann?

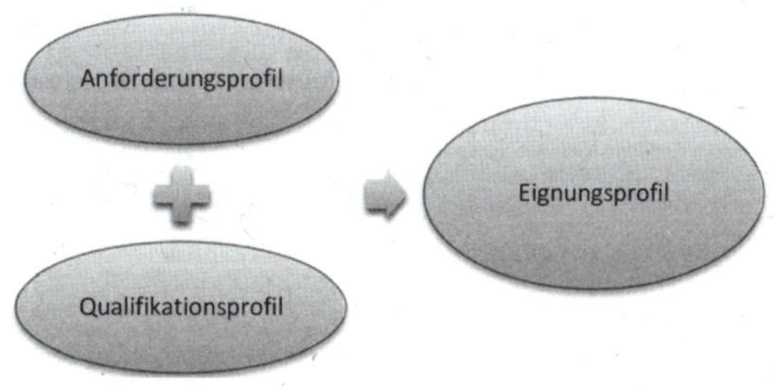

INFO

Gesetzt den Fall, aus einer Vielzahl von Mitarbeitern sollen geeignete Personen für ein bestimmtes Projekt ermittelt werden. Dann ist die Erstellung eines Eignungsprofiles hilfreich, das sich aus einem Abgleich des Qualifikationsprofils mit dem Anforderungsprofil ergibt.

© u-form Verlag – Kopieren verboten!

Personalentwicklung

Beurteilung von Mitarbeitern und Analyse der Potenziale • Die Rolle des Betriebsrates

Wo liegen die Stärken und Schwächen?

Diese Frage lässt sich am besten durch Mitarbeiterbeurteilungen und Potenzialanalysen beantworten. Mitarbeiterbeurteilungen können einmalig oder regelmäßig durchgeführt werden. Sie dienen dazu, die Leistung von Mitarbeitern systematisch abzufragen. So können die Leistung der Arbeitnehmer beurteilt und Potenziale erkannt werden. Daher sind Mitarbeiterbeurteilungen ein wichtiges Mittel, um personelle Entscheidungen vorzubereiten oder Entwicklungsmaßnahmen zu planen.

Für jeden etwas dabei

Die Mitarbeiterbeurteilung gehört in der Regel zu den Aufgaben von Führungskräften bzw. Vorgesetzten. Oft werden Personalverantwortliche bei der Planung und Durchführung solcher Maßnahmen eingesetzt.

Sie hat für beide Seiten Vorteile, sowohl für den Mitarbeiter als auch den Arbeitgeber. Der Arbeitgeber kann mithilfe der Ergebnisse einer Mitarbeiterbeurteilung die betriebliche Personalarbeit verbessern. Der Mitarbeiter selbst erhält im Gegenzug eine Rückmeldung seiner Leistungen und seiner Positionierung anhand eines umfassenden Feedbacks.

Mitarbeiterbeurteilungen werden in der Regel mit bestimmten Anlässen verknüpft. Wie zum Beispiel mit der Beendigung einer Probezeit, dem Beginn des gesetzlichen Kündigungsschutzes, im Falle von Lohnerhöhungen oder Gehaltsüberprüfungen, ebenso wie bei Prämienauszahlungen. Auch bei Auszubildenden finden am Ende von Ausbildungsabschnitten und/oder am Ende der Berufsausbildung häufig Beurteilungen statt.

Für die Erstellung eines Zwischenzeugnisses, bei einer geplanten Versetzung, Weiterbildung oder Beförderung wird ebenfalls eine Beurteilung des Arbeitnehmers durchgeführt. Auch nach Ende eines Projektes oder bei Ausscheiden eines Mitarbeiters durch Kündigung werden Mitarbeiterbeurteilungen sinnvoll eingesetzt.

Tipp von Kim

Merke die ein paar Regeln für ein Feedbackgespräch von Seiten des Feebackgebers sowie des Feedbacknehmers:

Feedbackgeber:
- Vier-Augen-Gespräch
- sachlich, freundlich, keine Vorwürfe
- Ich-Botschaften
- Sandwich-Prinzip: Lob-Kritik-Lob

Feebacknehmer:
- Feedback annehmen
- keine Rechtfertigungen
- aktives Zuhören
- ausreden lassen

INFO

Die Einführung einer Mitarbeiterbeurteilung mit standardisierten Fragebögen (Personalfragebögen) bedarf der Zustimmung des Betriebsrats. Er hat für die Aufstellung der Beurteilungsgrundsätze ein Mitbestimmungsrecht.

© u-form Verlag – Kopieren verboten!

Personalentwicklung

Die vier Phasen der Mitarbeiterbeurteilung

Eine Mitarbeiterbeurteilung erfolgt in der Regel in vier Phasen:

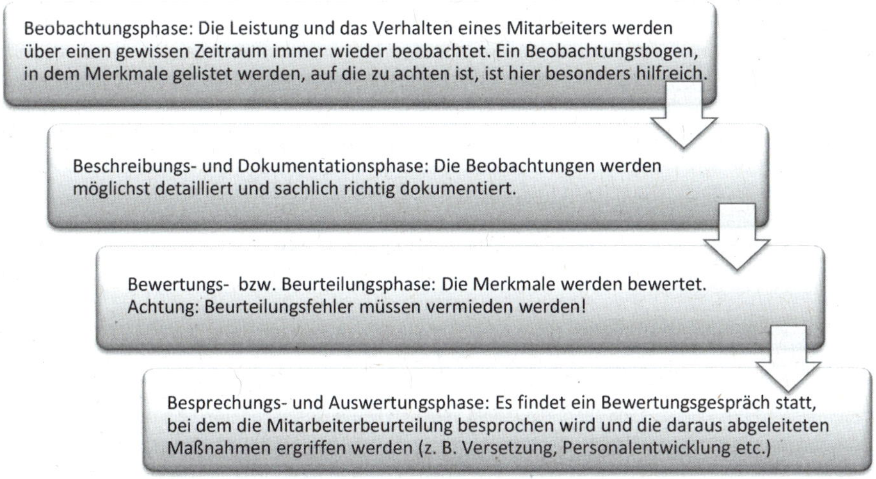
Beobachtungsphase: Die Leistung und das Verhalten eines Mitarbeiters werden über einen gewissen Zeitraum immer wieder beobachtet. Ein Beobachtungsbogen, in dem Merkmale gelistet werden, auf die zu achten ist, ist hier besonders hilfreich.
Beschreibungs- und Dokumentationsphase: Die Beobachtungen werden möglichst detailliert und sachlich richtig dokumentiert.
Bewertungs- bzw. Beurteilungsphase: Die Merkmale werden bewertet. Achtung: Beurteilungsfehler müssen vermieden werden!
Besprechungs- und Auswertungsphase: Es findet ein Bewertungsgespräch statt, bei dem die Mitarbeiterbeurteilung besprochen wird und die daraus abgeleiteten Maßnahmen ergriffen werden (z. B. Versetzung, Personalentwicklung etc.)

Das Beurteilungsgespräch

Am Ende einer Mitarbeiterbeurteilung steht immer das Beurteilungsgespräch: Es dient dazu, die Ergebnisse mit dem Mitarbeiter in einem gemeinsamen Gespräch zu erörtern. Da Beurteilungsgespräche bei den betroffenen Mitarbeitern Angst oder hemmende Gefühle auslösen können, ist ein äußerst sensibles Vorgehen angebracht.

Um eine angenehme Atmosphäre zu schaffen, sollte zunächst das Positive genannt werden, bevor auf etwaige Kritikpunkte eingegangen wird. Als Abschluss sind die aus der Mitarbeiterbeurteilung resultierenden Maßnahmen zu besprechen.

© u-form Verlag – Kopieren verboten!

Personalentwicklung

Beurteilungsfehler

Objektivität ist gefragt

Objektiv zu sein bedeutet, eine Bewertung möglichst sachlich und vor dem Hintergrund der tatsächlich beobachteten und gemessenen Leistungen vorzunehmen. Sympathien, Antipathien, persönliche Präferenzen (=Vorlieben) oder Gefühle sollten ausgeklammert werden, weil sie eine Bewertung verzerren können. Es gibt eine Reihe von Fehlern, die bei einer Beurteilung häufig gemacht werden: die sogenannten Beurteilungsfehler. Um vor ihnen gewappnet zu sein, muss man sie kennen:

Halo-Effekt: Der aus dem Englischen Halo = (Licht-)Hof abgeleitete „Hofeffekt", auch Überstrahlungseffekt genannt, drückt aus, dass eine Eigenschaft oder ein Merkmal einer Person so stark präsent ist, dass andere Eigenschaften oder Merkmale überstrahlt werden, mit dem Effekt, dass diese kaum wahrgenommen werden. Eine Beurteilung der Person findet nur anhand dieser einen Eigenschaft statt.

Nikolaus-Effekt: Bei diesem Effekt werden nur Merkmale und Eigenschaften beobachtet, die vor kurzem sichtbar waren, und nicht diejenigen, die sich über einen längeren Zeitraum gezeigt haben.

Lorbeer-Effekt: Bei diesem Effekt werden vor allem die längst vergangenen ausgezeichneten Leistungen (Lorbeeren) beobachtet, auch wenn sie sich im Hier und Jetzt nicht mehr zeigen.

Erster Eindruck: Bei diesem Effekt zählt nur der erste Eindruck, alles andere wird vernachlässigt.

Hierarchie-Effekt: Personen mit einer höheren Stellung werden hier grundsätzlich positiver bewertet.

Kleber-Effekt: Personen, die sich weniger weiterentwickelt haben und auf der gleichen Hierarchieebene geblieben sind, werden negativer bewertet.

Vorurteile/Stereotype: Personen mit bestimmten Merkmalen werden grundsätzlich allgemein beurteilt (z. B. Religion, ethnische und/oder soziale Herkunft, Geschlecht, Kleidung, Statussymbole).

© u-form Verlag – Kopieren verboten!

INFO

Wahrnehmungs- und Beurteilungsfehler gilt es zu vermeiden, indem Beurteilungssysteme den Anforderungen bzw. den Gütekriterien der empirischen Sozialforschung gerecht werden. Zu diesen zählen: Objektivität, Validität und Reliabilität.

Objektivität bedeutet, dass man Beurteilungen sachlich vornehmen sollte, also ohne die eigene Meinung oder die eigenen Gefühle in die Bewertung einfließen zu lassen. Hilfestellungen liefern strukturierte oder teilstrukturierte Beurteilungsbögen: das sind vorgefertigte Formulare mit exakt definierten Merkmalen, die als Grundlage für die Bewertung dienen können.

Die **Validität** (Gültigkeit) gewährleistet, dass das zu beurteilende Merkmal auch wirklich bewertet wird (und nicht ganz andere Dinge). Um dies zu garantieren, sollten in den Beurteilungsbögen die Merkmale mit den dazugehörigen Eigenschaften und Verhaltensweisen aufgeführt sein.

Mit der **Reliabilität** (Zuverlässigkeit) wird gewährleistet, dass Ergebnisse zuverlässig sind. Das ist dann gegeben, wenn ein und derselbe Test bei derselben Person immer wieder die gleichen Ergebnisse liefert bzw. liefern würde, egal, wann und wie häufig er durchgeführt wird.

ÜBUNG 24: Beurteilungsbogen

Kims Vorgesetzter der Tentor Steel AG teilt ihr mit, dass er zur Ermittlung des Personalentwicklungsbedarfes nun regelmäßige Mitarbeiterbeurteilungen durchführen wird. Kim soll ihm helfen, einen Beurteilungsbogen zu erstellen. Wie könnte ein solcher aussehen?

© u-form Verlag – Kopieren verboten!

Personalentwicklung

Potenzialanalyse

Was hat ein Mitarbeiter noch alles so drauf?

Eine besondere Form der Mitarbeiterbeurteilung sind Potenzialanalysen oder Potenzialbeurteilungen, bei denen es darum geht, die Stärken/Neigungen und Schwächen/Abneigungen eines Mitarbeiters zu erkennen sowie die Kompetenzen zu ermitteln. Eine Potenzialanalyse ist immer etwas Positives, auch wenn Schwachstellen zutage treten, denn der Fokus bei Potenzialanalysen liegt auf dem Potenzial: „Was hat ein Mitarbeiter noch alles drauf, von dem wir noch nichts wissen?“ Das ist die Frage, die bei diesen Analysen im Vordergrund steht.

Zu den Hauptfeldern, die untersucht werden, gehören die Fach-, Methoden- und Sozialkompetenz. Die Fachkompetenz beinhaltet beispielsweise das Fachwissen, die Qualität der Arbeit und die Arbeitsquantität (das heißt, wie viele Aufgaben ein Mitarbeiter erledigt), während zur Methodenkompetenz die Fähigkeit gehört, Arbeitsmittel effektiv einzusetzen und Lösungen selbstständig zu erarbeiten. Zur Sozialkompetenz wiederum gehören Soft Skills, wie zum Beispiel Teamfähigkeit und Kommunikationsfähigkeit.

INFO

Geeignete Themen für einen Report: *Die Implementierung eines Beurteilungssystems* oder *die Einführung von Mitarbeiterbeurteilungen unter Berücksichtigung der Rechte des Betriebsrates* oder *die Planung und Durchführung von Potenzialanalysen von Mitarbeitern einer bestimmten Abteilung.*

© u-form Verlag – Kopieren verboten!

Ausbildungsplätze – ja oder nein?

Es ist nicht selbstverständlich, dass ein Unternehmen Ausbildungsplätze zur Verfügung stellt. Bei großen Unternehmen ist davon auszugehen, doch Kleinunternehmen erfüllen manchmal gar nicht die Voraussetzungen. Denn: Nicht jeder darf ausbilden.

Ausbildungsvoraussetzungen

Möchte ein Unternehmen Ausbildungsplätze anbieten, so sind einige Dinge zu berücksichtigen. Im Berufsbildungsgesetz (BBiG) werden folgende Rollen unterschieden:

1. Ausbildender: Damit ist das ausbildende Unternehmen gemeint. Dieses muss sich für die Ausbildung eignen (vgl. §27 BBiG).
2. Ausbilder: Das sind die Personen im Unternehmen, die fachlich und persönlich dazu geeignet sind, die Ausbildung durchzuführen (vgl. §28 BBiG).
3. Auszubildender: In dieser Rolle werden Sie sich selbst im Moment noch wiedererkennen. Das ist die Person, die den Ausbildungsvertrag mit dem Ausbildenden unterschrieben hat und vom Ausbilder auf den Abschluss seiner Berufsausbildung vorbereitet wird.

Darüber hinaus gibt es verschiedene gesetzliche Regelungen für die Planung, Durchführung und Kontrolle der betrieblichen Ausbildung müssen berücksichtigt werden. Hierzu gehören:

- Ausbildungsberufsbild
- Ausbildungsordnung
- Ausbildungsrahmenplan
- Anrechnung beruflicher Vorbildung (§ 7 BBiG)
- Abkürzung oder Verlängerung der Ausbildungszeit (§ 8 BBiG)
- Prüfungsordnung
- Jugendarbeitsschutzgesetz
- Betriebsverfassungsgesetz
- Ausbilder-Eignungsverordnung (AEVO)
- Erstellung eines Ausbildungsplanes
- Koordination von praktischer Ausbildung und Berufsschule
- Auswahl der Methoden und Medien der Ausbildung (z. B. Arbeitsunterweisungen, Lehrgespräche, Fallmethode, Lehrwerkstatt, betrieblicher Ergänzungsunterricht)

Tipp von Erkan

Du solltest den Begriff „Duale Ausbildung“ oder „Duales Ausbildungssystem“ erklären können - nur falls er in der klassischen Variante der mündlichen Prüfung gefragt wird:

Unter dem Dualen Ausbildungssystem versteht man eine Ausbildung, die an zwei verschiedenen Orten und mit zwei Ausbildungspartnern erfolgt:

In einem Ausbildungsbetrieb, in dem praktische Fertigkeiten und Fachwissen vermittelt werden und in einer Berufsschule, in der Allgemeinwissen und theoretische Grundlagen unterrichtet werden.

© u-form Verlag – Kopieren verboten!

Berufsausbildung

Voraussetzungen • Ablauf

Wenn betriebsinterne Voraussetzungen fehlen ...

Ohne anerkannte Ausbilder kann eine Ausbildung in keinem Fall erfolgen. Zudem muss sich die Ausbildungsstätte für den Ausbildungsberuf eignen. Was aber, wenn nur einige Teile der Ausbildung nicht vermittelt werden können, da es sich bei dem Betrieb um ein Kleinunternehmen oder um ein hochspezialisiertes Unternehmen handelt? In solchen Fällen gibt es eine Ausweichmöglichkeit. Wenn betriebsinterne Voraussetzungen nur teilweise fehlen, kann die Ausbildung trotzdem stattfinden, und dies in folgenden Fällen:

1. Es besteht die Möglichkeit einer Verbundausbildung nach § 10 Abs. 5 BBiG durch den Zusammenschluss bzw. die Kooperation von Unternehmen
2. Durch eine überbetriebliche Ausbildung: Die fehlenden Inhalte werden in anderen Betrieben oder in einem von der zuständigen Stelle angebotenen Lehrgang (z. B. mehrwöchiger Lehrgang in Werkstätten der Innung und der Kammern) vermittelt.

Und so funktioniert's!

Wenn ein Unternehmen Berufsanfänger ausbilden möchte, so fallen – grob gesagt – folgende Arbeitsschritte an: Planung und Vorbereitung der Ausbildung, Durchführung der Ausbildung und Kontrolle des Lernerfolges sowie den Abschluss der Ausbildung. Jeder dieser Schritte umfasst mehrere Aufgaben, die unter anderem sehr komplex sind und bewältigt werden müssen. Am besten sorgfältig und mit größtmöglicher Präzision, da hiervon die Qualität der Ausbildung abhängt – und damit die Zukunft des/der Auszubildenden.

Ausbilden bedeutet, eine große Verantwortung zu tragen für diejenigen, die ihre berufliche Zukunft vertrauensvoll in die Hände ihrer Ausbilder legen: die Auszubildenden. Meist sind es junge Menschen, manchmal auch Minderjährige, die behutsam in die Arbeitswelt eingegliedert werden sollten.

© u-form Verlag – Kopieren verboten!

Berufsausbildung

Ablauf der betrieblichen Ausbildung

Planung	Vorbereitung	Durchführung	Kontrolle	Abschluss
Prüfen der Voraussetzungen nach BBiG (Eignung des Unternehmens, Eignung der Ausbilder) Festlegung der Gründe und Ziele; vgl. hierzu Ausbildungsberufsbild (§ 4 BBiG), Ausbildungsordnung (§ 5 BBiG), Ausbildungsrahmenplan, Anrechnungsverordnung (§ 7 BBiG), Prüfungsordnung, Prüfungswesen (§§ 37 ff. BBiG)	Suche nach Auszubildenden, Auswahlverfahren und Vertrag + Anmeldung / Eintragung bei der IHK	Didaktik (Koordination von theoretischer Bildung in der Berufsschule und der praktischen Ausbildung im Betrieb) Methodik (Auswahl der Methoden und Medien der Ausbildung, z. B. Unterweisungsformen, -methoden, Lehrgespräche, Kurzvorträge, ggf. Teambuilding, Fallmethode, Lehrwerkstatt / Übungsfirma, Lehr- und Lernmittel, Arbeitsmittel, ggf. Ausbildungsräume, Lernerfolgskontrollen)	Interne und externe Kontrollinstrumente und Ziel- bzw. Maßnahmenkontrolle, ggf. Kosten-Nutzen-Analyse (Prüfen der Berichtshefte, Kontrolle der Noten bzw. der Leistungen in der Berufsschule) ggf. Vorbereitung auf die Zwischenprüfung (vgl. § 48 BBiG) und Bewertung der Ergebnisse, Anwendung von Beurteilungssystemen	Prüfungsvorbereitung/ Anmeldung zur Abschlussprüfung, (vgl. § 37 BBiG), Ausstellung eines Zeugnisses

© u-form Verlag – Kopieren verboten!

Berufsausbildung

Ablauf der betrieblichen Ausbildung

ÜBUNG 25: Ein Report zum Thema Ausbildung

Jan ist Auszubildender bei Heitz Elektro e. K. Als Kleinunternehmen hat das Unternehmen bisher keinen weiteren Ausbildungsplatz zur Verfügung gestellt. Für die kommende Saison ist jedoch ein zweiter Ausbildungsplatz für einen Kaufmann/eine Kauffrau für Büromanagement geplant. Jan wird beauftragt, bei der Schaffung des Ausbildungsplatzes mitzuwirken, ihn zu planen und alle nötigen Schritte einzuleiten; dies mit Hilfe seiner Kollegin, Frau Walter, einer seit 15 Jahren in dem Unternehmen tätigen Kauffrau für Büromanagement, die vor zwei Jahren ihre Ausbildereignungsprüfung bestanden hat. Frau Walter wird Ausbilderin des/der neuen Auszubildenen.

Jan schreibt hierüber einen Report. Erstellen auch Sie einen solchen unter Berücksichtigung folgender Formalia:

- Deckblatt mit Name und Aufgabenstellung/Arbeitsauftrag/Thema
- Zugrundeliegende Wahlqualifikation
- 3 Seiten Umfang, DIN A4
- Schriftgröße 11, Schriftart Arial
- 1,5-zeilig
- linker und rechter Rand 2,5 cm
- fortlaufende Seitennummerierung
- Name und Prüflingsnummer auf jeder Seite
- Verwendung der Ich-Form

Inhaltliche Hinweise für die Erstellung der Report Gliederungspunkte

1. Aufgabenerstellung/Arbeitsauftrag/Thema
2. Planungsphase
3. Durchführungsphase
4. Auswertungsphase

© u-form Verlag – Kopieren verboten!

Förderung der Gesundheit der Mitarbeiter

Definition

Was bedeutet betriebliche Gesundheitsförderung (BGF)?

Gesunde Mitarbeiter sind leistungsstarke Mitarbeiter. Deshalb ist wichtig, dass Beschäftigte gesund bleiben. Was gar nicht so einfach ist, angesichts der Belastungen, die Tag für Tag auf Menschen im Arbeitsleben einströmen. Eine gute Lösung ist: die betriebliche Gesundheitsförderung.

Kaufleute für Büromanagement mit dem Schwerpunkt Personalwirtschaft haben unter anderem die Aufgabe, unterstützend auf die Gesundheit von Mitarbeitern einzuwirken. Dies umfasst über den Arbeitsschutz und die Arbeitssicherheit hinausgehende, gesundheitsfördernde Maßnahmen in den Bereichen Arbeitsplatz, Arbeitsumgebung und Arbeitsorganisation, die zu einem allgemeinen Wohlbefinden der Mitarbeiter beitragen sollen.

Mehr als das Gesetz fordert

Zunächst ist es bei der BGF wichtig, dass alle gesetzlichen Vorschriften z. B. in Bezug auf Arbeits-, Pausen- und Urlaubszeiten, Arbeitsplatzergonomie etc. gemäß Arbeitsschutzgesetz und Arbeitsstättenverordnung eingehalten werden. Das sollte auch regelmäßig kontrolliert werden.

Doch nicht nur das gehört zur BGF. Das Unternehmen kann noch mehr dazu beitragen, dass die Arbeitnehmer gesund bleiben. Zum Beispiel indem Überbelastung, Stress, Konflikte und Mobbing vermieden werden. Im Gegenzug könnte auf eine gesundheitsfördernde Ernährung (z. B. frisches, fettarmes Essen in der Kantine) oder auf ausgleichende Bewegung (z. B. Betriebssport) geachtet werden.

Auch von gesundheitsfördernden Führungsstilen ist mittlerweile die Rede, da sich auch der Umgang der Vorgesetzten mit den Mitarbeitern auf deren Gesundheit auswirken kann. Die BGF beinhaltet auch Suchtprävention. Insgesamt zielt sie darauf ab, den Mitarbeitern über die gesetzlichen Regelungen hinaus eine gesundheitsfördernde Arbeitsumgebung zu schaffen und auf deren Verhalten im Sinne eines gesundheitsfördernden Lebensstils einzuwirken.

© u-form Verlag – Kopieren verboten!

Betriebliche Gesundheitsförderung (= BGF)

Ziele

Betriebliche Gesundheitsförderung – warum?

Viele Arbeitgeber haben festgestellt, dass durch die Einführung einer betrieblichen Gesundheitsförderung die Krankenstände und die Mitarbeiterfluktuation gesenkt, die Mitarbeiterzufriedenheit sowie -motivation jedoch erhöht werden. Die Folge ist: Die Arbeitsproduktivität wird gesteigert, die Wettbewerbsfähigkeit und wirtschaftliche Zukunft des Unternehmens werden gesichert. So haben beide Seiten etwas davon – eine echte „Win-win-Situation".

Auch vor dem Hintergrund einer zunehmend alternden Belegschaft, die sich aufgrund des demografischen Wandels (Menschen werden immer älter) ergibt, steht die Gesundheitsförderung in Unternehmen vor neuen Herausforderungen. Durch geeignete gesundheitsfördernde Maßnahmen gilt es, die produktive Leistungsfähigkeit der Mitarbeiter und ihre Einsatzfähigkeit bis ins fortgeschrittene Lebensalter zu erhalten.

Ziele der Betrieblichen Gesundheitsförderung sind demnach:

- Erhöhung der Mitarbeitermotivation
- Erhöhung der Mitarbeiterzufriedenheit
- Erhöhung der Arbeitsproduktivität
- Erhöhung der Wirtschaftlichkeit
- Senkung der Krankenquote
- Senkung der Krankheitsausfallquote
- Senkung der Fluktuationsquote

INFO

Lesetipp zum Thema: Eine Broschüre des Bundesgesundheitsministeriums mit vielen Best-Practice-Beispielen, abrufbar unter folgendem QR-Code:

Hier finden sich auch viele Anregungen für einen Report!

© u-form Verlag – Kopieren verboten!

Betriebliche Gesundheitsförderung (= BGF)

Handlungsfelder in der betrieblichen Gesundheitsförderung

Zu den Handlungsfeldern, die in der betrieblichen Gesundheitsförderung im Vordergrund stehen, gehören z. B.:

- Aufklärung
- Demografischer Wandel
- Ergonomische Arbeitsplatzumgebung
- Gesundheitsfördernde Arbeitsplatzgestaltung und -organisation
- Bewegung
- Ernährung
- Gesundheitsmanagement
- Stressbewältigung
- Psychische Belastungen
- Physische Belastungen
- Suchtprävention
- Gesundheitsfördernde Mitarbeiterführung und Unternehmenskultur
- Vereinbarkeit von Familie und Beruf (Work-Life-Balance)

Die betriebliche Gesundheitsförderung hat in der Regel zwei Handlungsschwerpunkte, die beide ineinandergreifen und in der Praxis gleichermaßen Berücksichtigung finden müssen:

- die Förderung des persönlichen Gesundheitsverhaltens der Mitarbeiter, das heißt das Motivieren der Mitarbeiter zu einem gesundheitsbewussten Verhalten in Beruf und Freizeit.
- das Schaffen gesundheitsfördernder Bedingungen an den Arbeitsplätzen, in der Arbeitsumgebung und in der Arbeitsorganisation, das heißt die Gestaltung von gesundheitsfördernden Arbeitsräumen, Arbeitsabläufen und -inhalten.

© u-form Verlag – Kopieren verboten!

Betriebliche Gesundheitsförderung (= BGF)

Handlungsfelder und Maßnahmen in der betrieblichen Gesundheitsförderung im Überblick

Handlungsfeld	Aufgabe	Maßnahmen (Beispiele)
Aufklärung / Vorsorge	Sensibilisierung von Arbeitnehmern für das Thema betriebliche Gesundheitsförderung.	• Vorträge und Seminare • Gesundheitstage und -checks
Demografischer Wandel / Ergonomische Arbeitsplatzumgebung / physische Belastung/ Bewegung	Eingliederungsmaßnahmen zum Aufbau eines altersgerechten Unternehmens, das dem demografischen Wandel* gerecht wird. Vermeidung von Ausfalltagen durch gesundheitsgerechte Arbeitsplatzgestaltung.	• Einrichtung ergonomisch gestalteter Arbeitsplätze • Vermeidung von Umgebungsbelastungen (z. B. Lärm, Staub, Hitze, gute Lichtverhältnisse) • Gestaltung von Nacht- und Schichtarbeit nach ergonomischen Grundsätzen • Freizeitausgleich bei Überstunden • Flexible / auf die Bedürfnisse der Mitarbeiter ausgerichtete Arbeitszeitmodelle
Ernährung	Gesundheitsfördernde Ernährung unterstützen	• Gesundheitsfördernde Ernährung in der Kantine • Bereitstellung eines Obstkorbs für Mitarbeiter
Gesundheitsfördernde Mitarbeiterführung und Unternehmenskultur	Projekte zur Förderung eines mitarbeiterorientierten Führungsstils	• Formulierung von Unternehmenszielen und Schaffung einer offenen Kommunikationskultur (z. B. Erwartungen) • Förderung eines vertrauensvollen Umgangs der Vorgesetzten und Mitarbeiter durch Seminare • Vermeidung von Mobbing und Bossing • Förderung der Mitwirkung von Mitarbeitern in Entscheidungsprozessen • Unterstützung und Qualifizierung der Mitarbeiter durch Maßnahmen der Mitarbeiterförderung • Flexible, auf die Bedürfnisse der Mitarbeiter ausgerichtete Arbeitszeitmodelle

* Demografischer Wandel = Die Altersstruktur der Bevölkerung eines Landes verändert sich. In Deutschland zum Beispiel steigt der Anteil älterer Menschen gegenüber dem Anteil der jüngeren Menschen.

Tipp von Erkan

Rufe dir ruhig nochmal einige Arbeitszeitmodelle in Erinnerung, wie z. B.:

feste Arbeitszeiten
flexible Arbeitszeit
Schichtarbeit
Gleitzeit
Arbeitszeitkonto
Vertrauensarbeitszeit
Teilzeit
Altersteilzeit
auf Abruf
Homeoffice

© u-form Verlag – Kopieren verboten!

Betriebliche Gesundheitsförderung (= BGF)

Handlungsfelder und Maßnahmen in der betrieblichen Gesundheitsförderung im Überblick

Handlungsfeld	Aufgabe	Maßnahmen (Beispiele)
Stressbewältigung/ Psychische Belastungen	Vermeidung von Fehltagen durch Reduktion von Stresssymptomen (Angstgefühle, Bluthochdruck, Kopfschmerzen) mithilfe von Stressbewältigungsprogrammen, Vermeidung seelischer Erkrankungen (z. B. Burnout-Syndrom)	• Vermeidung von Unterforderung infolge von Monotonie durch abwechslungsreiche Aufgaben • Vermeidung von Überforderung durch qualifikationsgerechten Einsatz oder Qualifizierung der Mitarbeiter und geeignetes Arbeitspensum • Flexible, auf die Bedürfnisse der Mitarbeiter ausgerichtete Arbeitszeitmodelle • Förderung sozialen Verhaltens und Sanktionierung (Bestrafung) unsozialen Verhaltens (z. B. Mobbing, sexuelle Belästigung) • Einführung eines Vorschlagswesens • Förderung eines vertrauensvollen Umgangs der Vorgesetzten und Mitarbeiter durch Seminare • Regelmäßige Mitarbeitergespräche
Suchtprävention	Vermeidung von Suchtverhalten (z. B. Rauchen, Alkoholismus, Medikamentenabhängigkeit)	• Vorträge zur Aufklärung/Informationsveranstaltungen • Suchtpräventionsprogramme • Nichtraucherschutz **Wichtig:** Suchtprobleme (Alkohol, Drogen) frühzeitig (und zwar bei den ersten Anzeichen) ansprechen!
Vereinbarkeit von Familie und Beruf (Work-Life-Balance)	Einklang von Privat- und Berufsleben	• Einrichtung betriebsinterner Kindertagesstätten • Flexible/auf die Bedürfnisse der Mitarbeiter ausgerichtete Arbeitszeitmodelle • Freizeitausgleich bei Überstunden

© u-form Verlag – Kopieren verboten!

Betriebliche Gesundheitsförderung (= BGF)

Die betriebliche Gesundheitsförderung in der Praxis

Übung 26: Gesundheit der Mitarbeiter

Anna soll für Ihren Vorgesetzten bei der Nett und Weber GmbH & Co. KG ein Konzept für die Einführung einer betrieblichen Gesundheitsförderung entwerfen, weil das Unternehmen festgestellt hat, dass Mitarbeiter sehr häufig krank sind, ausfallen oder aus persönlichen Gründen – ohne dass das Unternehmen dies möchte – kündigen. Die hieraus resultierenden Kosten haben eine negative Auswirkung auf die Wirtschaftlichkeit des Unternehmens und damit auf dessen Konkurrenzfähigkeit. Dieser Tatsache soll nun ein Ende bereitet werden. Um sich über mögliche Inhalte des Konzepts klar zu werden, beantwortet Anna folgende Fragen:

a) Welche Handlungsfelder der betrieblichen Gesundheitsförderung gibt es und wie lauten die dazugehörigen Aufgaben und möglichen Maßnahmen?

b) In welchen Schritten kann die Einführung einer betrieblichen Gesundheitsförderung in ihrem Unternehmen erfolgen?

c) Wie kann die Einführung einer betrieblichen Gesundheitsförderung organisiert bzw. in die Unternehmensorganisation integriert werden?

d) Welche Instrumente eignen sich für die Ist-Analyse (Methoden der Datenerhebung)?

e) Wie kann die Nutzung vorhandener Potenziale verbessert werden? Nach welchem Schema könnte auf das Wissen und Verhalten der Mitarbeiter eingewirkt werden?

f) Welche Instrumente eignen sich zur Erfolgskontrolle?

g) Welche personalwirtschaftlichen Kennzahlen können zur Erfolgskontrolle herangezogen werden? Erläutern Sie die Aussagekraft der Kennzahlen und deren Berechnungsgrundlage.

h) Mit welcher Maßnahme kann sichergestellt werden, dass die Maßnahmen von den Mitarbeitern nachhaltig umgesetzt werden?

Fortsetzung von Übung 26

Fortsetzung auf der nächsten Seite

© u-form Verlag – Kopieren verboten!

i) Welche betriebswirtschaftlich relevante Wirkung ist mit der Einführung einer betrieblichen Gesundheitsförderung zu erwarten? Nennen Sie neben der Krankenstands-, Fehlzeiten und Fluktuationsquote eine weitere betriebswirtschaftliche Kennzahl, durch die die erhoffte Wirkung berechnet und nachgewiesen werden kann. Nennen Sie die hierfür allgemeingültige Formel. Welches Diagramm eignet sich zur Erfolgskontrolle?

j) Anna ist im Begriff die betriebliche Gesundheitsförderung zu konzipieren. Ein Kollege sieht ihre Arbeit und schmettert ihr folgende Bemerkung entgegen: „Was für ein Quatsch, das ist doch alles im Arbeitsschutzgesetz und in der Arbeitsstättenverordnung geregelt!“. Wie nimmt Anna zu dieser Aussage Stellung?

© u-form Verlag – Kopieren verboten!

Fit für die Prüfung!

Jan, Lara, Anna, Kim und Erkan sind am Ende ihrer Übungen angelangt und fühlen sich fit für die Prüfung in der Wahlqualifikation Personalwirtschaft. Sie haben das vorliegende Modulheft Stück für Stück durchgearbeitet, alle Arbeitsaufträge bewältigt und alle ihnen gestellten Fragen beantwortet. Sie wissen nun, auf was es in der Personalverwaltung ankommt und welche Tätigkeiten auf sie zukommen. Sie haben gelernt, dass man nichts dem Zufall überlassen sollte und Personal geplant werden muss. In den Übungen konnten sie prüfen, wie das in der Praxis geht und was hier zu berücksichtigen ist. Sie haben sich mit der Personalbeschaffung und der Personalfreisetzung auseinandergesetzt und haben nun alles Wissenswerte parat. Eine Personalanzeige und ein Arbeitszeugnis zu entwerfen, dürfte für sie von nun an kein Problem mehr darstellen. Damit Mitarbeiter gefördert werden und in ihrem Lebensweg weiterkommen, haben sich die fünf außerdem mit dem Thema Personalentwicklung beschäftigt. Sie wissen nun, welche Maßnahmen es gibt und wie sie zu planen und durchzuführen sind. Auch das Themengebiet der Berufsbildung und das der Berufsausbildung sind ihnen nun wohl bekannt. Zu guter Letzt haben sie gelernt, dass die Gesundheit der Mitarbeiter ein wichtiger Faktor ist und Unternehmen selbst sehr viel tun können, um diese aufrecht zu erhalten – mit ihrer Unterstützung als zukünftig Personalverantwortliche.

Nun ist es fast geschafft! Das Ziel, Personal-Profi zu werden, rückt näher. Wir haben uns gefreut, Dich auf diesem Weg ein Stück weit begleiten zu dürfen und drücken Dir die Daumen für die Prüfung!

Herzlichst,

Dein u-form PLUS Team

© u-form Verlag – Kopieren verboten!

Abkürzungsverzeichnis

BGF	betriebliche Gesundheitsförderung
bzgl.	bezüglich
bzw.	beziehungsweise
d. h.	das heißt
etc.	et cetera (und so weiter)
ggf.	gegebenenfalls
inkl.	inklusive
usw.	und so weiter
u. U.	unter Umständen
u. a.	unter anderem
vgl.	vergleiche
WQ	Wahlqualifikation
z. B.	zum Beispiel
zzgl.	zuzüglich

© u-form Verlag – Kopieren verboten!

Fremdwörterlexikon

administrativ	die Verwaltung betreffend
Administration	Verwaltung
chronologisch	zeitlich aufeinanderfolgend
definieren	bestimmen, festlegen
effektiv	wirkungsvoll
Entgelt	Lohn / Gehalt
extern	außen
Fachterminologie	Fachsprachliche Begriffe
fokussieren	anvisieren
Fluktuation	Veränderung (Wechsel, Schwankung)
Integration	Eingliederung, Einbindung
intern	innen
Know-how	Fachwissen
Kommunikation	Austausch von Informationen
Kompetenz	Fähigkeit
Motivation	inneres Streben
optimieren	verbessern
Parameter	Merkmale
qualitativ	die Qualität betreffend
quantitativ	die Menge betreffend, zahlenmäßig
Präferenzen	Vorlieben
priorisieren	Prioritäten setzen, das Wichtige vom Unwichtigen trennen
relevant	wichtig
sporadisch	gelegentlich, nur selten
Vakanzen	nicht besetzte Stellen (Personalwesen)
Take-away	(Speisen und Getränke) zum Mitnehmen

© u-form Verlag – Kopieren verboten!

Wichtige Gesetzestexte für den Personalbereich im Internet:

Allgemeines Gleichbehandlungsgesetz (AGG)
Arbeitsschutzgesetz (ArbSchG)
Arbeitsplatzschutzgesetz (ArbPlSchG)
Arbeitsstättenverordnung (ArbStättV)
Betriebsrätemodernisierungsgesetz
Betriebsverfassungsgesetz (BetrVG)
Berufsbildungsgesetz (BBiG)
Bürgerliches Gesetzbuch (BGB)
Bürokratieentlastungsgesetz IV (BEG IV)
Bundesdatenschutzgesetz (BDSG)
Bundeselterngeld- und Elternzeitgesetz (BEEG)
Bundesurlaubsgesetz (BUrlG)
Entgeltfortzahlungsgesetz (EntgFG)
Handelsgesetzbuch (HGB)
Heimarbeitsgesetz (HAG)
Jugendarbeitsschutzgesetz (JArbSchG)
Kündigungsschutzgesetz (KschG)
Mindestlohngesetz (MiLoG)
Mutterschutzgesetz (MuSchG)
Nachweisgesetz (NachwG)
Sozialgesetzbuch IX (zum Behindertenschutz)
Teilzeitbefristungsgesetz (Teilzeit- und Befristungsgesetz (TzBfG)

INFO

Diese Gesetzestexte findest du im Internet unter
http://www.gesetze-im-internet.de

© u-form Verlag – Kopieren verboten!

© u-form Verlag – Kopieren verboten!

Lösungen

© u-form Verlag – Kopieren verboten!

Übung 1 von Seite 20

Personalorganisation

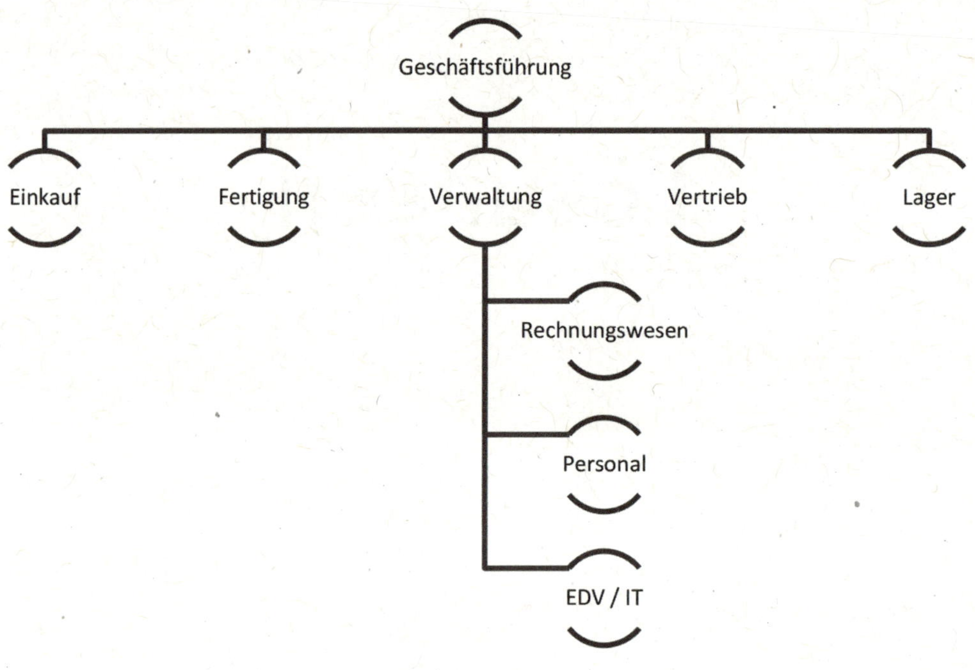

© u-form Verlag – Kopieren verboten!

Erläuterung:

Im Gegensatz zum alten Modell, in dem die Personalabteilung als eine der Geschäftsführung zugeordnete Stabsstelle eingeordnet war, erhält das Personal im neuen Modell eine eigene Abteilung, die der Verwaltung als ein Funktionsbereich des Unternehmens untergeordnet ist. Zwar hatte bereits die Stabsstelle die Geschäftsleitung in Personalfragen entlastet, doch kam es hier zu Konflikten zwischen der Geschäftsleitung und der Stabsstelle (ein Nachteil, der für Stabliniensysteme bekannt ist). Diese galt es zu beseitigen.

Im neuen Modell wird die Verwaltung in Zukunft für das Personalwesen verantwortlich sein. Die Hierarchien sind hier eindeutig festgelegt, ebenso wie die Verantwortlichkeiten, was die Konfliktträchtigkeit mindern dürfte.

Das Personalwesen ist nun in das vorhandene Einliniensystem des Unternehmens, das nach Funktionen gegliedert ist (= Funktionalorganisation) eingebunden. Diese Organisationsstruktur ist nach wie vor vielerorts üblich und hat immer noch seine Vorteile: Klare Instanzenregelung, klare Zuständigkeitsregelung und gute Kontrollmöglichkeiten sind die positiven Seiten dieses Systems.

Doch können sich hieraus auch Schwachstellen ergeben: Unter Umständen wird die Entscheidungsfindung im Personalbereich etwas träge, ebenso wie die Leitung der Verwaltung eine verstärkte Belastung erfährt. Auch kommt es vor, dass Mitarbeiter Verantwortung abschieben und eine fehlende Abstimmung unter den Mitarbeitern gleichen Ranges die Personalarbeit erschwert. Und grundsätzlich können hierarchische Strukturen, wie sie im Einliniensystem vorgegeben sind, die Mitarbeiterzufriedenheit und -motivation und damit auch die Arbeitsleistung der Mitarbeiter ggf. schmälern.

© u-form Verlag – Kopieren verboten!

Übung 2 von Seite 36 ff.

Rechtliche Rahmenbedingungen – Betriebsrat und JAV

a) Das passive Wahlrecht, d.h. wer gewählt werden darf, lautet für die JAV und den Betriebsrat wie folgt: Für den Betriebsrat dürfen mit Ausnahme der leitenden Angestellten alle wahlberechtigten Arbeitnehmer/innen ab 18 Jahren gewählt werden, wenn sie mindestens sechs Monate dem Betrieb angehören. Für die JAV gilt das passive Wahlrecht für alle Auszubildenden und alle Arbeitnehmer/innen unter 25 Jahren, sofern sie nicht Mitglied des Betriebsrates sind. Eine Mindestzugehörigkeitsdauer zum Betrieb ist nicht erforderlich. Demnach könnte Kim sich für die Wahl der JAV aufstellen lassen und hätte auch das passive Wahlrecht zum Betriebsrat. Doch: Wenn sie im Betriebsrat ist, kann sie nicht mehr in die JAV (beides geht nicht!).

b) Aktives Wahlrecht bedeutet: wählen dürfen. Für den Betriebsrat sind alle betriebszugehörigen Arbeitnehmer/innen ab 16 Jahren wahlberechtigt (dazu gehören auch Auszubildende, Arbeitnehmer/innen in Elternzeit u. a.) sowie Leiharbeiter, die länger als 3 Monate im Betrieb eingesetzt sind; für die JAV sind es alle Arbeitnehmer/innen unter 18 Jahren und alle Auszubildenden.

   Kims Kollegin und Freundin Tina Mauser kann Kim also nicht wählen. Da sie ihr 18. Lebensjahr vollendet hat und keine Auszubildende ist, ist sie für die JAV nicht wahlberechtigt. Und da sie in der Arbeitnehmerüberlassung nicht länger als 3 Monate im Betrieb eingesetzt ist, darf sie auch nicht den Betriebsrat wählen.

© u-form Verlag – Kopieren verboten!

c) Der Betriebsrat hat nach § 80 BetrVG folgende allgemeine Aufgaben:

- Kontrolle der Einhaltung geltender Gesetze, Verordnungen etc.;
- Beantragung von Maßnahmen, die den Mitarbeitern zugute kommen;
- Förderung der Gleichberechtigung von Frauen und Männern;
- Maßnahmen ergreifen gegen Rassismus und Fremdenfeindlichkeit;
- Förderung der Integration von schwerbehinderten Mitarbeitern;
- Förderung der Beschäftigung im Betrieb, gilt auch im Besonderen für ältere und ausländische Arbeitnehmer;
- Förderung von Arbeitsschutzmaßnahmen;
- Vorbereitung der JAV-Wahl und Entgegennahme von Anregungen der JAV;
- ...

Im Fokus des Betriebsrates liegen demnach folgende besondere Personengruppen:

- Personen verschiedener Geschlechter
- schwerbehinderte Personen
- ältere Mitarbeiter
- ausländische Mitarbeiter
- Jugendliche (Mitarbeiter unter 18 Jahren)

© u-form Verlag – Kopieren verboten!

Übung 2 von Seite 36 ff.

Rechtliche Rahmenbedingungen – Betriebsrat und JAV

d) Die Zuordnung lautet wie folgt:

Angelegenheiten (sozial, personell, arbeitsorganisatorisch, wirtschaftlich)	Paragraf	Mitwirkungsrecht	Mitbestimmungsrecht
Ordnung und Verhalten	§ 87 Abs. 1		x
Arbeits- und Umweltschutz	§ 89	x	
Durchführung von Bildungsmaßnahmen	§ 98 Abs. 1		x
Auszahlung der Arbeitsentgelte	§ 87 Abs. 4		x
Urlaubsgrundsätze	§ 87 Abs. 5		x
Kündigung	§ 102		x
Ausschreibung von Arbeitsplätzen	§ 93		x
Verwaltung von Sozialeinrichtungen des Betriebes	§ 87 Abs. 8		x
Einstellung von leitenden Angestellten	§ 105	x	
Entlohnungsgrundsätze	§ 87 Abs. 10		x
Festsetzung von Akkord- und Prämiensätzen	§ 87 Abs. 11		x
Versetzung	§ 100		x
Durchführung von Gruppenarbeit	§ 87 Abs. 13		x
Personalfragebogen	§ 94		x
Personalplanung	§ 92	x	
Tägliche Arbeitszeit	§ 87 Abs. 2		x
Beschäftigungssicherung	§ 92 a	x	
Zuweisung / Kündigung von Wohnräumen	§ 87 Abs. 9		x
Veränderung der Arbeitszeit	§ 87 Abs. 3		x

© u-form Verlag – Kopieren verboten!

Übung 2 von Seite 36 ff.

Rechtliche Rahmenbedingungen – Betriebsrat und JAV

Angelegenheiten (sozial, personell, arbeitsorganisatorisch, wirtschaftlich)	Paragraf	Mitwirkungs-recht	Mitbestim-mungsrecht
Aufstellung von Beurteilungsgrundsätzen	§ 94		x
Auswahlrichtlinien bei Einstellungen, Versetzungen etc.	§ 95		x
Förderung der Berufsbildung	§ 96	x	
Maßnahmen der Berufsbildung	§ 97	x	
technische Einrichtungen zur Leistungsüberwachung	§ 87 Abs. 6		x
Durchführung von betrieblichen Bildungsmaßnahmen	§ 98		x
Eingruppierung, Umgruppierung von Mitarbeitern	§ 99		x
Vorläufige personelle Maßnahmen	§ 99, 100, 101		x
Verhütung von Arbeitsunfällen/Berufskrankheiten	§ 87 Abs. 7		x
Außerordentliche Kündigung von Betriebsratsmitgliedern	§ 103		x
Betriebliches Vorschlagswesen	§ 87 Abs. 12		x
Neu-, Um- und Erweiterungsbauten technischer Anlagen	§ 90	x	
Verstoß gegen gesicherte arbeitswissenschaftliche Erkenntnisse	§ 91		x
Wirtschaftsausschuss	§§ 106 ff.	x	
Betriebsänderung	§ 111 und 91	x	
Interessensausgleich	§ 112 Abs. 1	x	
Sozialplan	§ 112, 112a		x

Jugendliche sind durch das Jugendarbeitsschutzgesetz besonders geschützt: In ihm sind nicht nur das Mindestalter zur Aufnahme einer berufsmäßigen Tätigkeit, sondern auch die Regelungen zu Arbeitszeiten und Ruhepausen festgelegt.

© u-form Verlag – Kopieren verboten!

Übung 3 von Seite 41

Jugendarbeitsschutz

Wer jünger als 15 Jahre ist, ist ein Kind und darf – mit ganz wenigen Ausnahmen – demnach gar nicht beschäftigt werden. Damit gilt als Mindesteintrittsalter für eine berufsmäßige Beschäftigung ein Alter von 15 Jahren.

Die tägliche Arbeitszeit von jugendlichen Beschäftigten darf max. 8 Stunden betragen (bei „Ausgleich" 8,5 Stunden), die wöchentliche Arbeitszeit darf 40 Stunden nicht überschreiten.

Bei einer Arbeitszeit von mehr als 4,5 bis zu 6 Stunden ist eine Ruhepause von mindestens 30 oder 2-mal 15 Minuten vorgeschrieben. Die erste Pause muss spätestens nach 4 Stunden erfolgen. Bei einer Arbeitszeit von mehr als 6 Stunden sind 60 Minuten vorgeschrieben. Nach Beendigung des Arbeitstages ist eine Ruhezeit von mindestens 12 Stunden einzuhalten. Wichtig: Fahrten zwischen Arbeits- und Wohnort werden hier nicht mitgerechnet, ebenso wie Ruhepausen nicht zur Arbeitszeit hinzugerechnet werden.

An Sonn- und Feiertagen dürfen jugendliche Arbeitnehmer i. d. R. nicht beschäftigt werden (Ausnahmen bilden §§ 17 - 18 JArbSchG, s. nächste Seite).

Auszüge aus dem Jugendarbeitsschutzgesetz in diesem Zusammenhang sind:

§ 11 Ruhepausen und Aufenthaltsräume

(1) Jugendlichen müssen im Voraus feststehende Ruhepausen von angemessener Dauer gewährt werden. Die Ruhepausen müssen mindestens betragen

1. 30 Minuten bei einer Arbeitszeit von mehr als 4 ½ bis zu 6 Arbeitsstunden,
2. 60 Minuten bei einer Arbeitszeit von mehr als 6 Stunden.

Als Ruhepause gilt nur eine Arbeitsunterbrechung von mindestens 15 Minuten.

(2) Die Ruhepausen müssen in angemessener zeitlicher Lage gewährt werden, frühestens eine Stunde nach Beginn und spätestens eine Stunde vor Ende der Arbeitszeit. Länger als 4 Stunden dürfen Jugendliche nicht ohne Ruhepause beschäftigt werden.

(3) Der Aufenthalt während der Pausen in den Arbeitsräumen darf den Jugendlichen nur gestattet werden, wenn die Arbeit in diesen Räumen während dieser Zeit eingestellt ist und auch sonst die notwendige Erholung nicht beeinträchtigt wird.

© u-form Verlag – Kopieren verboten!

Übung 3 von Seite 41

Jugendarbeitsschutz

§ 15 5-Tage-Woche
Jugendliche dürfen nur an fünf Tagen in der Woche beschäftigt werden. Die beiden wöchentlichen Ruhetage sollen nach Möglichkeit aufeinander folgen.

§ 16 Samstagsruhe
(1) An Samstagen dürfen Jugendliche nicht beschäftigt werden.
(2) Zulässig ist die Beschäftigung Jugendlicher an Samstagen in Krankenanstalten sowie in Alten-, Pflege- und Kinderheimen, in offenen Verkaufsstellen, in Betrieben mit offener Verkaufsstelle, in Bäckereien und Konditoreien, im Friseurhandwerk, in der Landwirtschaft, im Verkehrswesen, im ärztlichen Notdienst, in Reparaturwerkstätten für Kraftfahrzeuge [...].
Mindestens 2 Samstage im Monat sollen beschäftigungsfrei bleiben.

§ 17 Sonntagsruhe
(1) An Sonntagen dürfen Jugendliche nicht beschäftigt werden.
(2) Zulässig ist die Beschäftigung Jugendlicher an Sonntagen nur in Krankenanstalten sowie in Alten-, Pflege- und Kinderheimen, in der Landwirtschaft und Tierhaltung, [...] im ärztlichen Notdienst, im Gaststättengewerbe.
Jeder zweite Sonntag soll, mindestens 2 Sonntage im Monat müssen beschäftigungsfrei bleiben.

§ 18 Feiertagsruhe
(1) Am 24. und 31. Dezember nach 14 Uhr und an den gesetzlichen Feiertagen dürfen Jugendliche nicht beschäftigt werden.
(2) Zulässig ist die Beschäftigung Jugendlicher an gesetzlichen Feiertagen in den Fällen des § 17 Abs. 2, ausgenommen am 25. Dezember, am 1. Januar, am ersten Osterfeiertag und am 1. Mai.

§ 19 Urlaub
(1) Der Arbeitgeber hat Jugendlichen für jedes Kalenderjahr einen bezahlten Erholungsurlaub zu gewähren.
(2) Der Urlaub beträgt jährlich
1. mindestens 30 Werktage, wenn der Jugendliche zu Beginn des Kalenderjahres noch nicht 16 Jahre alt ist,
2. mindestens 27 Tage, wenn der Jugendliche zu Beginn des Kalenderjahres noch nicht 17 Jahre alt ist,
3. mindestens 25 Werktage, wenn der Jugendliche zu Beginn des Kalenderjahres noch nicht 18 Jahre alt ist.

© u-form Verlag – Kopieren verboten!

Übung 4 von Seite 43

Leitfaden Mutterschutz

Werdende und junge Mütter genießen auf Basis des Mutterschutzgesetzes besonderen Schutz:

1. Arbeitszeiten und Freistellung von der Arbeit

Regelungen für schwangere und stillende Frauen:

- ab 18 Jahre: Beschäftigung max. 8,5 h pro Tag und max. 90 h pro Doppelwoche
- unter 18 Jahre: Beschäftigung max. 8 h pro Tag und max. 80 h pro Doppelwoche
- aber: nicht länger als vertraglich vereinbart (Durchschnitt des Monats)
- ununterbrochene Ruhepause von 11 Stunden
- Beschäftigungsverbot zwischen 20 Uhr und 6 Uhr
- Beschäftigung bis 22 Uhr in Ausnahmefällen möglich
- Freistellung für im Rahmen der Schwangerschaft notwendige Untersuchungen
- Freistellung zum Stillen in den ersten 12 Monaten, min. 2x pro Tag 0,5 h oder 1x pro Tag 1 h, bei einer Arbeitszeit > 8 h täglich 2x 0,75 h oder 1x 1,5 h (Ausnahme: die Arbeitszeit wird von einer Ruhepause > 2 h unterbrochen)

2. Schutzfristen

In dieser Zeit darf der Arbeitgeber eine schwangere Frau bzw. eine Frau nach der Entbindung nicht beschäftigen:

- 6 Wochen vor der Entbindung*
- 8 Wochen nach der Entbindung oder
- 12 Wochen nach der Entbindung bei Frühgeburten, Mehrlingsgeburten oder bei Entbindung eines Kindes mit Behinderung.
- bei Fehlgeburt ab der 13. Schwangerschaftswoche: 2 Wochen Mutterschutz
- bei Fehlgeburt ab der 17. Schwangerschaftswoche: 6 Wochen Mutterschutz
- bei Fehlgeburt ab der 20. Schwangerschaftswoche: 8 Wochen Mutterschutz

© u-form Verlag – Kopieren verboten!

Ausnahmen:

- schulische oder hochschulische Ausbildung*
- nach dem Tod des Kindes bereits nach Ablauf der ersten zwei Wochen nach der Entbindung, wenn die Frau dies ausdrücklich verlangt und nach ärztlichem Zeugnis nichts dagegenspricht.

*Die Frau muss sich dazu bereiterklären und kann diese Erklärung jederzeit wiederrufen.

3. Kündigungsverbot

Eine Kündigung ist unzulässig...

- ... während der Schwangerschaft
- ... bis zum Ablauf von 4 Monaten nach einer Fehlgeburt nach der 12. Schwangerschaftswoche
- ... und bis zum Ende der Schutzfrist, mindestens jedoch bis zum Ablauf von 4 Monaten nach der Entbindung

© u-form Verlag – Kopieren verboten!

Übung 5 von Seite 47

Schwerbehinderte Personen

a) Schwerbehinderten Personen wird durch das **SGB IX (Sozialgesetzbuch 9)** die berufliche Förderung und der Arbeitsplatz gesichert.

b) Wenn eine Person einen **Grad der Behinderung (GdB)** von mindestens **50** aufweist, gilt sie als schwerbehindert. Personen mit einem GdB von 30 können einem Schwerbehinderten gleichgestellt werden, wenn sie aufgrund ihrer Behinderung auf dem Arbeitsmarkt schwer zu vermitteln sind. Diese Gleichstellung wird auf Antrag der behinderten Person von der Arbeitsagentur ausgestellt.

c) Kein Arbeitgeber kann dazu gezwungen werden, eine schwerbehinderte Person einzustellen. Allerdings gibt es eine Pflicht, dass bei einem Unternehmen mit mehr als 20 Arbeitsplätzen 5 % der Arbeitsplätze mit schwerbehinderten Personen besetzt werden sollen. Kommt ein Arbeitgeber dieser Pflicht nicht nach, muss er eine Ausgleichsabgabe zahlen.

d) Eine schwerbehinderte Person hat bei einer 5-Tage-Woche einen Anspruch von **5 Zusatzurlaubstagen** im Jahr. Bei einer höheren oder niedrigeren Zahl der Wochenarbeitstage wird der Zusatzurlaub entsprechend erhöht oder minimiert. **Mehrarbeit** ist grundsätzlich bei schwerbehinderten Personen **nicht verboten**, doch kann eine schwerbehinderte Person sich hiervon freistellen lassen.

e) Mit dem **Integrationsamt**. Das Integrationsamt steht dem Betrieb bei Klärungs- und Hilfsbedarf zur Seite. So ist eine Kündigung zum Beispiel auch nur mit Zustimmung des Integrationsamtes möglich.

INFO

Das Integrationsamt unterstützt den Betrieb zum Beispiel mit einem technischen Beratungsdienst für Arbeitsplatzergonomie. Auch finanzielle Fördermaßnahmen sind möglich, falls Arbeitsplätze für Schwerbehinderte besonders eingerichtet werden müssen. Auch im Fall der Kündigung von Arbeitgeberseite ist die Zustimmung des Integrationsamtes erforderlich.

Tipp von Kim

Mehrarbeit oder Überstunden?

Von **Überstunden** spricht man, wenn die für den Arbeitnehmer geltende **regelmäßige Arbeitszeit** überschritten wird, die z. B. im Einzelarbeitsvertrag, der Betriebsvereinbarung oder im Tarifvertrag festgelegt ist.

Wenn aber die gesetzliche bzw. tariflich festgelegte **Höchstarbeitszeit** überschritten wird, spricht man von **Mehrarbeit**.

© u-form Verlag – Kopieren verboten!

Übung 6a von Seite 51

Einzelarbeitsvertrag (unbefristeter Arbeitsvertrag)

a) Bei der Erstellung von Arbeitsverträgen muss eine Reihe von Gesetzen berücksichtigt werden (z. B. Bundesurlaubsgesetz, Jugendarbeitsschutzgesetz, Arbeitszeitengesetz). Das Nachweisgesetz schreibt zudem vor, dass die Vertragsbedingungen schriftlich erfolgen müssen. Dadurch wird die Formfreiheit eingeschränkt. Diese Einschränkungen dienen dazu, Arbeitnehmer zu schützen. Schließlich geht es um einen sehr wichtigen, existenziellen Lebensbereich. Die Schriftform dient außerdem dazu, rechtlich Sicherheit zu schaffen.

b) Arbeitgeber: z. B. Vergütungspflicht, Fürsorgepflicht, Zeugnisausstellungspflicht
Arbeitnehmer: z. B. Pflicht zur Erbringung der Arbeitsleistung, Verschwiegenheitspflicht, Pflicht zur Einhaltung des Wettbewerbsverbotes

c) BGB (Recht auf Erbringung der Arbeitsleistung, Recht auf Treue durch den Arbeitnehmer), HGB (Sorgfaltspflicht, Verschwiegenheitspflicht, Wettbewerbsverbot des Arbeitnehmers), Arbeitszeitengesetz (Recht auf Erbringung der vereinbarten Arbeitszeit), Entgeltfortzahlungsgesetz (Recht auf Anzeige und Nachweis im Krankheitsfall)

d) Mindestlohngesetz (Mindestvergütungshöhe), Jugendarbeitsschutzgesetz (Arbeits- und Pausenzeiten, Urlaubsanspruch von minderjährigen Jugendlichen), Arbeitszeitengesetz (maximale tägliche und wöchentliche Arbeitszeiten), Bundesurlaubsgesetz (minimaler Urlaubsanspruch), BGB (Kündigungsfristen)

e) Name und Anschrift der Vertragsparteien, Beginn des Arbeitsverhältnisses, Dauer der Probezeit, Arbeitsort, Tätigkeit, Vergütungshöhe, Arbeitszeit, Urlaubsanspruch, Kündigungsfristen, ggf. Hinweis auf geltende Tarifverträge und Betriebsvereinbarungen

© u-form Verlag – Kopieren verboten!

Übung 6b von Seite 53

Einzelarbeitsvertrag (befristeter Arbeitsvertrag)

a) Das **Teilzeit- und Befristungsgesetz (TzBfG)** regelt die Bedingungen für befristete Verträge, die auch Zeitverträge genannt werden. Wenn kein sachlicher Grund (Sachgrund) angegeben ist, warum ein Vertrag befristet wird (z. B. zur Erprobung), handelt es sich um eine kalendermäßige Befristung.

Solche Befristungen sind grundsätzlich nur für eine Dauer von zwei Jahren zulässig. Bis zu dieser Gesamtdauer von zwei Jahren ist auch die höchstens dreimalige Verlängerung eines kalendermäßig befristeten Arbeitsvertrages zulässig. Eine kalendermäßige Befristung ist nicht zulässig, wenn mit demselben Arbeitgeber bereits zuvor ein befristetes oder unbefristetes Arbeitsverhältnis bestanden hat. Es ist dabei unerheblich, wann er dort (kurz vorher oder bereits vor Jahren) angestellt war.

b) Wenn ein Arbeitnehmer nach Ablauf eines befristeten Vertrages ohne gültigen (Folge-)Vertrag im Unternehmen tätig ist, bevor er den neuen unterschriebenen befristeten Vertrag erhielt, ergibt sich die Konsequenz, dass der Arbeitnehmer in einem unbefristeten Arbeitsverhältnis steht. Eine Befristung müsste bereits am ersten Tag nach Ablauf des befristeten Vertrages schriftlich in Form eines von beiden Seiten unterzeichneten Vertrages vereinbart werden.

INFO

Ein zeitlich befristeter Vertrag muss schriftlich geschlossen werden. In § 14 Abs. 4 TzBfG ist außerdem geregelt, dass für die Verlängerung eines befristeten Vertrages ebenfalls die Schriftform vorgeschrieben ist.

© u-form Verlag – Kopieren verboten!

c) Sie könnte Kims Vermerk aussehen:

Laut Art. 12 GG hat jeder das Recht zur freien Berufswahl und -ausübung. Die Zustimmung des Arbeitgebers ist daher nicht erforderlich, selbst wenn das im Arbeitsvertrag vereinbart wurde. Eine solche Klausel ist nicht rechtsgültig. Der Arbeitgeber kann aber fordern, dass der Arbeitnehmer eine Nebenbeschäftigung anzeigt. Er darf daraufhin prüfen, ob die Nebentätigkeit die Leistung des Arbeitnehmers beeinträchtigt oder ob es dem Wettbewerbsverbot entgegensteht.

Auch darf die Nebentätigkeit nicht gegen zwingende Arbeitsrechtsregelungen verstoßen. So darf zum Beispiel die werktägliche Arbeitszeit acht Stunden nicht überschreiten (als Werktage gelten Montag bis Samstag), was heißt, dass maximal 48 Stunden in der Woche für beide Tätigkeiten zur Verfügung stehen (dies nach § 3 Abs. 1 ArbZG).

Auch muss zwischen den Arbeitstagen nach § 5 Abs. 1 ArbZG eine Ruhezeit von mind. 11 Stunden liegen. Das heißt, an Abenden, an denen Herr Müller bis 22:00 Uhr für den Lieferservice arbeitet, muss er eine Ruhezeit von 11 Stunden einhalten und dürfte am folgenden Morgen erst um 9:00 Uhr seine Arbeit bei Tentor antreten. Er könnte den Nebenjob also nur an Tagen ausüben, an denen das mit seinem Arbeitsbeginn bei Tentor zusammenpasst oder aber am Wochenende.

Tipp von Kim

Wenn im Arbeitsvertrag steht, dass der Arbeitgeber der Nebentätigkeit zustimmen muss, ist das rechtlich nicht wirksam. Trotzdem sollte man mit dem Arbeitgeber eine friedliche Lösung finden und seine Meinung berücksichtigen. Immerhin ist es der Hauptarbeitgeber.

© u-form Verlag – Kopieren verboten!

Übung 7 von Seite 56

Rechtliche Rahmenbedingungen – Befugnisse von Mitarbeitern

Die Generalvollmacht (§§ 164 ff. BGB) ist eine umfassende Vollmacht, die eine Person in Stellvertretung dazu ermächtigt, alle Arten von Rechtsgeschäften auszuführen, sofern eine Vertretung möglich ist. Sie kann über den Umfang der Prokura hinausgehen. Nicht so die Generalhandlungsvollmacht, die nicht über die Prokura hinausgeht und im Gegensatz zur Generalvollmacht (und auch zur Prokura) nur eine Vertretungsmacht für branchentypische Geschäfte (Bestellungen, Einkauf, Verkauf etc.) darstellt, die „der Betrieb eines derartigen Handelsgewerbes oder die Vornahme derartiger Geschäfte gewöhnlich mit sich bringt“ – wie es in § 54 Abs. 1 HGB heißt.

Die Generalhandlungsvollmacht gehört zu den drei Grundformen der Handlungsvollmacht. Die beiden anderen lauten: Spezialvollmacht, die nur auf einzelne oder ein einzelnes Rechtsgeschäft beschränkt ist (z. B. Abschluss eines bestimmten Vertrages), oder die Arthandlungsvollmacht, bei der sich die Handlungsvollmacht auf eine bestimmte Art von Geschäften beschränkt (z. B. Einkauf oder Verkauf).

Bei der Prokura, die über die Handlungsvollmacht hinausgeht, ausdrücklich erteilt und in das Handelsregister eingetragen werden muss, unterscheidet man:

- Die Einzelprokura: Diese ist eine Vollmacht, die eine einzelne Person erhält, die damit vertretungsberechtigt und handlungsfähig ist.
- Die Gesamtprokura: Hier ist eine einzelne Person nicht vertretungsberechtigt. Man unterscheidet die echte und unechte Gesamtprokura. Mit einer echten Gesamtprokura treten zwei oder mehrere Prokuristen als Gesamtvertretung (= gemischte Vertretung) auf. Sie sind nur zum gemeinsamen Handeln befugt und müssen immer zusammen unterschreiben. Bei einer unechten Gesamtprokura ist ein Prokurist nur mit einem Gesellschafter oder Geschäftsführer zusammen vertretungsberechtigt.
- Die Filialprokura: Diese Vollmacht gilt für eine oder mehrere Niederlassungen.
- Die Generalprokura: Eine Vollmacht, die ein Unternehmen für alle Niederlassungen ausstellt.

© u-form Verlag – Kopieren verboten!

Übung 7 von Seite 56

Rechtliche Rahmenbedingungen – Befugnisse von Mitarbeitern

	Prokura	Handlungsvollmacht
Umfang der Vertretungsmacht	Weit gefasste Vertretungsmacht (laut § 49 Abs. 1 HGB), die zu Geschäften jeder Art ermächtigen, die zum Betrieb eines Handelsgeschäftes gehören. Ausnahmen bilden Grundlagengeschäfte und Inhabergeschäfte sowie Privatgeschäfte des Kaufmanns.	Nur Vertretungsmacht für branchentypische Geschäfte (§ 54 Abs. 1 HGB), „die der Betrieb eines derartigen Handelsgewerbes oder die Vornahme derartiger Geschäfte gewöhnlich mit sich bringt".
Beschränkung im Außenverhältnis (gegenüber Dritten)	Unwirksam (§ 50 Abs. 1 HGB)	Wirksam
Erteilung	Durch Inhaber des Handelsgeschäfts, gesetzlichen Vertreter (§ 48 Abs. 1 HGB)	Durch Inhaber, Prokuristen, Handlungsbevollmächtigten (sofern die Erteilung der Handlungsvollmacht ein branchentypisches, gewöhnliches Geschäft darstellt)
Eintragung ins Handelsregister	Erteilung bzw. das Erlöschen nach § 53 Abs. 1 HGB ist eintragungspflichtig, hat aber nur deklaratorische* Wirkung; auch Eintragung der Befugnis nach § 49 Abs. 1 HGB erforderlich * zwar gesetzlich vorgeschrieben, aber keine Wirksamkeitsvoraussetzung – Prokura kann auch ohne Eintragung wirksam erteilt und widerrufen werden	Nicht erforderlich, auch nicht möglich
Übertragbarkeit	Keine (§ 52 Abs. 2 HGB)	Ja, mit Zustimmung des Inhabers (§ 58 HGB)

INFO

Grundlagengeschäfte: Handlungen, die nicht den Betrieb, sondern die Organisation des Handelsbetriebes betreffen (z. B. Benennung von Gesellschaftern, Änderung des Unternehmensgegenstands, ...).

Inhabergeschäfte: Geschäfte, die nur der Inhaber ausführen darf (z. B. Unterschreiben der Bilanz).

Privatgeschäfte: Betrifft Geschäfte, die in den Privatbereich fallen.

© u-form Verlag – Kopieren verboten!

Übung 7 von Seite 56

Rechtliche Rahmenbedingungen – Befugnisse von Mitarbeitern

Fortsetzung

Die Prokuristen dürfen Grundstücke kaufen und ein Darlehen aufnehmen, ein Grundstück belasten dürfen sie jedoch nur dann, wenn sie hierfür auch eine Sondergenehmigung haben. Hier ein Überblick über alle möglichen Befugnisse und Nicht-Befugnisse:

Das dürfen Prokuristen	Das dürfen Prokuristen nicht
• Geschäftsverkehr führen • Wechsel zeichnen • Vergleiche schließen • Verbindlichkeiten eingehen • Prozesse führen • Verträge abschließen • Klagen vor Gericht • Gerichtliche Vergleiche • Personal einstellen • Handlungsvollmachten erteilen • Kredite aufnehmen • Mietverhältnisse eingehen • Mietverhältnisse kündigen	• Handelsregistereintrag veranlassen • Bilanzen unterschreiben • Steuererklärung unterschreiben • das Unternehmen verkaufen • das Unternehmen auflösen • das Unternehmen in der Rechtsform verändern • einen Eid leisten für den Geschäftsinhaber • Prokura erteilen • neue Gesellschafter aufnehmen • Grundstücke verkaufen (Ausnahmen sind erlaubt nach § 49 Abs. 2 HGB) • Insolvenz beantragen oder Maßnahmen ergreifen, die den Betrieb einstellen

© u-form Verlag – Kopieren verboten!

Übung 8a von Seite 60

Personalstammdatenblatt

Ein Muster (Auszug) könnte wie folgt aussehen: Die Tabelle kann je nach Bedarf ergänzt werden.

Personalstammdatenblatt	
Name, Vorname:	
Anschrift:	
Tel.-Nr. / Mobilnummer:	
Notfall-Nummer:	
…	
Eintrittsdatum:	
Austrittsdatum:	
…	
Familienstand:	
Ehepartner:	
Kinder:	
…	
Schulabschluss:	
Studium:	
Ausbildung:	
Berufserfahrung:	
Fort- und Weiterbildungen:	
Besonderheiten:	
…	
Krankenkasse:	
Sozialversicherungsnummer:	
Lohnsteuerabzugsmerkmale:	
…	
Zusatzinfos (Nebentätigkeiten etc.)	

© u-form Verlag – Kopieren verboten!

Übung 8b von Seite 60

Personalstammdatenblatt (Personalbogen) – Datenschutz und Datensicherheit

a) Jan darf laut Art. 88 DSGVO und § 26 BDSG in dem Formular nur solche Daten abfragen, die in Zusammenhang mit dem Beschäftigungsverhältnis stehen, wie z. B. allgemeine Daten zur Person (Name, Anschrift, Kontaktdaten etc.), Angaben zur beruflichen Qualifikation und Schulausbildung, Angaben zur beruflichen Weiterbildung sowie ggf. weitere Daten, die zur Erfüllung von vertraglichen oder buchhalterischen und steuerlichen Pflichten (Bankverbindung, Krankenversicherung, Sozialversicherung, Steuerdaten etc.) erforderlich sind.

b) Beim **Datenschutz** geht es um den Schutz personenbezogener Daten. Personenbezogene Daten sind Daten, mit denen eine Person identifiziert werden kann (z. B. Name, Geburtsdatum etc.). Solche Daten dürfen nicht einfach von jedem gesammelt, gespeichert und eingesehen werden. Unter welchen Voraussetzungen personenbezogene Daten erhoben, verarbeitet oder genutzt werden dürfen, wird in der Datenschutz-Grundverordnung festgelegt. Es geht auch darum, dass solche Daten nicht in die Hände von Personen gelangen, die kein Recht haben, diese zu sehen.

   Bei der **Datensicherheit** geht es darum, dass allgemein alle Daten in einem Unternehmen vor Verlust, Diebstahl oder Missbrauch geschützt werden. Es muss sich nicht zwangsläufig um Daten mit dem Bezug zu einer Person handeln. Trotzdem steht die Datensicherheit mit dem Datenschutz in Verbindung. Ohne ausreichende Datensicherheit, d.h. Maßnahmen, durch die Daten vor Verlust, Diebstahl oder Missbrauch geschützt werden, kann der Datenschutz nicht gewährleistet werden.

INFO

Die Datenschutz-Grundverordnung ist eine Verordnung der EU mit einheitlichen Regeln zur Verarbeitung personenbezogener Daten im europäischen Raum (EU-DSGVO). Wichtig hierbei sind die Rechte von betroffenen Personen, wie z. B. das

Informationsrecht

Recht auf Auskunft

Recht auf Berichtigung und Löschung

Recht auf Einschränkung der Verarbeitung

Recht auf Widerspruch der Datenverarbeitung

Recht auf Datenübertragbarkeit

vgl. https://dsgvo-gesetz.de

© u-form Verlag – Kopieren verboten!

Eine sinnvolle inhaltliche Gliederung papierbezogener Unterlagen, unter Umständen mit Trennlaschen versehen, könnte wie folgt aussehen:

Arbeitsvertrag und Änderungen des Arbeitsvertrages (Zusatzverträge, Ende der Probezeit, Darlehen, Rückzahlungsverpflichtungen, Versetzungen, Arbeitsgerichtsverfahren, Handlungsvollmachten/Prokura), Aushändigungen und Belehrungen (Handy, Schlüssel, Firmenausweis, Betriebsordnung, Sicherheitsbelehrung etc.), Abmahnungen

Austritt (Kündigungen, Aufhebungsvereinbarungen, Arbeitsgerichtsverfahren)

Aus-, Weiter- und Fortbildungen (Verträge, Vereinbarungen, Schulunterlagen, Kammerunterlagen, Seminarbescheinigungen etc.)

Mitarbeiterbeurteilungen, (Zwischen-)Zeugnisse, Bescheinigungen

Bewerbung(sbogen) und Bewerbungsunterlagen inkl. Einladung, Vorstellungsgespräch (ggf. mit Fahrgelderstattung)

Einstellung und Einstellungsunterlagen (steuerrelevante Unterlagen (z. B. Steuerkarte), sozialversicherungsrelevante Unterlagen (Anmeldungen, Jahresmeldungen, Unterbrechungsmeldungen, Unfallmeldungen, AU-Meldungen, SV-Ausweis, Unterlagen Kuren, DEÜV-Meldungen, betriebliche Altersvorsorge, Rückdeckungsversicherung, Direktversicherung etc.), zahlungsrelevante Unterlagen (Bankverbindungen, Vermögensbildungsverträge, Einbehaltungen, Abführungen etc.), Bescheinigungen (Finanzamt, Krankenkasse, Behörden, Gerichte, Deutsche Rentenversicherung)

Entgeltunterlagen/Lohn- und Gehaltsveränderungen, Tantiemen/Prämien laut Vertrag, Sonderzahlungen, vermögenswirksame Leistungen, Pfändungen/Abtretungen, Mietverträge bei Wohnungsüberlassung, Auszahlungsbeleg Kasse, Bescheid Kindergeld)

Sonstiges (beispielsweise Schwerbehindertenausweis, Mutterschutz, Elternzeit, Wehrdienst, Zusatzversorgung, Urlaubs- und Fehlzeiten, Gesundheitszeugnis, Korrespondenz).

© u-form Verlag – Kopieren verboten!

Übung 10 von Seite 65

Leitfaden Personalakte

Tipp von Erkan

Merke dir für die Prüfung:
Die Form und der Inhalt der Personalakte ist - ausgenommen für Beamte - nicht gesetzlich vorgeschrieben! Der Arbeitgeber kann selbst bestimmen, was er in der Akte ablegt wird und was er einträgt. Es dürfen aber nur Daten enthalten sein, die für das Arbeitsverhältnis ausschlaggebend sind, also z. B. Personaldaten, Arbeitsvertrag, Vertragsänderungen, sozialversichcrungs und steuerrechtliche Unterlagen, Entwicklung des Gehalts, Arbeitszeugnisse, aber auch Abmahnungen und die Kündigung.
Die Personalakte darf auch nicht von jedem eingesehen werden. Sie ist vertraulich zu behandeln. Doch darf sie unter bestimmten Voraussetzungen von Mitarbeitern eingesehen werden. Nämlich von Personen, die in der Personalverwaltung arbeiten oder mit Personalangelegenheiten betraut sind.

Grundsätze im Umgang mit der Personalakte und personenbezogenen Daten der Mitarbeiter

1. Gemäß §26 BDSG „Datenverarbeitung für Zwecke des Beschäftigungsverhältnisses" dürfen nur Daten von Beschäftigten erhoben werden, die **erforderlich** sind. Das sind Daten, die zur Entscheidung über die Einstellung benötigt werden, sowie Daten, die zur Durchführung, Ausübung oder Beendigung des Arbeitsverhältnisses benötigt werden. Erforderlich sind auch Daten, die zur Erfüllung von gesetzlichen Rechten und Pflichten, aufgrund eines Tarifvertrags, der Betriebsvereinbarung oder aus Gründen der Strafverfolgung benötigt werden.

   Da die Erforderlichkeit von Daten u. U. schwer belegbar ist, kann auch eine freiwillige, schriftliche Einwilligung des Mitarbeiters eingeholt werden. Der Beschäftigte muss dabei darüber in Kenntnis gesetzt werden, zu welchem Zweck die Daten erhoben werden. Außerdem darf er diese Einwilligung jederzeit widerrufen. Kommt es zum Rechtsstreit, muss jedoch das Unternehmen nachweisen, dass diese Einwilligung freiwillig geschah.

2. Nach § 83 Abs. 1 BetrVG hat jeder Mitarbeiter das Recht auf Einsicht in seine Personalakte. Dieses Recht gilt für papierbezogene Personalakten ebenso wie für digitale Varianten (d.h. in der EDV gespeicherte Daten). Auch gilt dies für etwaige Aufzeichnungen, die den Mitarbeiter betreffen (z. B. Notizen von Vorgesetzten, Beurteilungen etc.). Der Mitarbeiter kann hierzu ein Betriebsratsmitglied hinzuziehen (Betriebsratsmitglieder haben jedoch allein kein Recht auf Einsicht in die Personalakte eines Mitarbeiters).

   Nach § 83 Abs. 2 BetrVG hat jeder Mitarbeiter das Recht, eigene Erklärungen zum Inhalt der Akte beizufügen, so zum Beispiel auch eine Gegendarstellung zur Abmahnung.

   Eine rechtlich nicht gültige Abmahnung muss aus der Personalakte auf Verlangen des Mitarbeiters entfernt werden.

© u-form Verlag – Kopieren verboten!

Fortsetzung

3. Es dürfen nur Unterlagen in die Personalakte aufgenommen werden, die mit dem Beschäftigungsverhältnis in Verbindung stehen (vgl. 1.). Folgendes **darf nicht** in der Personalakte abgelegt werden:

   - Unterlagen, die ausschließlich die Privatsphäre des Mitarbeiters betreffen
   - Sammelbelege, die mehrere Mitarbeiter betreffen (z. B. Gehaltslisten)
   - Prozessakten aus laufenden Gerichtsverhandlungen und Rechtsstreitigkeiten
   - Abmahnungen mit nachweislich falschen Vorwürfen

   Folgende Kriterien zur Beurteilung der Unterlagen, die in eine Personalakte gehören oder nicht, sind zu beachten.

   - Unterlagen, für die gesetzliche Aufbewahrungsfristen gelten, müssen aufbewahrt werden. Da nach § 195 BGB die regelmäßige Verjährungsfrist von Ansprüchen ehemaliger Arbeitnehmer erst nach drei Jahren endet, müssen Personalakten dementsprechend lange aufbewahrt werden. Für das Arbeitsrecht (z. B. Zeugnisse) gelten auch 3 Jahre, für die Lohnsteuer (z. B. Arbeitszeiten) 6 Jahre und für Unterlagen, die für die betriebliche Gewinnermittlung relevant sind (z. B. Lohnsteuerunterlagen, Lohnlisten) 10 Jahre.
   - Unterlagen, die für den Betrieb wichtig und nötig sind, sollten aufbewahrt werden.
   - Unterlagen, die überflüssig sind, sollten nicht aufbewahrt und vernichtet werden.

4. Der Datenzugriff durch unbefugte Personen ist zu vermeiden, ebenso der Verlust von Daten, die Manipulation von Daten, Datenveränderungen aus Versehen, indem der Zugang zu Räumlichkeiten und Aktenschränken für Unbefugte eingeschränkt, der Zugriff auf Dateien für Unbefugte beschränkt (Passwörter) wird und indem regelmäßige Datensicherungen durchgeführt werden. Weitere Maßnahmen sind: Kopierschutz von Daten, Verpflichtungserklärungen zum Datenschutz durch Mitarbeiter einfordern, Kontrolle der Benutzer.

5. Die Unterlagen, auf denen personenbezogene Daten stehen, müssen so vernichtet werden, dass kein Dritter auf diese noch zugreifen kann. Diese Unterlagen gehören in den Schredder und müssen bis zur Unkenntlichkeit zerstört werden.

© u-form Verlag – Kopieren verboten!

Übung 11 von Seite 70

Anmeldung zur Sozialversicherung

Grund der Abgabe	10	Anmeldung wegen Beginn einer Beschäftigung
Personengruppe	101	Sozialversicherungspflichtig Beschäftigte
Betriebsnummer Krankenkasse	23456789	
Betriebsnummer Arbeitgeber	98765432	
Angaben zur Tätigkeit	71402 | 3 | 2 | 1 | 1	
Beitragsgruppen		
Krankenversicherung	1	allgemeiner Beitrag
Rentenversicherung	1	allgemeiner Beitrag
Arbeitslosenversicherung	1	allgemeiner Beitrag
Pflegeversicherung	1	allgemeiner Beitrag
Beschäftigungszeitraum	10.01.2025*	bis

*Hier können Sie das heutige Datum einsetzen.

© u-form Verlag – Kopieren verboten!

Übung 12 von Seite 74

Fehlzeitenquote

Letzte drei Monate	Letzte drei Monate des Vorjahres
Fehlzeitenquote von Frau Hubert: 48/480 x 100 = 10 %	88/480 x 100 = 18,33 %
Fehlzeitenquote für Herrn Achtermann: 32/480 x 100 = 6,67 %	32/480 x 100 = 6,67 %
Fehlzeitenquote für Herrn Riegert: 50 /480 x 100 = 10,42 %	20 /480 x 100 = 4,17 %

Die Fehlzeitenquote ist ein Wert, der sich aus der Anzahl der Fehlstunden geteilt durch die eigentlich zu leistende Arbeitszeit (Soll-Arbeitszeit) ergibt und prozentual ausgedrückt werden kann (x 100 multipliziert). Die Ermittlung der Fehlzeitenquote ist für den Arbeitgeber relevant, da viele Arten der Abwesenheit (wie z. B. Krankheit oder notwendige Arztbesuche) zu einer Lohnfortzahlung führen. Der Arbeitgeber hat dabei Kosten dieser Arbeitsstunden, erhält aber keine konkrete Arbeitsleistung.

Am besten ist es, wenn die Fehlzeitenquote in regelmäßigen Abständen ermittelt und die Daten verglichen werden; dies kann auch für Abteilungen und Tätigkeitsbereiche durchgeführt werden. Während eine gewisse Fehlzeitenquote durch Urlaub hingenommen werden muss (mitunter wird Urlaub nicht zu den Fehlzeiten gerechnet) und eine solche durch Arztbesuche, Vorsorgeuntersuchungen oder auch leichte Krankheiten hingenommen werden kann, ist eine deutlich erhöhte Fehlzeitenquote eine Art Frühwarnsystem. Steigt sie kontinuierlich an, so könnten Probleme im Unternehmen die Ursache sein (z. B. schlechte Arbeitsbedingungen, mitarbeiterunfreundlicher Führungsstil der Vorgesetzten, innere Kündigung durch Mitarbeiter). Dann gilt es, entsprechende Maßnahmen zu ergreifen, da es sich auf die Wirtschaftlichkeit und Produktivität des Unternehmens auswirkt.

© u-form Verlag – Kopieren verboten!

Übung 13 von Seite 88

Erstellung von Lohn- und Gehaltsabrechnungen

a) 80 Stunden (h) pro Monat werden mit 15,00 Euro pro Stunde (€/h) vergütet:
80 h · 15,00 €/h = 1.200,00 €

Die 20 zusätzlich geleisteten Stunden werden mit 30 % mehr vergütet:
15,00 €/h : 100 % · 130 % = 19,50 €/h
20 h · 19,50 €/h = 390,00 €

Gesamt:
1.200,00 € + 390,00 € = **1.590,00 €**

Antwort: Die monatliche Vergütung der Aushilfe liegt bei 1.590,00 Euro.

b) Name, Adresse, Bankverbindung, Personalnummer, Konfession, Renten- bzw. Sozialversicherungsnummer, Steuerklasse, Kinderfreibetrag, Steuerfreibetrag, ggf. Entgeltgruppe, Arbeitszeit (bei Lohnkräften), Angaben zur Krankenkasse, Zuschläge, Sonderzahlungen, Arbeitgeberanteil für vermögenswirksame Leistungen, ...

c) **1. Schritt:** Das Tarifentgelt (bzw. vereinbarte Arbeitsentgelt), die Sonderzahlungen, der Arbeitgeberanteil für vermögenswirksame Leistungen, ggf. Einmalbezüge und Sachbezüge und geldwerte Vorteile werden zusammengerechnet und ergeben das Brutto-Entgelt.
2. Schritt: Vom Bruttoentgelt werden steuerfreie Entgeltteile abgezogen, so erhält man das steuerpflichtige Bruttoentgelt.

3. Schritt: Vom steuerpflichtigen Bruttoentgelt wird unter Berücksichtigung der Steuer-Identifikationsmerkmale (Steuerfreibetrag, Steuerklasse, Kirchensteuer, Kinderfreibetrag) die aus der Lohnsteuertabelle abgelesene Lohnsteuer ermittelt, ebenso wie die Kirchensteuer und ggf. der Solidaritätszuschlag. Diese Abzüge werden zusammengerechnet und bilden zusammen den gesetzlichen Abzug Steuern.

© u-form Verlag – Kopieren verboten!

4. Schritt: Anschließend werden die Sozialversicherungsbeiträge abgezogen. Das sozialversicherungspflichtige Brutto-Entgelt (SV-Brutto = Bruttoentgelt abzüglich der nicht-sozialversicherungspflichtigen Entgeltanteile) wird unter Berücksichtigung der Beitragsbemessungsgrenzen mit den einzelnen Beitragssätzen der verschiedenen Sozialversicherungen multipliziert und anschließend durch zwei geteilt, da der Arbeitgeber die Hälfte zu zahlen hat. Bei der Berechnung des Krankenversicherungsbeitrages ist es wichtig, ob ein Arbeitnehmer gesetzlich pflichtversichert, privat krankenversichert oder aber freiwillig gesetzlich versichert ist. Für die Pflegeversicherung müssen kinderlose Arbeitnehmer über 23 Jahre einen alleinigen Sonderbeitrag leisten. Alle Abzüge (Anteil Arbeitnehmer) werden zusammengefasst und bilden zusammen den gesetzlichen Abzug Sozialversicherung.

5. Schritt: Die Abzüge Steuern und Sozialversicherung werden vom Bruttoentgelt abgezogen. Das Ergebnis ist das Nettoentgelt. Werden noch vermögenswirksame Leistungen oder andere Abzüge fällig, so werden diese abgezogen.

6. Schritt: Das Endergebnis ist der Zahlbetrag, den der Beschäftigte auf sein Bankkonto überwiesen bekommt.

INFO

Obwohl in den meisten Unternehmen die Entgelt-Abrechnung elektronisch erfolgt, ist es wichtig zu wissen, was dabei im Einzelnen passiert. Hilfreich sind Internetseiten wie http://www.brutto-netto-rechner24.de oder http://www.brutto-netto-rechner.info, die Tipps und Beispiele zur Verfügung stellen. Hier kann das ein oder andere nachgelesen oder ausprobiert werden.

© u-form Verlag – Kopieren verboten!

Übung 14 von Seite 95 f.

Personalstatistik

a) Produktivität je Mitarbeiter:
Umsatz / Ø Personalstand = 900.000 € / 8 Mitarbeiter = 112.500 € pro Mitarbeiter

Rentabilität je Mitarbeiter:
Gewinn / Ø Personalstand = 500.000 € / 8 Mitarbeiter = 62.500 € pro Mitarbeiter

Durchschnittlicher Personalaufwand je Mitarbeiter:
Personalaufwand / Anzahl der Mitarbeiter = 240.000 € / 8 Mitarbeiter = 30.000 € pro Mitarbeiter

Fluktuationsquote:
Anzahl der Personalabgänge x 100 / Ø Personalstand = 3 Mitarbeiter x 100 / 8 Mitarbeiter = 37,5 %

b) Arbeitsbedingungen, Arbeitssicherheit, Vergütung und Vergütungssysteme, Arbeitszeiten und Arbeitszeitenmodelle, Führungsstil der Vorgesetzten, Sozialleistungen, Aufstiegs- und Weiterbildungsmöglichkeiten

c) 1) Antell der Grafiker in Prozent für jedes einzelne Jahr

2022	2023	2024
5 x 100 / 15 = 33,33 %	5 x 100/ 10 = 50 %	5 x 100 / 8 = 62,5 %

2) Von 2022 bis 2023 Minimierung um 5 Mitarbeiter
(10 – 15) x 100 / 15 = - 33,33 %

Von 2023 bis 2024 Minimierung um weitere 2 Mitarbeiter
(8 – 10) x 100 / 10 = - 20 %

Das Personal hat sich von 2022 auf 2023 um 33,33 % reduziert und von 2023 auf 2024 um 20 %.

INFO

Bei dieser Aufgabe wurden die halbtags tätigen Mitarbeiter zu ganztags tätigen Mitarbeitern zusammengefasst:

6 Ganztagskräfte + 4 Halbtagskräfte = 8 Ganztagskräfte

Das gleiche ist auch bei den Personalabgängen passiert:

2 Ganztagskräfte + 2 Halbtagskräfte = 3 Ganztagskräfte

© u-form Verlag – Kopieren verboten!

3)

2022	2023	2024
3 x 100 / 15 = 20 %	2 x 100 / 10 = 20 %	1 x 100 / 8 = 12,5 %

4)

2520 x 100/ 25.200 =10 %	1344 x 100 / 16.800 = 8 %	806 x 100 / 13.440 = 6 %

d) Der Personalbestand ist in den Jahren 2022 bis 2024 von Jahr zu Jahr gesunken, von 2022 zu 2023 stärker als von 2023 zu 2024, während der Anteil der Grafiker prozentual gestiegen ist.

Die Ausbildungsquote ist in den ersten beiden Jahren des Betrachtungszeitraumes gleich geblieben und von 2023 bis 2024 gesunken.

Bei den Fehlzeiten ist ein kontinuierlicher Rückgang zu verzeichnen, d. h., dass diesbezüglich eine positive Entwicklung zu konstatieren ist und Maßnahmen zur Reduzierung der Fehlzeitenquote entweder gefruchtet haben bzw. derzeit nicht nötig sind (sofern das Unternehmen mit der jetzigen Quote zufrieden ist).

Lara kann diese statistischen Daten grundsätzlich auf zwei verschiedene Arten darstellen: Mithilfe von Tabellen (vgl. DIN 55301) oder grafisch in Form von Diagrammen (Säulen-/Stabdiagramm, Balkendiagramm, Kreis-, Flächen-, Liniendiagramm, Histogramm, Streuungsdiagramm, Punktdiagramm, Matrixdiagramm).

e) Altersstruktur, Personalstruktur, Fluktuationsquote

© u-form Verlag – Kopieren verboten!

Übung 15 von Seite 100 f.

Personalplanung – Personalbestandsplanung

a) Das ist der gegenwärtige Personalbestand. Dieser beträgt 80 Vollzeitarbeitsplätze.

b) Zur Berechnung des Personalbestandes zum 31.12.20.. muss der voraussichtliche Personalbestand zum Zeitpunkt X berechnet werden. Die Rechnung lautet wie folgt:

Aktueller Personalbestand
– sichere Abgänge
– voraussichtliche Abgänge
\+ Zugänge

= voraussichtlicher Personalbestand (dieser wird auch als fortgeschriebener Personalbestand bezeichnet)

Demnach ergibt sich für die oben genannte Situation folgende Rechnung: 80 + 1 – 3,5 = 77,5 *

* Im Zuge dieser Berechnung können die beiden Versetzungen unberücksichtigt bleiben, da diese Mitarbeiter lediglich den Zuständigkeitsbereich wechseln, dabei jedoch im Unternehmen verbleiben.

Eine ausführliche Auflistung folgt auf der nächsten Seite

© u-form Verlag – Kopieren verboten!

Übung 15 von Seite 100 f.

Personalplanung – Personalbestandsplanung

Zu- und Abgänge	Zeitraum 30.06. bis 31.12.20..
Bestand	80
Abgänge	
Pensionierung	2
Fortbildung	0
Versetzung	2
Kündigung AG	0
Kündigung AN	0,5
Tod	0
Mutterschutz / Elternzeit	1
Ende Ausbildung	0
Sonstige	0
= Summe Abgänge	**5,5**
Zugänge	
Neueinstellung	0
Versetzungen	2
Ende Mutterschutz / Elternzeit	1
Übernahme von Auszubildenden	0
Sonstige	0
= Summe Zugänge	**3**
Bestand zum 31.12.20..	**77,5**

© u-form Verlag – Kopieren verboten!

Übung 16 von Seite 104

Personalbedarfsplanung

a) X = 14,5 Mio. € : 69.000 €/Mitarbeiter = 210 Mitarbeiter

Hieraus ergibt sich ein Mehrbedarf von 10 Mitarbeitern. Es wird davon ausgegangen, dass bei einem erhöhten Absatz auch der Personalbedarf proportional steigt.

Die **Kennzahlenmethode** wird zum Beispiel auch verwendet, wenn der Personalbedarf ausgehend vom Arbeitsanfall (z. B. x Stunden Arbeitszeit) berechnet wird.

Personalbedarf = (Arbeitsmenge x Zeit/Einheit) / Arbeitszeit pro Mitarbeiter

Sie wird auch gerne angewandt, wenn bei unregelmäßigem Arbeitsanfall (z. B. in der Produktion) immer wieder unterschiedlich viele Arbeitskräfte eingesetzt werden müssen. Dann wird der Bruttopersonalbedarf errechnet, indem vom Soll-Bestand der Ist-Bestand abgezogen und die Zugänge wie Abgänge hinzu- bzw. abgerechnet werden. Auf diese Weise kann eine personelle Unter- oder Überdeckung ermittelt werden.

INFO

Neben der Kennzahlenmethode gibt es zur Ermittlung des Bruttopersonalbedarfs auch die sogenannte **Stellenplanmethode**. Sie ist dann geeignet, wenn zwischen der Arbeitskraft und bestimmten Kennzahlen wie z B. Umsatz keine eindeutige Abhängigkeit besteht. Der Stellenplan wird durch die betriebliche Organisationsstruktur bestimmt und spiegelt die verschiedenen Funktionsbereiche wider. Hier ein Beispiel:

Stellenbezeichnung	Stunden / Woche	Soll-Bestand	Ist-Bestand	Differenz
Abteilungsleiter/-in	40	1	1	-
Teamleiter/-in	40	5	5	-
Sachbearbeiter/-in	40	10	8	2

© u-form Verlag – Kopieren verboten!

Fortsetzung

b) **1. Schritt:** Ermittlung des Bruttopersonalbedarfs. Hierbei wird der gegenwärtige Stellenbestand aufgrund neu geplanter Stellen oder Stellenkürzungen hochgerechnet. Aus dem oben genannten Beispiel ergibt sich folgende Rechnung:

Stellenbestand	200
+ Stellenzugänge (geplant)	+ 10
= Bruttopersonalbedarf	**= 210**

2. Schritt: Ermittlung des fortgeschriebenen (= zukünftigen) Personalbestandes. Hierbei wird der aktuelle Personalbestand aufgrund sicherer und geschätzter Personalabgänge und bereits bekannter Zugänge hochgerechnet. Aus dem oben genannten Beispiel ergibt sich hieraus folgende Rechnung:

Personalbestand (aktuell)	200,0
+ Personalzugänge	+ 2,0
– Personalabgänge (sicher)	– 1,5
– Personalabgänge (geschätzt)	– 1,0
= fortgeschriebener Personalbestand	**= 199,5**

© u-form Verlag – Kopieren verboten!

Übung 16 von Seite 104

Personalbedarfsplanung

Fortsetzung

3. Schritt: Ermittlung des Nettopersonalbedarfs. Dieser ergibt sich aus der Subtraktion des fortgeschriebenen Personalbestandes vom Bruttopersonalbedarf

Nettopersonalbedarf = Bruttopersonalbedarf – fortgeschriebener Personalbestand = 210 – 199,5 = 10,5

INFO

Ausgehend vom Bruttopersonalbedarf können der 2. und 3. Rechenschritt auch zusammengefasst werden (Achtung: hier ändern sich die Plus- und Minuszeichen!):

	Bruttopersonalbedarf	210
–	Personalbestand (aktuell)	– 200
+	Personalabgänge (sicher)	+ 1,5
+	Personalabgänge (geschätzt)	+ 1
–	Personalzugänge	– 2
=	**Nettopersonalbedarf**	**= 10,5**

© u-form Verlag – Kopieren verboten!

Übung 17a von Seite 106 f.

Personaleinsatzplanung

a)

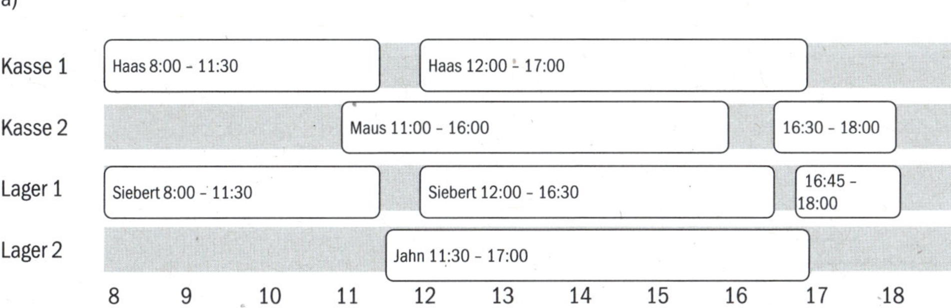

Zu beachten ist, dass in der Zeit von 12:00 bis 16:00 Uhr alle Stellen besetzt sind. In den übrigen Zeiten sind je eine Kasse und eine Lagerstelle besetzt. Mitarbeiter, die unter 6 Stunden arbeiten, müssen keine Pause haben (Herr Jahn), Mitarbeiter bei einer Arbeitszeit von 6 bis 9 Stunden haben das Recht auf eine 30-minütige Pause (Frau Haas und Herr Maus), bei über 9 Stunden sind es 45 Minuten (Herr Siebert). Für alle gilt, dass sie nach spätestens 6 Stunden Arbeit eine Pause erhalten müssen.

© u-form Verlag – Kopieren verboten!

Übung 17a von Seite 106 f.

Personaleinsatzplanung

Fortsetzung

b) Stellenbesetzungsplan als Organigramm (Beispiel)

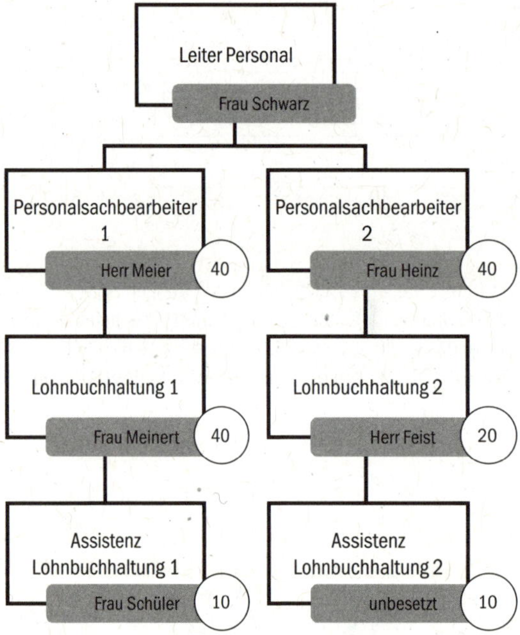

c) Mehrarbeit mit Zustimmung des Betriebsrates

© u-form Verlag – Kopieren verboten!

Übung 17b von Seite 110 f.

Urlaubsplanung

1. Achtung: In Arbeitstagen anzugeben!

Mitarbeiter	Resturlaub aus 2024	Urlaubsanspruch 2025	Gesamturlaubsanspruch 2025
Frau Schwarz (Leiterin Personalwesen, außertarifliche Angestellte) 40-Stunden-Woche)	5	20 (kein Tarif, es gelten die gesetzlichen Regelungen)	25
Herr Meier (Personalsachbearbeiter, 40-Stunden-Woche)	8	25	33
Frau Heinz (Personalsachbearbeiterin, 40-Stunden-Woche)	6	25	31
Frau Meinert (Lohnbuchhalterin, schwerbehindert, 40-Stunden-Woche)	0	30 (+ 5 laut Sozialgesetzbuch IX)	30 (+ 5 laut Sozialgesetzbuch IX)
Herr Feist (Lohnbuchhalter, 20-Stunden-Woche)	0	13 (12,5) (halbe Urlaubstage werden grundsätzlich nach oben gerundet)	13 (12,5) (halbe Urlaubstage werden grundsätzlich nach oben gerundet)
Frau Schüler (Assistentin der Lohnbuchhaltung, 10-Stunden-Woche)	0	6,25 (unter 0,5 liegende Bruchteile sind durch Freistellung von der Arbeitspflicht für Stunden und Minuten zu gewähren)	6,25 (unter 0,5 liegende Bruchteile sind durch Freistellung von der Arbeitspflicht für Stunden und Minuten zu gewähren)
Herr Hesse (Auszubildender Kaufmann für Büromanagement, 16 Jahre)	0	25 (laut Jugendarbeits-schutzgesetz mind. 27 **Werk**tage = 23 Arbeitstage)	25 (laut Jugendarbeits-schutzgesetz mind. 27 **Werk**tage = 23 Arbeitstage)

2. Vorteile:
   - Kurzfristiger und flexibler Ausgleich bei Personalmangel möglich
   - Keine Kosten und kein Aufwand für Suche nach qualifizierten Mitarbeitern
   - Keine Lohnnebenkosten

   Nachteile:
   - Kompetenz und Qualität der Mitarbeiter nicht gesichert und bekannt
   - ggf. hoher Zeitaufwand für Einarbeitung
   - Befristete Erlaubnis für Arbeitnehmerüberlassung

© u-form Verlag – Kopieren verboten!

Übung 17b von Seite 110 f.

Urlaubsplanung

3.

Mitarbeiter / Kalenderwoche	26	27	28	29	30	31	32	33	34
Frau Schwarz (Leiterin Personalwesen, ledig, keine Kinder)						~~x~~	x	x	(x)
Herr Meier (Personalsachbearbeiter, verheiratet, 2 Kinder)			~~x~~	x	x	(x)			
Frau Heinz (Personalsachbearbeiterin alleinerziehend, 1 Kind)	x	x	x						
Frau Meinert (Lohnbuchhalterin, ledig, keine Kinder)	x	x	x						
Herr Feist (Lohnbuchhalter, ledig, keine Kinder)			~~x~~	x	x	(x)			
Frau Schüler (Assistentin der Lohnbuchhaltung, ledig, keine Kinder)							x	x	x
Herr Hesse (Auszubildender Kaufmann für Büromanagement)	x	x	x						

Streichung: ~~x~~ Neu: (x)

4. Nein. Es besteht laut Bundesurlaubsgesetz (§ 7 Abs, 2 BurlG) lediglich das Recht auf einen zusammenhängend vierzehntägigen Urlaub.

© u-form Verlag – Kopieren verboten!

a) Dem Unternehmen stehen grundsätzlich die interne und die externe Personalbeschaffung zur Verfügung.

Intern: interne (innerbetriebliche) Stellenanzeigen, Personalentwicklung, Versetzung/Beförderung

Extern: Stellenanzeigen in Printmedien, im Internet über die eigene Homepage oder Jobbörsen, Arbeitsagenturen (Bundesagentur für Arbeit), private Arbeitsvermittler, Jobmessen, Stellen**gesuche** von potenziellen Bewerbern.

Wenn sich die Suche nach einem Mitarbeiter auf dem externen Arbeitsmarkt als schwierig gestaltet, kämen für die Nett und Weber GmbH & Co. KG vor allem die interne Personalbeschaffung oder das Personalleasing infrage.

Da es sich um ein hochspezialisiertes, hochsensibles Aufgabengebiet handelt und sich eine Nachfolge von Frau Bürger auf dem externen Arbeitsmarkt schwierig gestaltet, wäre es für das Unternehmen u. U. vorteilhafter, intern nach einer geeigneten Nachfolge zu suchen. Ggf. ist das vorhandene Personal entsprechend zu schulen (Personalentwicklung). Da man das eigene Personal gut kennt und weiß, worauf man sich einlässt, ist diese Art der Personalbeschaffung manchmal geeigneter.

Mit der internen Personalbeschaffung sind weitere Vorteile verbunden, wie z. B.: keine hohen Personalbeschaffungskosten, ggf. schneller einsetzbar, Personen und ihre Qualifikationen sind bekannt.

WICHTIG!
Nach § 93 BetrVG **kann der Betriebsrat verlangen, dass zu besetzende Arbeitsplätze intern ausgeschrieben werden**. In Betrieben mit in der Regel mehr als 20 wahlberechtigten Arbeitnehmern besteht hier ein Mitbestimmungsrecht durch den Betriebsrat (gilt nicht für leitende Angestellte). Nach § 99 Abs. 2 Ziffer 5 BetrVG kann der Betriebsrat die Zustimmung zu einer geplanten Einstellung verweigern, wenn eine nach § 93 BetrVG erforderliche Ausschreibung im Unternehmen nicht erfolgte.

Außerdem:
In Unternehmen mit mehr als 20 wahlberechtigten Arbeitnehmern hat der Betriebsrat nach § 99 Abs. 1 BetrVG **bei jeder Einstellung mitzubestimmen**. Der Arbeitgeber muss den Betriebsrat vor jeder Einstellung umfassend unterrichten und dessen Zustimmung einholen.

© u-form Verlag – Kopieren verboten!

Übung 18 von Seite 118

Personalbeschaffung

Es ist jedoch schwer zu sagen, welche Beschaffungsart grundsätzlich am besten wäre, denn auch die externe Personalbeschaffung hat Vorteile: neue Mitarbeiter bringen frischen Wind und neues Know-how in das Unternehmen, ggf. höhere Qualifikation der Mitarbeiter. Es gibt daher keine allgemeingültige Regel. Vielmehr sind verschiedene Faktoren zu berücksichtigen, wie z. B. der aktuelle Personalmarkt, die Dringlichkeit der Stellenbesetzung, der Standort des Unternehmens, die Höhe der Beschaffungskosten, Erfahrungswerte, das Anforderungsprofil und die Bedeutung der zu besetzenden Stelle. Grundsätzlich kann vielleicht gesagt werden, dass die interne Stellenbesetzung viele Vorteile besitzt und in jedem Fall vorzugsweise in Betracht gezogen werden sollte. Auch ein Mix der beiden Methoden ist sinnvoll, um die Vorteile beider Maßnahmen auszunutzen.

b) Eine interne Stellenausschreibung sollte folgende Bestandteile aufweisen:

- Stellen-Nr.,
- Bezeichnung,
- Aufgaben,
- Anforderungen,
- Abteilung,
- Kontaktperson,
- erforderliche Unterlagen,
- Einstufung/Gehalts-/Lohngruppe (aufgrund der Tatsache, dass der Betriebsrat bei Eingruppierungen laut § 87 (1) Nr. 10 BetrVG ein Mitbestimmungsrecht hat, muss diese auch genannt werden, nicht aber die konkrete Lohnhöhe)

© u-form Verlag – Kopieren verboten!

c) Aus einer Stellenbeschreibung sollten die Hauptaufgaben und die Einordnung in die Unternehmensstruktur hervorgehen. Auch die Anforderungen an den Bewerber sollten klar formuliert sein. Eine mögliche Gliederung könnte so aussehen:

1. Beschreibung und Aufgaben

1.1 Stellenbezeichnung

1.2 Eingliederung (Unterstellung / Überstellung):
Wem ist der Stelleninhaber unterstellt?
Für wen ist er verantwortlich?

1.3 Aufgaben der Stelle

2. Anforderungen

2.1 Fachliche Anforderungen (Ausbildung, Berufserfahrung, Weiterbildungen, besondere Fähigkeiten und Kenntnisse)

2.2 Persönliche Anforderungen (z. B. Team- und Kommunikationsfähigkeit, Führungsqualitäten, selbstständige Arbeitsweise, Zuverlässigkeit)

© u-form Verlag – Kopieren verboten!

Übung 19 von Seite 121 f.

Die Personalbeschaffung – Personalanzeige

Die Knallbunt GbR ist eine moderne Marketing- und Eventagentur. Von klassisch bis innovativ bieten wir unsere Kunden immer den optimalen Full-Service. Wir operieren deutschlandweit – und wachsen stetig. Daher suchen wir zur Verstärkung unseres Teams zum nächstmöglichen Termin eine/n

Kaufmann/Kauffrau für Büromanagement (m/w/d)

Du bist ein Allround-Talent in Sachen Büroassistenz, koordinierst gekonnt anfallende Termine, organisierst gerne, behältst auch in hektischen Zeiten den Überblick und siehst Dich als Teamplayer? Dann bist Du bei uns richtig! Neben einer abgeschlossenen Berufsausbildung konntest du idealerweise bereits Berufserfahrung in einer Agentur sammeln. Du verfügst über sehr gute PC-Kenntnisse und beherrscht die englische Sprache in Wort und Schrift.

Neben einer leistungsgerechten Bezahlung erwartet Dich ein junges Team und ein moderner Arbeitsplatz.

Bitte sende Deine aussagekräftige Bewerbung mit den üblichen Unterlagen bis spätestens 30.10.20.. schriftlich an Herrn Thomas Berg, Knallbunt GbR, Schildergasse 100, 56789 Schilderhausen. Bei Fragen helfen wir dir gerne weiter Tel. 01234 – 567890.

© u-form Verlag – Kopieren verboten!

Übung 19 von Seite 121 f.

Die Personalbeschaffung – Personalanzeige

a) Eine Stellenanzeige sollte Folgendes beinhalten und wie folgt aufgebaut werden:

Wir sind ... Informationen zum Unternehmen (Wir sind .... = Firmenname, Standort, evtl. Größe des Unternehmens und Anzahl der Mitarbeiter, ggf. Führungsstil)

Wir haben ... Angaben zur Stelle: Stellenbezeichnung, Aufgabenbereich, ggf. Grund der Vakanz, Verantwortung und Kompetenzen, ggf. Entwicklungsmöglichkeiten, ggf. Eintrittstermin

Wir suchen ... Anforderungen: Anforderungen an den Bewerber, Ausbildung, Berufserfahrungen etc.

Wir bieten ... Leistungen des Unternehmens: z. B. Bezahlung, soziale Leistungen, Arbeitszeitsysteme

Wir erbitten ... Angaben zur Art der Bewerbung und der für die Bewerbung erforderlichen Unterlagen, Ansprechpartner und Anschrift, ggf. Tel.-Nummer nicht vergessen, Abgabeschluss

Außerdem sollte die Anzeige fehlerfrei (Rechtschreibung) sein, in Sprache / Ton, Layout, Größe, Wahl des Anzeigenträgers (in Abhängigkeit von den Kosten und der Zielgruppe) angemessen sein. Zudem muss das AGG beachtet werden (keine Diskriminierung!). Das heißt, dass die Stelle genderneutral (männlich/weiblich/divers) ausgeschrieben werden sollte, das Alter nicht vorgegeben werden, ein Lichtbild nicht gefordert werden darf. Aussagen wie „jung und dynamisch" diskriminieren ältere Personen und sind deshalb ebenfalls verboten, Formulierungen wie „ sind zu richten an" stellen keine Bitte dar, sondern eher einen Befehl und sollten aus diesem Grunde eher vermieden werden.

Aus der Werbung/dem Marketing stammt die AIDA-Formel, bei der es darum geht, die Adressaten möglichst effizient anzusprechen. Sie kann auch auf die Anzeigengestaltung angewendet werden, damit diese möglichst viele Bewerber anspricht. A = Attention (Aufmerksamkeit erregen), I = Interest (Interesse wecken), D = Desire (Wunsch auslösen, die Anzeige anzusehen und auf die Anzeige zu reagieren), A = Action (Aktion, sich zu bewerben)

b) Um die Effektivität zu steigern können folgende Medien gewählt werden: überregionale Zeitungen, Fachzeitschriften, Internet (eigene Homepage, Jobbörsen), Agentur für Arbeit, Schwarzes Brett im Unternehmen, Aushänge bei geeigneten Institutionen

© u-form Verlag – Kopieren verboten!

Übung 20a von Seite 129

Die Personalbeschaffung – Von der Stellenanzeige bis zur Personaleinführung

a)
1. Stelle ausschreiben (intern/extern): Hierzu muss anhand der Stellenbeschreibung eine Stellenanzeige formuliert, gestaltet und veröffentlicht werden. Achtung: Der Betriebsrat kann u.U. die interne Stellenausschreibung verlangen
2. Eingehende Bewerbungen sichten und beurteilen (Arbeitszeugnisse, Noten, Referenzen, Berufserfahrung etc.)
3. Absagen bzw. Rückmeldung zum Erhalt der Bewerbungen an die Bewerber versenden
4. Bewerbungen auswerten und Vorauswahl treffen
5. Bewerber zum Vorstellungsgespräch einladen
6. Bewerbungsgespräche planen und durchführen
7. Bewerbungsgespräche auswerten und Bewerber beurteilen (Vorstellungsgespräch, Ergebnisse von Assessment-Centern)
8. Entscheidung treffen und Bewerber auswählen
9. Betriebsrat informieren
10. Bewerber benachrichtigen und Arbeitsverträge ausarbeiten bzw. erstellen
11. Verträge unterzeichnen
12. Einstellungsunterlagen anfordern

© u-form Verlag – Kopieren verboten!

b) Bewerbungsunterlagen sollten Folgendes beinhalten: Anschreiben, Lebenslauf, ggf. Lichtbild (darf nicht gefordert werden!), Arbeitszeugnisse, Schulzeugnisse, Bescheinigungen von Fort- und Weiterbildungen oder Zertifikate.

Kriterien zur ersten Beurteilung sind:

- Vollständigkeit
- Inhalt
- Stil
- Form
- Lebenslauf lückenlos

c) Absage der Bewerber erst nach Arbeitsantritt des neuen Mitarbeiters, ggf. sogar erst nach der Probezeit. Falls der potenzielle Bewerber die Stelle nicht antritt oder sich in der Probezeit nicht bewährt, kann auf die anderen, in die engere Auswahl gelangten Bewerber zurückgegriffen werden. Wenn anderen Bewerbern zu früh abgesagt wird, kann das negative Folgen haben, denn dann muss ggf. eine neue Bewerberrunde gestartet werden. Der Zeit- und Kostenaufwand steigt damit immens.
Die Probezeit spielt eine wichtige Rolle bei der Personaleinstellung. Sie dient dazu, den neuen Mitarbeiter einschätzen zu lernen. Noch während der Probezeit sollte eine Beurteilung erfolgen, ebenso wie ein Beurteilungsgespräch stattfinden sollte, das sowohl die positiven Aspekte zeigt als auch – wenn nötig – korrigierende Ansätze vermittelt. Erfolgt dies früh- und rechtzeitig, haben die neuen Mitarbeiter die Möglichkeit, diese noch während der Probezeit umzusetzen. Gleichermaßen sollte im persönlichen Gespräch ermittelt werden, wie sich die Einarbeitungsphase aus Sicht des Mitarbeiters darstellt. Lassen sich die Vorstellungen nicht vereinbaren und besteht kein Konsens, gibt es in der Probezeit die Möglichkeit, das Arbeitsverhältnis ohne Angabe von Gründen zu lösen.

© u-form Verlag – Kopieren verboten!

Übung 20a von Seite 129

Die Personalbeschaffung – Von der Stellenanzeige bis zur Personaleinführung

d) Ja, der Betriebsrat hat bei Einstellungen nach § 99 BetrVG Mitbestimmungsrecht. Der Arbeitgeber darf Einstellungen nur mit Zustimmung des Betriebsrats (oder mit der gerichtlich ersetzten Zustimmung) durchführen. Der Arbeitgeber muss den Betriebsrat von der Einstellungsabsicht unterrichten. Dieser hat binnen 1 Woche nach Unterrichtung durch den Arbeitgeber die Möglichkeit, die Zustimmung zu verweigern. Dies gilt für Betriebsräte in Unternehmen mit mehr als 20 wahlberechtigten Arbeitnehmern.

Als mitbestimmungspflichtige Einstellungen nach § 99 BetrVG sind neben unbefristeten Arbeitsverträgen zum Beispiel auch Folgende anzusehen:

- unbefristete oder befristete Probearbeitsverhältnisse,
- Ausbildungsverhältnisse,
- freie Mitarbeiter, die die gleiche Arbeit wie andere im Betrieb beschäftigte Arbeitnehmer verrichten,
- die Umwandlung eines befristeten Arbeitsverhältnisses in ein unbefristetes oder umgekehrt,
- Beschäftigung über eine tarifvertraglich oder individualvertraglich vereinbarte Altersgrenze hinaus,
- Beschäftigung während des Erziehungsurlaubs,
- Übernahme eines Auszubildenden in ein Arbeitsverhältnis,
- Übernahme von Leiharbeitnehmern,
- Praktikanten, Volontäre, Umschüler, Auszubildende,
- Einstellung im Rahmen eines Eingliederungsvertrages gem. §§ 229 ff. SGB III, wie auch die Übernahme nach erfolgreicher Qualifizierung in ein Arbeitsverhältnis,
- die Beschäftigung von Leiharbeitnehmern, siehe auch § 14 Arbeitnehmerüberlassungsgesetz.

© u-form Verlag – Kopieren verboten!

e) Checkliste 1. Tag

Vorbereitung	Planung der Einführung/des Einführungstages Planung des Einsatzes und Vorbereitung des Arbeitsplatzes Vorbereitung der Aufgaben bzw. Tätigkeiten Auswahl des Paten und Paten informieren Kollegen über den Neueintritt informieren Einführungstag terminieren
Empfang	Abholung (z. B. am Werkstor/am Eingang) Begrüßung
Einführungsgespräch	Informationen zum Unternehmen (Aufgaben, Funktionen, Organisation) Informationen zu den Aufgaben des Mitarbeiters
Besichtigung und Bekanntmachung	Besichtigung des Unternehmens Bekanntmachung der Vorgesetzten, des Paten, der Kollegen, des Betriebsrates etc. Für den Mitarbeiter wichtige Einrichtungen (Sanitärräume, Sozialräume, Kantine) zeigen und erklären Abteilungen zeigen
Sicherheit und Unfallschutz	Erklärung der Betriebsordnung Erklärung der Sicherheitsvorschriften und Unfallverhütungsvorschriften Aushändigung wichtiger Informationen (ggf. als „Handbuch für neue Mitarbeiter")
Einarbeitungsphase	Erläuterung der Aufgaben Bekanntmachung mit dem Paten Erläuterung des Einarbeitungsplanes und dessen Durchführung Kontrolle der Einarbeitungsergebnisse

© u-form Verlag – Kopieren verboten!

Übung 20a von Seite 129

Die Personalbeschaffung – Von der Stellenanzeige bis zur Personaleinführung

f) Mögliche Inhalte für ein Handbuch zur Aushändigung wichtiger Informationen können sein:

- Telefonliste
- Ansprechpartner (z. B. Pate/Mentor, Betriebsrat, Sicherheitsbeauftragte, Abteilungsleiter)
- Abteilungen und Abteilungsleiter
- Arbeitszeiten- und Pausenreglungen
- Technische Informationen (z. B. Telefonanlage, PC-Anlagen etc.)
- Angaben zum Arbeitsschutz
- Verhalten bei Krankheit und Unfällen
- Dienstreiseinformationen
- etc.

© u-form Verlag – Kopieren verboten!

g)

Einführungsplan

Name:

Vorgesetzter:

Einarbeitungszeit:

Ziel der Einführung:

1.

2.

3.

Abteilung	Ansprechpartner	Inhalte	von ..... bis	erledigt

© u-form Verlag – Kopieren verboten!

Übung 20 b von Seite 130

Absage

a) Sehr geehrte/r Frau / Herr xxxx,

vielen Dank für Ihre Bewerbung und das damit bekundete Interesse an unserem Unternehmen. Wir haben uns sehr über Ihre Bewerbungsunterlagen gefreut und bedanken uns für die Mühe, die Sie sich damit gemacht haben.

Leider müssen wir Ihnen mitteilen, dass wir uns für einen anderen Kandidaten entschieden haben. Die Auswahl ist uns nicht zuletzt wegen der großen Anzahl an Bewerbungen nicht leicht gefallen. Bei einer Vielzahl an Bewerber/-innen sind es häufig nur Kleinigkeiten, die letztendlich den Ausschlag geben.

Für Ihren beruflichen Weg wünschen wir Ihnen weiterhin alles Gute.

Mit freundlichen Grüßen

[Unterschrift]

b) Formale Fehler in der Bewerbung (z. B. Rechtschreibfehler, Lücken im Lebenslauf, unsaubere Blätter, Knicke in den Unterlagen etc.), fachliche Qualifikationen fehlen, Kenntnisse und Fähigkeiten fehlen (z. B. Sprach- oder PC-Kenntnisse), persönliche Voraussetzungen passen nicht zum Anforderungsprofil (z. B. Arbeitszeiten, Arbeitsort, Kfz-Führerschein)

c) Alter, Aussehen, Körperkonstitution, Geschlecht, Konfession

© u-form Verlag – Kopieren verboten!

Übung 20 c von Seite 130

Einarbeitungsplan

a) Vorschlag

Name Mitarbeiter/in: ______________________

Personalnummer: ______________________

Abteilung: ______________________

Vorgesetzte(r): ______________________

Datum des Eintritts: ______________________

	Aufgaben	Verantwortlich	Erledigt am
1. Vorbereitung	Abteilungen informieren		
	Stellenbeschreibung vorbereiten		
	Personalunterlagen prüfen		
	Kolleginnen und Kollegen informieren		
	Betreuer, Mentoren oder Paten benennen		
	Neuen Mitarbeiter informieren: • Beginn Datum und Uhrzeit • Treffpunkt, Parkmöglichkeiten, Wegbeschreibung, Verkehrsanbindung • ggf. auf fehlende Unterlagen hinweisen		
	Arbeitsplatz einrichten: • Platz, Tisch, Stuhl und Betriebsmittel organisieren • PC organisieren und einrichten, Berechtigungen einrichten		
	Mitarbeiterausweis und Schlüssel organisieren		

© u-form Verlag – Kopieren verboten!

Übung 20 c von Seite 130

Einarbeitungsplan

	Aufgaben	Verantwortlich	Erledigt am
	Empfangsunterlagen zusammenstellen • Handouts, Richtlinien, Hausordnung, Parkplatzordnung • Ansprechpartner, Telefonliste, Organigramm • Arbeitszeiterfassung / Pausenregelungen vorbereiten • Schweigepflichts- und Datenschutzerklärung vorbereiten • Unterweisung in die Arbeitssicherheit		
	Schulungsmaßnahmen planen		
	Arbeitsaufträge festlegen		
	Willkommenspaket vorbereiten		
2. Erster Tag	Begrüßung		
	Empfang des neuen Mitarbeiters und Begleiten zum Arbeitsplatz		
	Empfangsunterlagen und ggf. Betriebsmittel aushändigen		
	Tätigkeit erklären		
	Rundgang, Vorstellung der Kollegen und Abteilungen, Betrieb besichtigen (Pausenraum, Kantine)		
	Einarbeitungsphase erklären		
	Gemeinsame Pause mit den Kollegen		

© u-form Verlag – Kopieren verboten!

Übung 20 c von Seite 130

Einarbeitungsplan

	Aufgaben	Verantwortlich	Erledigt am
3. Erste Woche	Einarbeitung in die weiteren Tätigkeiten		
	Vorstellung aller Produkte / Dienstleistungen		
	Einführung in die Unternehmensphilosophie		
	Einweisung in das Verhalten im Falle eines Brandes		
	Teilnahme an Terminen und Meetings		
	Aufgaben überprüfen		
	ggf. Einarbeitung anpassen		
	Feedback		
4. Folgewochen / -monate	Weitere Abteilungen und Mitarbeiter vorstellen		
	Schulungen und Weiterbildungen organisieren		
	Feedbackgespräche führen und Fragen klären		
	Erfolgskontrolle		

© u-form Verlag – Kopieren verboten!

Übung 20 c von Seite 130

Einarbeitungsplan

b) Vorteile:

- Der Start des neuen Mitarbeiters wird erleichtert.
- Mitarbeiter werden erfolgreich in das Unternehmen integriert.
- Das Risiko, dass Mitarbeiter die Probezeit nicht schaffen, wird minimiert.
- Mitarbeiter werden nicht ins „kalte Wasser" geschmissen, erhalten Wertschätzung und sind motiviert.

Negative Auswirkungen:

Wenn wichtige Aspekte nicht vermittelt werden, kann es zu negativen Auswirkungen kommen. So könnten fehlende Arbeitssicherheitsunterweisungen zu Unfällen führen, eine nicht durchgeführte Datenschutzschulung zu Datenschutzvorfällen, die Strafen und Bußgelder nach sich ziehen. Fehlende Informationen zu Regeln, die Hausordnung oder die Parkplatzordnung betreffend können zu Unstimmigkeiten unter den Mitarbeitern führen. Auch wenn Ansprechpartner für Belange nicht bekannt sind, kann das in einem Betrieb negative Folgen haben: Vertrauliche Daten werden aus Versehen an nicht befugte Mitarbeiter weitergegeben, Unterlagen landen in der falschen Abteilung oder Mitarbeiter wissen nicht, an wen sie sich in dringenden, vielleicht lebensnotwendigen Fällen wenden müssen. Fehlende Informationen zu Arbeitszeitenerfassung und Pausenregelungen können zu Fehlzeiten oder Minusstunden der Mitarbeiter führen, die diese wieder ausgleichen müssen.

c) Der Einarbeitungsplan sollte in der Personalakte abgelegt werden. Eine Aufbewahrung ist sinnvoll, um auch später noch die Einarbeitungsphasen und deren Verantwortlichkeiten nachvollziehen und kontrollieren zu können und um den Einarbeitungsplan im Nachhinein evaluieren (bewerten) oder ggf. anpassen zu können.

© u-form Verlag – Kopieren verboten!

a) Eine ordentliche Kündigung kann grundsätzlich ohne besonderen Grund ausgesprochen werden. Es besteht der Grundsatz der Kündigungsfreiheit. Es gibt jedoch Einschränkungen durch das Kündigungsschutzgesetz: Für Arbeitgeber mit mehr als 10 Mitarbeitern, die länger als sechs Monate beschäftigt waren, kann das Arbeitsverhältnis nur durch eine sozial gerechtfertigte Kündigung mit Einhaltung der Kündigungsfrist gekündigt werden. Sozial gerechtfertigt sind Kündigungen, die personenbedingt, verhaltensbedingt oder betriebsbedingt sind

Nicht rechtmäßig wäre eine Kündigung von Frau Grabe, da aufgrund ihrer Schwangerschaft grundsätzlich Kündigungsschutz besteht.

Herrn Mannheim könnte verhaltensbedingt gekündigt werden, da er nach mehrmaligen Abmahnungen sein Fehlverhalten immer noch nicht eingestellt hat. Achtung: Abmahnungen müssen korrekt erstellt werden (genauer Tatbestand, exakt genannte Zeitpunkte, Erläuterung des gewünschten Verhaltens, Androhung einer möglichen Kündigung bei Wiederholung etc.), sonst sind sie nicht gültig.

Herrn Hase könnte ggf. personenbedingt gekündigt werden, da er fachlich nicht qualifiziert zu sein scheint, obwohl er dies vorgegeben hat.

Herrn Holzheim könnte ggf. betriebsbedingt gekündigt werden, dies aus Gründen der Rationalisierung.

Tipp von Kim

Merke dir auch noch kurz, welche Funktionen eine Abmahnung hat. Es könnte in der Prüfung nebenbei gefragt werden:

1. Dokumentation von Fehlverhalten oder Pflichtverletzungen
2. Hinweis auf Fehlverhalten und Pflichtverletzungen
3. Warnung und Androhung von Konsequenzen wie z. B. drohende Kündigung

© u-form Verlag – Kopieren verboten!

Übung 21 von Seite 137

Kündigung

b) Laut Betriebsverfassungsgesetz hat die Tentor Steel Folgendes zu berücksichtigen: Bei einer **ordentlichen Kündigung** muss laut § 102 BetrVG der Betriebsrat angehört und ihm die Kündigungsgründe mitgeteilt werden. Stimmt der Betriebsrat vor Fristablauf von 1 Woche zu, so kann der Arbeitgeber kündigen. Andernfalls muss der Arbeitgeber eine Woche verstreichen lassen und die Äußerungen des Betriebsrates abwarten. Wenn der Betriebsrat dann schriftlich widerspricht, kann der Arbeitgeber zwar dennoch kündigen, doch muss er dem Arbeitnehmer zusammen mit der Kündigung eine Abschrift der Stellungnahme des Betriebsrates zukommen lassen (§ 102 IV BetrVG). Dann hat der Arbeitnehmer die Möglichkeit, eine Kündigungsschutzklage einzureichen (die Frist hierfür beträgt 3 Wochen). In diesem Fall muss der Arbeitgeber den Arbeitnehmer bis zum Ende des gerichtlichen Verfahrens weiter beschäftigen (§ 102 V Satz 1 BetrVG).

Hinweis: Der Betriebsrat kann nach § 102 BetrVG innerhalb einer Woche einer ordentlichen Kündigung widersprechen; aber nur dann, wenn der Arbeitgeber z. B. soziale Punkte bei der Auswahl der zu kündigenden Personen nicht ausreichend berücksichtigt hat, die Kündigung gegen besondere Richtlinien verstößt oder beispielsweise der Gekündigte im Unternehmen in einem anderen Bereich weiterbeschäftigt werden kann.

Bei einer **außerordentlichen Kündigung** laut § 626 BGB muss der Betriebsrat angehört und ihm die für eine fristlose Kündigung nötigen „wichtigen Gründe" sowie die Gründe, warum eine Weiterbeschäftigung bis zu einer ordentlichen Kündigung nicht zumutbar ist, genannt werden. Stimmt der Betriebsrat zu, kann die Kündigung ohne weitere Frist vom Arbeitgeber ausgesprochen werden. Ist dies nicht der Fall, hat der Betriebsrat drei Tage Zeit, Stellung zu nehmen. Erst nach Ablauf der 3 Tage kann der Arbeitgeber die Kündigung aussprechen.

© u-form Verlag – Kopieren verboten!

Übung 22 von Seite 142

Arbeitszeugnis

Im Allgemeinen wird ein Arbeitszeugnis folgendermaßen gegliedert:

1. Überschrift, Einleitungssatz und Beschreibung des Unternehmens
   - 1.1. Einleitungssatz: Name und Geburtsdatum der Person, für die das Zeugnis ausgestellt wurde, manchmal auch Geburtsort oder Wohnort als Zusatzangabe; Zeitraum der Tätigkeit im Unternehmen, Bezeichnung der Stelle und der Abteilung
   - 1.2. Kurze Information zum Unternehmen (Name, Branche, Mitarbeiterzahl, Tätigkeitsfeld)
2. Tätigkeitsbeschreibung (üblicherweise im Verhältnis 50:50 zur Leistungsbeurteilung)
3. Leistungsbeurteilung:
   - 3.1. Fachwissen und besondere Fähigkeiten
   - 3.2. Weiterbildung
   - 3.3. Auffassungsgabe
   - 3.4. Denk- und Urteilsvermögen
   - 3.5. Leistungsbereitschaft
   - 3.6. Belastbarkeit
   - 3.7. Arbeitsweise
   - 3.8. Zuverlässigkeit
   - 3.9. Besondere Erfolge
   - 3.10. Führungsfähigkeit (nur, wenn eine leitende Tätigkeit ausgeführt wurde)
   - 3.11. Soft Skills
   - 3.12. Abschließende, allgemeine Leistungsbeurteilung
4. Verhalten im Unternehmen, gegenüber Kunden etc.
5. Eventuell Beendigungsgrund
6. Schlussformulierung, ggf. Dankes-/Bedauernsformel, Wiedereinstellungsversprechen etc.

© u-form Verlag – Kopieren verboten!

Übung 22 von Seite 142

Arbeitszeugnis

Besonders zu beachten sind zum Beispiel: Rechtsgrundsätze, Klarheit, äußere Form, nicht erlaubte Angaben. Folgende Checkliste könnte bei der Erstellung eines Zeugnisses hilfreich sein:

- ✓ äußere Form / Formalia (Firmenlogo, Überschrift, Absätze, Ort und Datum, Unterschrift)
- ✓ personenbezogene Angaben – vollständig und richtig? (Vor- und Nachname, Geburtsdatum, ggf. Geburtsort, ggf. akademischer Grad, Wohnsitz)
- ✓ Zeitraum der Beschäftigung (Beginn und Ende)
- ✓ Tätigkeiten und Aufgabenbereiche (ggf. Zuständigkeiten, Abteilungen)
- ✓ Besondere Fähigkeiten, Fortbildungen, spezielle Fachkenntnisse, soziale und fachliche Kompetenz
- ✓ Führung- und Leistungsbeurteilung: wahrheitsgemäß, aber wohlwollend
- ✓ Grund der Beendigung: z. B. „betriebsbedingt“, „auf eigenen Wunsch“
- ✓ Schlussformel: Dank, Bedauern, Wünsche für weiteren beruflichen Fortgang (alternativ: keine Schlussformel = eher negative Wertschätzung)

© u-form Verlag – Kopieren verboten!

Übung 23 von Seite 149

Die Personalentwicklung

a) Die Schritte im Ablauf einer Personalentwicklungsmaßnahme könnten wie folgt lauten:

1. Ermittlung des Ist-Zustandes (Beobachtung, Fragebogen, Mitarbeitergespräche, Kundenbefragung)
2. Personalentwicklungsbedarf ermitteln / Ist-Abgleich
3. Ziele der PE-Maßnahmen definieren
4. Planung der Maßnahmen und Methoden
5. Mitarbeiter informieren
6. Durchführung der Maßnahmen
7. Kontrolle des Erfolges (Evaluierung)
8. Aufrechterhaltung (Nachhaltigkeit)

b) Zunächst ist der Ist-Zustand zu ermitteln. Hierzu können Fragebögen eingesetzt und Gespräche geführt oder Beobachtungen dokumentiert werden, anhand derer festgestellt wird, wie der Status quo ist. Bei Herrn Arndt bietet sich die Beobachtung an, um festzustellen, wie Herr Arndt am Telefon und in der Werbeagentur agiert. Die Beobachtungen könnten dokumentiert werden. Auch Kunden könnten (mündlich/schriftlich) befragt werden, um herauszufinden, wie diese die Freundlichkeit und das Auftreten des Mitarbeiters, der hier im Empfang tätig ist, beurteilen.

Für Frau Schmitz und Herrn Wasen bieten sich ebenfalls Gespräche an, mit ihnen selbst und mit Frau Sachse, der Mitarbeiterin, die die Fehler der beiden korrigieren muss. Auch ein Fragebogen könnte hier zum Einsatz kommen. Zu ermitteln sind die Ursachen der Fehler (z. B. fehlende Kenntnisse der PC-Programme, fehlende Konzentration, fehlende Motivation/Mitarbeiterzufriedenheit etc.), um die richtige Auswahl der PE-Maßnahme treffen zu können.

c) **On the job:** z. B. Projektgruppen, Arbeitsgruppen und -kreise, Job-Rotation, Job-Enlargement, Job-Rotation, Job-Enrichment, lernfördernde Arbeitsgestaltung (Lernen durch Vorgesetzte)

Near the job: z. B. Coaching, Mentoring, Traineeprogramme, interne Schulungen und Seminare

Off the job: z. B. Seminare/Schulungen, Vorträge/Tagungen, Lehrgänge und Fernlehrgänge, Assessment-Center

d) Evaluierung bedeutet die Kontrolle und Bewertung der Personalentwicklungsmaßnahme im Hinblick auf ihren Erfolg. Insbesondere der Lernerfolg und der Anwendungserfolg in der Praxis sind wesentliche Teile dieser Erfolgskontrolle.

Eine Evaluierung könnte anhand folgender Instrumente erfolgen: Befragung, Fragebogen, Gespräch mit dem Mitarbeiter, Gespräch mit dem Trainer/Vorgesetzten, Mitarbeiterbeurteilung und Beurteilungsgespräch, Tests

INFO

Mit dieser Übung haben Sie alles Nötige für einen Report zum Thema Planung und Durchführung einer PE-Maßnahme zusammen.

© u-form Verlag – Kopieren verboten!

Übung 24 von Seite 153

Mitarbeiterbeurteilung

Grundsätzlich können in einem Beurteilungsbogen unterschiedliche, für das Unternehmen relevante Kriterien aufgeführt werden. In der Regel werden Schlüsselqualifikationen aus den verschiedenen Kompetenzbereichen (Fach-, Methoden- und Sozialkompetenz) bewertet.

INFO

Die Rolle des Betriebsrates

Die Mitarbeiterbeurteilung unterliegt dem Mitbestimmungsrecht, das sich auf die Aufstellung von allgemeinen Beurteilungsgrundsätzen sowie die Implementierung (Einführung und Eingliederung) von tariflichen Beurteilungssystemen bezieht. In tariflichen Beurteilungssystemen werden beispielsweise Prämienzahlungen ermittelt, dies mithilfe von Fragebögen, in denen verschiedene Merkmale durch Messskalen bewertet werden.

Beurteilungen, bei denen es um die Verbesserung der Zusammenarbeit, die Leistung und um die Funktion der konstruktiven Rückmeldung geht, sind vom Mitbestimmungsrecht nicht betroffen, solange sie in einer partnerschaftlichen und kooperativen Atmosphäre stattfinden. Mitarbeiter haben bei Beurteilungen Anspruch auf den Beistand des Betriebsrates. In einem positiven und angenehmen Betriebsklima wird ein solcher Beistand jedoch in der Regel nicht in Anspruch genommen, da die Beurteilung im Grundsatz nicht der Disziplinierung des Mitarbeiters gilt, sondern der Verbesserung.

© u-form Verlag – Kopieren verboten!

Übung 25 von Seite 158

Ein neuer Ausbildungsplatz wird geschaffen

Diese Lösung finden Sie als Download unter

www.u-form.de/addons/2311-2025.zip

© u-form Verlag – Kopieren verboten!

Übung 26 von Seite 164 f.

Gesundheit der Mitarbeiter

a) Vgl. hierzu die Tabelle im Kap. Gesundheit der Mitarbeiter (Handlungsfelder und Maßnahmen in der betrieblichen Gesundheitsförderung im Überblick)

b) 1. Ist-Zustand ermitteln (Situationsanalyse): Aufgabe = Ermittlung des Gesundheitszustandes der Mitarbeiter
2. Planung: Zielformulierung und Planung von gesundheitsfördernden Maßnahmen
3. Umsetzung: Umsetzung der Maßnahmen; stetiger Vergleich zu den Planvorgaben
4. Kontrolle: Bewertung des Erfolgs der Maßnahmen, Kontrolle der Ergebnisse

c) Zum Beispiel durch eine Projektgruppe oder einen Arbeitskreis.

d) Sekundäre und primäre Datenerhebung: Gesundheitsbericht der Krankenkassen, betrieblicher Gesundheitsbericht, Mitarbeiterbefragung (schriftlich, mündlich per Interview)

e) Durch Aufklärung, z. B. Vermittlung theoretischer Grundlagen zur Ergonomie am Arbeitsplatz und Einweisung in die Möglichkeiten zur Gestaltung der Ergonomie am Arbeitsplatz; Schema: Theoretische Einführung, praktische Einweisung im Rahmen von Workshops, Seminaren und direkt am Arbeitsplatz

f) Kontrolle durch anonyme Mitarbeiterbefragung, Auswertung von Unternehmensdaten zu Krankenstand und zur Mitarbeiterfluktuation

g) Krankenstandsquote (auch als Gesundheitsquote bezeichnet), Fehlzeitenquote, Fluktuationsquote

$$\text{Krankenstandsquote in \%} = \frac{\text{Summe Krankheitszeit}}{\text{Summe Sollarbeitstage}} \times 100$$

$$\text{Fluktuationsquote nach Schlüter in \%} = \frac{\text{Anzahl der Personalabgänge}}{\text{Anfangspersonalbestand + Zugänge}} \times 100$$

oder

$$\text{Fluktuationsquote in \%} = \frac{\text{(ersetzte) Personalabgänge}}{\text{ø Personalbestand}} \times 100$$

© u-form Verlag – Kopieren verboten!

$$\text{Fehlzeitenquote in \%} = \frac{\text{Summe Fehlzeiten}}{\text{Summe Sollarbeitszeit}} \times 100$$

Die Krankenstandsquote und die Fehlzeitenquote sind wie die Fluktuationsquote Kennziffern, die angeben, wie hoch die Anteile von erbrachter bzw. nicht erbrachter Arbeitskapazität aufgrund gesundheitlicher Einschränkungen bei den Mitarbeitern im Unternehmen innerhalb einer Auswertungsperiode sind.

h) Durch Wiederholung von Schulungen in regelmäßigen Abständen, z. B. einmal oder zweimal jährlich

i) Eine Senkung der Krankenstands- und der Fehlzeitenquote hat auch eine Senkung der personalbezogenen Kosten zur Folge. Die Senkung der Fluktuationsquote hingegen vermindert die Kosten, die für Personalsuche und Neueinstellungen entstehen.

$$\text{Durchschnittlicher Personalaufwand pro Mitarbeiter} = \frac{\text{gebuchte Personalaufwendungen}}{\text{Anzahl der Mitarbeiter}}$$

Zudem könnte die Arbeitsproduktivität gemessen werden. Die Formel hierfür lautet:

$$\text{Arbeitsproduktivität} = \frac{\text{Ausbringungsmenge}}{\text{Arbeitszeit}}$$

Mit einem Linien bzw. Verlaufsdiagramm könnte die Entwicklung der Arbeitsproduktivität über einen definierten Zeitraum aufgezeigt werden.

j) Die Aussage ihres Kollegen ist nicht richtig. Die betriebliche Gesundheitsförderung geht weit über die gesetzlichen Regelungen hinaus und ist ein freiwilliger Beitrag des Unternehmens im Bereich Gesundheitsförderung der Mitarbeiter. Dieser ist sinnvoll, da gesunde Mitarbeiter für das Unternehmen, dessen Wirtschaftlichkeit und Konkurrenzfähigkeit von großer Bedeutung sind.

© u-form Verlag – Kopieren verboten!

© u-form Verlag – Kopieren verboten!

© u-form Verlag – Kopieren verboten!

© u-form Verlag – Kopieren verboten!

© u-form Verlag – Kopieren verboten!

© u-form Verlag – Kopieren verboten!

Ebenfalls im u-form Verlag erschienen

Lerntrainer Wahlqualifikation
– Assistenz und Sekretariat –

Best. Nr. 2310 | 17,90 €

Lerntrainer Wahlqualifikation
– Auftragssteuerung und -koordination –

Best. Nr. 2314 | 17,90 €

Lerntrainer Wahlqualifikation
– Kaufmännische Abläufe in KMU –

Best. Nr. 2312 | 17,90 €

Lerntrainer Wahlqualifikation
– Marketing und Vertrieb –

Best. Nr. 2315 | 17,90 €

Lerntrainer Wahlqualifikation
– Kaufmännische Steuerung –

Best. Nr. 2313 | 17,90 €

Lerntrainer Wahlqualifikation
– Einkauf und Logistik –

Best. Nr. 2318 | 17,90 €

Stand: 09/2025 | Angebot freibleibend

© u-form Verlag – Kopieren verboten!